1866년	권서인회를 설립하여 잉글랜드 각지에 성경을 비롯한 기독교 문서를 보급하다.
1867년	10월, 34세에 과로와 신경 쇠약으로 한동안 몸져눕다. 이후 평생에 계속될 류머티즘과 통풍 그리고 우울증으로 고통받기 시작하다.
1867년	D. L. 무디가 런던을 방문하여 스펄전의 설교를 처음으로 듣고 큰 영향을 받다.
1869년	스톡웰 고아원을 설립하여 아이들에게 기독교적인 가르침을 제공하다.
1879년	목회 25주년을 맞아 기념행사가 열리다.
1880년	건강 악화로 인해 런던 남부 교외에 자리한 웨스트우드로 이사하다.
1885년	20년에 걸쳐 집필된 대표작 『다윗의 보고』가 완간되다.
1887년	8월, 「검과 삽」 8월호에 '내리막길'이라는 글을 실으며 신신학과 고등비평에 물든 침례교 연맹을 비판하다. 10월, 스펄전과 타버나클이 침례교 연맹을 탈퇴하다. 이후 심각한 비난과 공격에 직면하다.
1888년	계단에서 넘어져 심각한 부상을 입다.
1891년	6월 7일, '전리품을 나누는 다윗의 규례'라는 제목으로 타버나클에서 마지막 설교를 하다. 10월 26일, 요양을 위해 아내와 함께 프랑스 망통으로 떠나다.
1892년	1월 31일, 프랑스 망통에서 58세의 나이로 세상을 떠나다. "더럽고 불쌍하고 무력한 벌레인 제가 주의 친절하신 팔에 안깁니다."
1892년	2월 9일, 관이 런던에 도착한 후 노우드 묘지에 묻히다. "여기, 주님이시며 구주이신 예수 그리스도의 나타나심을 기다리며 찰스 해돈 스펄전이 잠들다."

KB190828

복 있는 사람

오직 여호와의 율법을 즐거워하여 그 율법을 주야로 묵상하는 자로다.
저는 시냇가에 심은 나무가 시절을 좇아 과실을 맺으며 그 잎사귀가 마르지 아니함 같으니
그 행사가 다 형통하리로다. (시편 1:2-3)

찰스 스펄전은 그 이름만으로도 많은 설교자들의 가슴을 뛰게 한다. 그는 정규 신학 교육을 받지 않았지만, 엄청난 독서와 성경에 대한 깊은 연구 그리고 뜨거운 기도로 자신을 준비시켰다. 지금까지 스펄전 전기가 몇 권 출간되었지만, 아놀드 델리모어의 책만큼 그의 삶과 설교를 다각도로 조명한 책은 없을 것이다. 이 책 『찰스 스펄전』은 스펄전의 생애와 흔적들을 따라가며 그의 인간적인 면모를 친근하게 드러낸다. 특히 그의 여러 약점들도 생생하게 보여주는데, 그가 경험한 우울증과 질환들은 우리로 하여금 한없는 연민을 느끼게 한다. 하지만 그의 연약함에도 불구하고 우리는 그에게 부어진 기름부으심과 그를 통해 맺힌 수많은 열매들을 마주하게 된다. 그리하여 영적으로 어두운 이 시대를 깨우는 설교가 과연 어떠한 것인지를 확신하게 한다.

이동원 지구촌교회 원로목사

삶의 외침이 말보다 훨씬 큰 법이다. 아무리 좋은 메시지라도 어떠한 사람이 전하는지에 따라 그 결과가 현저하게 달라진다. 그런 의미에서 '설교의 왕자' 찰스 스펄전의 삶을 살펴보는 것은 큰 의미가 있다. 탄탄한 구성, 신선한 표현, 진심 어린 호소 등의 요소가 그의 설교를 돋보이게 하지만, 하나님을 향한 사랑과 그리스도만을 높이고자 하는 열심이 그의 설교의 비결임을 우리는 이 책에서 발견한다. 그의 설교집을 읽고 도전받는 수준을 넘어, 그의 삶을 거울삼아 스스로를 돌이켜 보기를 권면한다.

이찬수 분당우리교회 담임목사

찰스 스펄전은 교회 역사상 가장 탁월한 설교자였지만, 그동안 그의 생애와 사역이 너무 간략하고 편향적으로 소개되었다. 감사하게도 아놀드 델리모어의 전기를 통해 우리는 스펄전의 사역을 새롭고 종합적으로 발견할 수 있게 되었다. 이 책 『찰스 스펄전』은 스펄전에 관한 많은 전기들 중에서 가장 표준적인 전기로 인정받고 있다. 이 책을 통해 수많은 설교자와 목회 지망생들이 뜨거운 감동과 도전을 받게 되리라고 확신한다.

김서택 대구동부교회 담임목사

교회 역사상 가장 위대한 설교자 중 하나인 스펄전의 전기를 추천하는 것은 무한한 기쁨이다. 좋은 설교자가 되는 지름길은 좋은 설교자를 만나는 것이다. 스펄전은 설교를 잘했던 한 탁월한 설교자에 불과한 것이 아니라, 진리에 대한 견고한 확신과 하나님의 영광에 대한 불타는 열정으로 살았던 사람이다. 그의 삶과 사역은 오늘 한국 교회의 많은 사역자와 성도들의 마음을 새롭게 하는 귀한 도구가 될 것이다.

화종부 남서울교회 담임목사

그동안 찰스 스펄전에 관한 많은 책을 읽고 연구했지만, 이 책을 펼치는 순간 쉬지 않고 끝까지 읽었다. 이 책『찰스 스펄전』은 기독교 역사상 가장 뛰어난 설교자를 넘어, 한 시대를 살았던 인간 스펄전을 생생하게 그린다. 목회자가 이 책을 읽으면 목회가 변화되고, 평신도가 읽으면 삶이 변화될 것이다.

류응렬 와싱톤중앙장로교회 담임목사

오래전 하늘의 부름을 받은 찰스 스펄전은 자신의 책을 통해 여전히 많은 설교자와 독자들에게 영향력을 끼치고 있다. 이 책『찰스 스펄전』은『조지 윗필드』의 저자 아놀드 델리모어가 쓴 것으로, 정확한 자료 조사에 근거한 믿을 만한 전기다. 또한 단순히 역사가나 전기 작가가 아닌 스펄전처럼 평생 목회하고 설교했던 설교자의 손에서 나온 전기다. 이 책은 간결하면서도 핵심적인 내용을 감동적인 필치로 기록했기 때문에, 스펄전에 대해 관심하는 모든 독자들에게 유용할 것이다. 하나님 말씀의 역사로 인한 진정한 부흥을 열망하는 모든 목회자와 성도들에게 이 책을 추천한다.

이상웅 총신대학교 신학대학원 조직신학 교수

18세기 위대한 복음 전도자 조지 윗필드의 전기를 저술했던 아놀드 델리모어가 교회사 최고의 설교자 찰스 스펄전의 생애와 사역을 생동감 있게 그려 냈다. 저자는 수많은 열매를 맺은 스펄전의 사역의 비밀이 그의 천재성과 탁월함이 아닌 겸손과 기도의 무릎 그리고 그리스도만을 높이고자 하는 열심에 있다고 지적한다. 은혜의 주님께서 오늘 우리에게도 스펄전과 같은 설교자들을 주시기를 기도한다.

박태현 총신대학교 신학대학원 설교학 교수

나는 스펄전의 구두만 닦아도 영광일 것이다. 그는 내게 너무나 큰 축복이다. 나의 불길은 스펄전과 성경에서 나왔다고 해도 과언이 아니다. 스펄전의 설교를 듣고 하나님께 돌아서지 않는 사람이라면, 비록 죽은 자 가운데서 살아나는 자가 있을지라도 권함을 받지 않을 것이다.

D. L. 무디

찰스 스펄전은 19세기가 배출한 가장 위대한 설교자이자 최고의 설교자다. 자신이 괜찮은 설교자라고 생각하는 사람이 있다면, 반드시 스펄전과 같은 하나님의 사람에 대해서 읽어 보라.

마틴 로이드 존스

찰스 스펄전은 모든 설교가 듣는 이들로 하여금 그리스도를 볼 수 있도록 그분을 높여야 한다는 사실을 추호도 양보하지 않는다. 그는 옳다. 그리스도를 설교하지 않는다면, 사람들은 진정으로 하나님의 말씀을 이해하거나 사랑하거나 순종하지 못할 것이다. 스펄전의 이러한 초청은 들리는 것보다 강하고, 당신이 생각하는 것보다 훨씬 더 단호하다.

티모시 켈러

찰스 스펄전은 하나님 중심적이고 그리스도를 높이며 성경에 흠뻑 젖은 진리를 사랑했고, 강단에서 이 진리를 크게 기뻐했다. 그는 사람들을 사랑했고, 그들의 영혼을 얻고 세우는 일에 힘썼다.

존 파이퍼

찰스 스펄전은 그리스도에게 마음이 사로잡히고, 그에게서 위로받으며, 그를 통해 급격하게 변화된 사람이다.

마이클 리브스

찰스 스펄전은 지난 천 년의 교회사에서 가장 위대한 설교자다.

「프리칭」

역사상 위대한 설교자들 중 찰스 스펄전보다 더 탁월한 설교자는 없다. 그는 우리가 상상할 수 있는 완전한 설교자의 모형이다.

에드윈 다간

한 설교단을 40년 가까이 지켜 나가면서도 찰스 스펄전의 풍성한 설교 실력은 조금도 퇴색하지 않았다. 또한 그의 설교는 똑같은 방식을 반복하거나 지루해지지도 않았다. 그가 일으켰던 이 같은 불꽃은 온 바다를 비추는 등불이 되었고, 세대와 세대를 통해 전수된 횃불이 되었다. 당신이 가지고 있는 모든 설교집을 다 팔아서라도 스펄전의 책을 사라.

헬무트 틸리케

찰스 스펄전

Arnold Dallimore

SPURGEON

A new biography

찰스 스펄전

아놀드 델리모어 지음 | 전의우 옮김

복 있는 사람

찰스 스펄전

2017년 6월 20일 초판 1쇄 인쇄
2017년 6월 27일 초판 1쇄 발행

지은이 아놀드 델리모어
옮긴이 전의우
펴낸이 박종현

도서출판 복 있는 사람
서울특별시 마포구 연남동 246-21(성미산로23길 26-6)
전화 02-723-7183, 7734(영업 · 마케팅) 팩스 02-723-7184
이메일 blesspjh@hanmail.net
등록 1998년 1월 19일 제1-2280호

ISBN 978-89-6360-201-1 03230

이 도서의 국립중앙도서관 출판예정도서목록(CIP)은
서지정보유통지원시스템 홈페이지(http://seoji.nl.go.kr)와 국가자료공동목록시스템
(http://www.nl.go.kr/kolisnet)에서 이용하실 수 있습니다. (CIP 제어번호: 2017007521)

SPURGEON: A new biography
by Arnold Dallimore

어릴 때 외할아버지 윌리엄 버킹엄의 손에 이끌려

메트로폴리탄 타버나클을 찾아가

찰스 스펄전의 설교를 자주 들으셨던

나의 어머니 마벨 버킹엄 델리모어를 기억하며

차례

서문

"많고 많은 게 스펄전 전기인데, 왜 또 스펄전 전기를 쓰려고 하세요? 스펄전에 관해서라면 모든 얘기가 이미 다 나왔고, 수백 번은 듣지 않았나요?" 나는 스펄전의 생애에 관한 책을 쓰면서 이를 비롯해 비슷한 질문을 받았다.

찰스 해돈 스펄전Charles Haddon Spurgeon은 지금도 복음주의자들 사이에서 자주 논의된다. 그렇더라도 스펄전과 그의 삶을 제대로 아는 사람은 손가락으로 꼽을 정도다. 적합한 스펄전 전기가 없다는 점은 많은 사람이 인정한다. 윌버 스미스Wilbur Smith 박사는 1955년에 쓴 글에서 이렇게 말했다. "나는 찰스 스펄전의 자서전과 여러 전기들을 대부분 다시 읽어 보았는데, 하나님의 은혜를 전한 위대한 설교자의 삶을 교회가 지금껏 명확하고 분명하게 들여다보지 못했다는 확실한 결론에 이르렀다."[1]

상황이 이러한 데는 몇 가지 분명한 이유가 있다. 스펄전이

1892년에 죽은 후 2년 남짓한 기간에, 스펄전 전기가 한 달에 한 권꼴로 나왔다. 물론 당시에 사람들은 스펄전을 잃고서 깊은 슬픔에 잠겨 있었고, 기억 속에서도 그를 더없이 흠모했다. 초기 전기들은 이런 흠모를 강조할 뿐이었다. 제시되어야 했던 몇몇 부분, 이를테면 그가 신학자로서 보여준 능력과 영혼을 그리스도께 인도했던 방식이 거의 간과되었다. 마찬가지로, 검질기고 굽힐 줄 모르는 그의 강인한 성품도 제대로 그려지지 않았고, 그의 개성도 실제보다 더 약하게 전달되었다.

1894년에 홀든 파이크Holden Pike가 6권짜리 『찰스 스펄전의 생애와 사역』The Life and Work of Charles Haddon Spurgeon을 내고, 1897년에 스펄전의 아내와 비서가 4권짜리 『스펄전 자서전』C. H. Spurgeon's Autobiography을 내기 시작했을 때 상황은 어느 정도 개선되었다. 그러나 두 작품 모두 널리 읽히기에는 너무 방대했고, 독자들의 가슴에 스펄전이 살아나게 하는 생생한 이야기를 전해 주지 못했다. 더욱이 얇은 전기들처럼 두꺼운 전기들도 내면을 깊이 파고들어 한 사람의 마음과 영혼, 곧 스펄전의 본질을 드러내 보이지 못했다.

이런 까닭에 오늘날 많은 사람들은 스펄전을 그저 청중을 웃기고 울렸으며 강단에 서는 시간을 더없이 즐거워했던 재주 많은 웅변가 정도로 생각한다. 스펄전의 불타는 열정과 굽힐 줄 모르는 신학적 확신은 거의 알려지지 않았기에, 그가 오늘날의 여느 복음주의자 정도에 지나지 않는다고 생각한다. 어떤 사람은 그를 20세기 복음주의의 할아버지로 여긴다고도 했다.

이 책이 적어도 어느 정도는 위대한 스펄전을 소개하는 한결 만족스러운 책이 되리라 믿는다. 지금껏 오랫동안 제대로 다뤄지지 않은 여러 문제를 이 책에서 다루었기 때문이다. 따라서 독자는 이 책이 스펄전의 신학과 설교 방법을 한결 분명하게 다룬다는 것을 알게 될 것이다. 나는 스펄전의 내면을 이해하고 그려 내려고 노력했다. 이를테면 기도하는 스펄전, 고통을 당하고 우울증에 빠진 스펄전, 스펄전의 약점과 강점, 스펄전의 승리, 스펄전의 유머, 스펄전의 기쁨, 스펄전의 믿기 어려운 갖가지 성취를 다루었다.

스펄전은 하나님의 손에 붙들린 능력의 사람이었고, 기독교 역사를 통틀어 가장 위대한 설교자 가운데 하나였다. 고백하건대, 이처럼 엄청난 인물을 묘사하느라 그야말로 진땀을 뺐다. 그래도 많은 사람이 이 책을 통해 스펄전을 더 잘 알고, 그가 남긴 강력한 귀감을 통해 가르침과 영감을 얻는다면, 나로서는 성공한 셈이겠다.

감사의 글

나를 도와준 친구들에게 진심으로 감사한다.

미시간의 오티스빌에 사는 리로이 콜Leroy Cole 목사님에게 감사한다. 그는 스펄전 자료로 가득한 자신의 서재를 마음껏 이용하게 해주었다. 그에게서 40여 권을 빌렸는데, 대부분 스펄전 전기였다. 리로이 콜 목사님에게서 빌린 책이 없었다면, 이 책을 쓸 엄두도 내지 못했을 것이다.

텍사스의 파사데나에 자리한 필그림 출판사의 밥 로스Bob Ross에게 감사한다. 밥 로스는 필그림 출판사가 출판한 스펄전 관련 서적을 나에게 여러 권 선물했다. 에릭 헤이든Eric Hayden이 쓴 책들이 특히 큰 도움이 되었다.

메트로폴리탄 타버나클의 담임목사 피터 매스터스Peter Masters 박사에게 감사한다. 매스터스 박사는 스펄전이 그곳에서 목회하던 시절의 교회 기록을 열람하도록 허락해 주었다. 또한, 대화를 나누는 중에 스펄전의 생애에 관한 몇 가지 중요한 정보를 알려주었다.

노스캐롤라이나의 그린즈버러에 사는 제럴드 프림Gerald Primm 목사님에게 감사한다. 그는 몇 가지 제안을 해주었고 스펄전의 저작 가운데 몇몇 부분을 복사해 주었다.

온타리오의 윈저에 사는 필립 보르Phillip Borrè와 키스 로즌Keith Lozon에게 감사한다. 이들은 각각 스펄전의 다양한 설교집과 「검과 삽」The Sword and the Trowel 몇 권을 빌려주었다.

스펄전 당시의 잉글랜드 상황

스펄전은 1834년에 태어나 1892년에 죽었다. 이 시대는 여러 면에서 오늘날과 사뭇 달랐는데, 그 시대의 상황을 짧게나마 들여다보면 스펄전의 생애를 이해하는 데 도움이 되겠다. 스펄전이 살았던 시기에는 빅토리아 여왕Queen Victoria, 재위 1837-1901이 내내 권좌를 지켰다. 빅토리아 여왕은 정치 분야와 일상생활에서 도덕에 강한 영향을 미쳤다. 여왕이 권좌에 있을 때, 대영제국은 영토를 크게 확장했고, 국가 경제는 눈에 띄게 발전했다.

런던 거리는 말과 마차와 수레로 넘쳐났으나 교통 법규라고는 없었기에 도로는 꽉 막히기 일쑤였다. 철도망은 꾸준히 확장되었고 잉글랜드는 이 분야에서 세계를 선도했지만, 기차는 느려 터졌고 기차 여행은 불편했을 뿐만 아니라 너저분할 때가 많았다.

수도 시설을 갖춘 욕실이 부유층 가정과 소수 중산층 가정에 점차 설치되었다. 하지만 가난한 사람들에게는 꿈같은 얘기였다.

주로 석탄으로 난방했고, 기름 램프와 가스등으로 조명을 밝혔으나 가난한 사람들은 여전히 초를 썼다.

스펄전이 살던 시대에는 의료 지식이 크게 발전했다. 박테리아의 존재를 밝혀냈고, 소독법에 관한 지식도 익혔으며, 과학자들은 우물과 변소가 가까우면 식수가 오염되고 그로 인해 콜레라를 비롯한 질병이 퍼질 위험이 있음을 알아냈다. 1847년에 클로로폼 chloroform(마취제)이 발견되기 전까지 수술은 마취 없이 진행되었다. 1860년, 플로렌스 나이팅게일Florence Nightingale의 영향으로 간호 업무의 기준이 처음 마련되었다.

계급 체계가 전반적으로 팽배했다. 상류층은 부富를 소유했을 뿐만 아니라 나머지 사람들이 누리지 못한 여러 특권도 독점했다. 그러나 중산층이 성장했고, 상당한 재산을 축적할 기회가 꾸준히 늘어났다. 그렇더라도 가난한 사람들이 많았고, 그 가운데 많은 사람이 무지했고 아팠으며 궁핍했다. 어느 빈민 구호소의 보호 시설은 그야말로 열악하기 짝이 없었다. 그러나 이런 시설의 환경이 열악했던 데는 목적이 있었다. 시설의 수용자들이 어떻게든 일자리를 구해서 이런 끔찍한 처지를 벗어나려고 최선을 다하게 하기 위해서였다. 집 없는 많은 아이들이 거리를 떠돌았고, 그런 아이들이 목숨을 부지하는 길이라고는 좀도둑질뿐이었다. 스펄전이 구빈원과 고아원을 짓고 가난한 아이들과 젊은이들을 무료로 교육한 일은 이러한 배경에서 이해해야 한다. 영국 국교회(성공회)는 국교였기에 정부의 지원을 받았고 비국교도가 누리지 못한 여러 특권을 누렸다. 비국교도 교회들 곧 감리교회, 회중교회, 침례교회, 장로교회 등은 18세기에 조지 윗필드George Whitefield, 1714-1770와 웨슬리Wesley 형제가 주도한 부흥의 결과로 크게 성장했었다. 그러나 스펄전 시대에는 그 열기가 거의 사그라졌고, 교회 생활의 많은 부분이 다소 지루한 형식주의로 기울어졌다. 회중교회의 주도적 인물은 토머스 비니Thomas Binney, 1798-1874였고, 침례교회의 주도적 인물은 존 클리퍼드John Clifford, 1836-1923와 알렉산더 매클래런Alexander MacLaren, 1826-1910이었다. 존 다비John Darby, 1800-1882가 이끈 영국 형제회 운동(플리머스 형제단이라고도 한다—옮긴이)은 1830년대에 시작되었고, 윌리엄 부스William Booth, 1829-1912가 이끄는 구세군은 1870년대에 생겨났다.

19세기에 일어난 가장 중요한 종교 활동 가운데 하나는 옥스퍼드 운동Oxford Movement이었다. 존 헨리 뉴먼John Henry [후에 Cardinal] Newman, 1801-1890(1845년 성공회에서 가톨릭으로 개종했고, 교황 레오 13세는 그를 추기경으로 임명했다—옮긴이)의 주도 아래, 많은 사람이 영국 국교회를 떠나 로마 가톨릭에 합류했으며, 이런 영향은 영국의 일상생활에 강력한 요소로 남아 있었다.

이 책 전체에서, 건축을 비롯한 모든 항목의 비용은 당시의 영국 화폐로 제시되었다. 다른 나라나 다른 시대의 가치로 환산하려면, 당시 노동자의 임금을 기준으로 삼으면 된다. 그때 숙련된 노동자가 받는 괜찮은 연봉이 대략 100파운드 정도였다.

스펄전은 많은 의미에서 전형적인 빅토리아 시대의 영국인이었다. 그가 속했던 사회는 선한 부분도 많았으나 악한 부분도 많았다. 그는 가슴 벅찬 한 가지 일에 헌신했다. 바로 삶을 바꿔 놓는 예수 그리스도의 복음을 선포하는 것이었다. 그는 복음의 능력이 수많은 사람의 회심을 통해 나타나는 것을 보았다.

목회 준비기

1 8 3 4 - 1 8 5 4

조숙한 어린 찰스를 사방에서 눈여겨보았다. 찰스는 주일 저녁이면 할아버지 집에 모여 앉은 드레진 집사들과 부인들에게 대화 주제를 제시하거나, 제시된 주제와 관련해 똑 부러진 소리를 함으로써 모두를 깜짝 놀라게 했다. 그는 나중에 의지가 굳고 말투가 담대하기로 유명했는데, 아주 어릴 때부터 그런 싹이 보였다.

로버트 쉰들러, 『조교에서 타버나클 강단까지』(1892)

01. 책을 좋아하는 소년

"내 혈관에 모든 황제의 피를 담기보다 믿음 때문에 고난받는 한 사람의 후손이 되겠다." 여기서 스펄전은 다음의 사실을 언급하고 있다. 곧 자신의 몸에는 용맹스러운 고대 스칸디나비아 사람들의 피가 흐르고 있지만, 그래도 자신이 물려받은 유산의 핵심은 초기 스펄전 가문의 몇몇이 17세기에 유럽에서 일어난 가톨릭의 박해를 피해 영국으로 건너와 정착한 프로테스탄트들 가운데 있다는 사실이다.

그의 선조 중 하나인 잡 스펄전Job Spurgeon은 "선한 양심의 증언 때문에 물질적으로, 신체적으로 고난을 겪어야 했다."[1] 그는 세 사람과 함께 비국교도 모임, 곧 영국 국교회의 교리와 관습을 따르기를 거부한 사람들의 모임에 참석했다는 이유로 감옥에 갇혔다. 이들은 "극한 추위로 악명 높은" 겨울을 감옥에서 났다. 나머지 세 사람은 밀짚에 누웠다. 그러나 잡 스펄전은 몸이 너무 약해 누울 수조차 없었기에, 겨우내 몸을 곧추세우고 지냈다.

찰스는 이렇게 말했다. "네 세대를 거슬러 올라가면, 하나님께서 내 할아버지의 아버지께서 드린 기도를 기뻐 들으셨다는 게 보입니다. 그 어른은 후손이 마지막 한 세대까지 하나님 앞에서 살게 해달라고 기도하셨습니다. 하나님께서는……그 어른의 후손이 차례로 하나님의 이름을 사랑하고 경외하게 되기를 기뻐하셨습니다."[2]

이렇듯 찰스 스펄전은 어떤 희생을 치르더라도 원칙을 지키기로 유명한 가문에서 태어났다. 그는 1834년 6월 19일 에식스 카운티Essex County에 자리한 켈버돈Kelvedon에서 태어났다. 그러나 태어난 지 14개월 만에 외딴 마을 스탬본Stambourne에 있는 조부모 집에 보내져 그곳에서 5년을 살았다. 그가 태어났을 때, 그의 어머니는 겨우 열아홉이었다. 그리고 이듬해 동생이 태어났기 때문에 그가 조부모에게 맡겨졌을 것이다.

그의 할아버지 제임스 스펄전James Spurgeon은 스탬본의 회중교회(독립교회)에서 25년째 목회를 하고 있었다. 그는 런던에 자리한 핵스턴 대학Hoxton College을 졸업했고, 성경과 청교도 저작에 조예가 깊었다. 그의 목소리는 우렁찼으나 유난히 유쾌하고 표현력이 풍부했으며, 그의 설교는 진지하고 힘이 넘쳤다. 사석에서 대화를 나눌 때처럼 강단에서 설교할 때도 그는 자주 유머 감각을 발휘했다. 시골 교회치고 교인이 아주 많았다(참석 인원이 600명 정도였다—옮긴이). 어느 교인이 "그런 멋진 하늘 양식을 먹고 나면 독수리처럼 날개 치며 오를 수 있을 것 같아요!"라고 했는데, 이는

찰스 스펄전의 생가. 스펄전은 1834년 6월 19일 에식스 카운티에 자리한 켈버돈에서
태어났다.

그의 설교를 들은 많은 교인들이 느끼는 감정을 그대로 표현한 말이었다. 그는 교인들에게 사랑을 받았을 뿐 아니라 스탬본의 영국 국교회 교인들에게도 사랑을 받았다. 그러나 더 큰 교회로 옮기려는 생각은 눈곱만큼도 없었다.

찰스 스펄전의 할머니 사라 스펄전Sarah Spurgeon은 남편의 귀한 동역자였다. 가정은 행복했고 다툼이라고는 없었다. 사라 스펄전에 관해 전해 내려오는 한 마디는 "소중하고, 착하며, 친절한 사람이에요"라는 것이다.

제임스 스펄전과 사라 스펄전의 막내딸 앤Ann은 열여덟 살이었고 여전히 부모님과 함께 살았다. 앤은 어린 찰스가 집에 와 있는 것이 너무 좋았고, 그를 끔찍하게 사랑하고 돌봐 주었다. 앤은 어린 찰스에게 필요한 온갖 시중을 들었고, 그에게 걸음마와 말하기를 가르쳤다. 게다가 앤은 장난기가 넘쳐, 어린 찰스와 갖가지 장난을 치며 놀기를 좋아했다. 그런가 하면 진실한 그리스도인으로서 신앙생활과 일상에서 본을 보이며 찰스의 영적 건강을 다지는 데도 힘을 쏟았다.

이들은 교회 사택에서 살았는데, 사택은 본래 어느 신사의 저택이었다. 지은 지 200년이 다 된 건물이라 기울어진 벽과 울퉁불퉁한 바닥이 건물의 나이를 고스란히 말해 주었으나, 그래도 살기에 편했다. 앞문을 열면 널찍한 홀이 나왔고, 홀 한쪽에는 큰 벽난로가 있었다. 그리고 그 위에 커다란 다윗과 골리앗 그림이 걸려 있었다. 거기에는 흔들 목마도 있었다. 찰스는 어른이 되었을 때 그 흔들 목마를 떠올리며, "내가 즐겁게 탔던 말이라고는 그것뿐이었지요!"라고 말했다. 나선형으로 휘어진 계단을 따라 올라가면 침실들이 나왔다. 그는 쾌적한 방을 차지했는데, 방에는 기둥이 넷이고 친즈chintz(일종의 면직물) 덮개를 씌운 오래된 침대가 있었다. 그는 그 침대에 누워 가까운 처마에서 새들이 지저귀는 소리를 들을 수 있었다.

집 뒤와 옆은 잘 가꾼 정원이었다. 정원에는 꽃과 열매가 풍성했고, 정원 옆으로 그늘지고 풀이 덮인 통로가 나 있었다. 찰스의 할아버지는 주일 설교를 준비할 때면 자주 정원에 나와 묵상했다. 후에 찰스는 이 정원을 매우 좋아했고, 또 식물 예화를 즐겨 사용하게 되었다.

예배당은 목사관 바로 옆에 자리했다. 예배당은 진정한 청교도 양식이었기에 조금도 꾸밈이 없었다. 큰 상자 모양의 설교단만 놓여 있었고, 그 위에 거대한 공명판(마이크가 없던 시절에 확성기 역할을 했다—옮긴이)이 달려 있었다. 어린 찰스는 예배당에 앉아 공명판을 보면서 용수철 인형 상자(뚜껑을 열면 용수철이 달린 인형이 튀어나오는 장난감 상자다—옮긴이)를 떠올렸으며, 공명판이 헐거워져 할아버지 머리에 떨어지는 장면을 상상하곤 했다.

예배당에는 아주 특별한 부분이 있었다. 설교단에서 가까운 양쪽 벽에 외부로 통하는 큰 문이 하나씩 있었는데, 병자가 마차에 실려 오면 마차와 말을 분리해 마차째 그 문으로 들여보내서, 병자가 더없이 편안하게 설교를 들을 수 있었다. 지금이야 '자동차를 타고 들어가거나 휠체어를 타고 들어가' 예배를 드리지만, 이곳에서는 이미 250년 전에 이 둘을 결합한 형태의 예배가 가능했다.

어린 찰스는 할아버지와 많은 시간을 보내는 특권을 누렸다. 제임스 스펄전은 조금도 젠체하지 않는 사람이었으며, 예순이 다 되었는데도 여전히 젊음이 넘쳤다. 이런 까닭에 그가 어린 손자를 늘 곁에 두기를 좋아했던 것이 아니었나 싶다. 혹은 어린 손자의 범상치 않은 자질을 이미 간파했고, 그 자질을 키워 주고 싶었는지도 모르겠다. 교인들이 목사를 찾아와 조언을 구하거나 문제를 내놓고 함께 기도할 때라도, 제임스 스펄전은 어린 손자를 곁에 두기 일쑤였다. 그뿐 아니라, 그가 한 무리의 목사들과 둘러앉아 신학 문제를 논할 때도, 어린 찰스는 곁에 앉아 귀를 쫑긋하고 들으면서 무슨 이야기인지 이해하려고 최선을 다했다. 신학 문제를 파고드는 찰스의 버릇은 아주 어릴 때부터 시작되었다.

스펄전 가정의 중심은 성경이었다. 이들은 성경을 읽는 데 그치지 않았고, 성경에 오류가 없음을 확신하며 굳게 믿었다. 기도할 때도, 하나님께서 기도를 듣고 주권적인 뜻에 따라 응답하신다는 것을 온전히 깨달은 상태에서 기도드렸다. 성경이 제시하는 기준은 즐겁게 받아들였고, 부정직이나 악의惡意는 조금도 알지 못했다. 이들의 삶은 진지했으나 유머와 행복도 떠나지 않았다. 스펄전네 사람들은 나이를 불문하고 일할 때든 놀 때든, "자족하는 마음이 있으면 경건은 큰 이익이 되느니라"(딤전 6:6)라는 말씀을 놓지 않았다.

찰스는 아주 어릴 때부터 책을 가까이했다. 목사관에 있는 침실 중 하나는 작고 어두운 방과 연결되었다. 그 방이 어두웠던 까닭은 악명 높은 '창문세'window tax(1696년부터 150년간 부유층에게 세금을 더 부과하기 위해 시행된 것으로, 창문이 6개가 넘는 집이 과세 대상이었다. 그리하여 세금을 피하려고 창문을 폐쇄하거나 아예 창문을 내지 않는 경우가 있었다―옮긴이)를 피하려고 창문을 막았기 때문이다. 하지만 그 방에는 오래된 청교도 서적이 즐비했고, 찰스는 겨우 세 살 무렵에 그 책들을 꺼내 불빛에 삽화를 들여다보기 시작했다. "아직 어린아이였을 때, 말을 또박또박하기도 전에, 몇 시간씩 꼼짝 않고 앉아 그림책에 푹 빠져 있었다."[3] 그는 이렇게 어린 나이에 존 버니언John Bunyan, 1628-1688의 『천로역정』Pilgrim's Progress 삽화를 접했다. "주인공 크리스천Christian이 짐을 지고 가는 목판화를 처음 보았을 때, 그 사람이 얼마나 불쌍해 보였는지 모릅니다. 그래서 그가 짐을 오래도록 지고 가다가 마침내 벗었을 때, 저는 기뻐서 펄쩍 뛰었습니다."[4] 찰스는 버니언의 다른 인물들, 이를테면 유약한Pliable, 신실한Faithful, 떠버리Talkative도 알게 되었고, 이들의 주요 특징도 익혔다.

그는 존 폭스John Foxe, 1516-1587의 『순교자 열전』Book of Martyrs을 좋아했다. 그 책에서 피의 메리 여왕Bloody Queen Mary, 재위 1553-1558(재위 기간 중 로마 가톨릭 복고 정책으로 개신교와 성공회를 탄압하여 '피의 메리'라는 별명을 얻었다―옮긴이) 시대에 여러 프로테스탄트가 화형당하는 그림을 가만히 앉아 유심히 보았고, 이들이 고난을 꿋꿋

이 견뎌 내는 모습에서 오래도록 남을 깊은 인상을 받았다.

그러나 찰스는 단순히 그림만 보는 데 그치지 않았다. 아직 어린 나이였지만 읽기를 배웠다. 앤 고모가 집에서 그에게 읽기를 가르쳤고, 그는 "나이 지긋한 버레이 부인Mrs. Burleigh"이 운영하는 "꼬맹이 학교"에도 다녔다. 그는 겨우 대여섯 살에 혼자 읽었을 뿐 아니라 가정 예배 때 사람들 앞에서 읽기도 했다. 자신을 가리켜 "동시대인"이라고 말하는 어떤 사람은 이렇게 말했다. "겨우 여섯 살, 어떤 아이들은 한 음절짜리 단어는 고사하고 철자 하나도 제대로 읽지 못하던 나이에, 그는 놀랍게도 강세까지 넣어 가며 또박또박 소리 내어 읽었다니까요."[5]

이렇게 어린 나이에 찰스는 삶의 전반적인 부분도 많이 배웠다. 나중에 그는 "쟁기꾼 존"이라는 인물을 만들어 냈다. 그는 이 가상의 인물에 얽힌 숱한 이야기를 들려주었는데, 이야기 하나하나에 도덕적 교훈이 담겨 있었다. "쟁기꾼 존"은 할아버지와 그가 스탬본에 사는 동안 알게 된 윌 리처드슨Will Richardson이라는 농부를 본떠 만든 인물이었다.

아직은 어린 나이일 때부터 찰스는 강한 도덕적 용기를 발휘했다. 예를 들면, 그의 할아버지는 술집에 자주 드나들기 시작한 어느 교인 때문에 걱정이었는데, 찰스가 이 사실을 알고 용감하게 술집에 들어가 그 사람 앞에 섰던 일이 있었다. 그 사건의 당사자였던 토머스 로즈Thomas Roads는 그때 일을 이렇게 들려준다.

저 같은 늙은이가 그런 꼬맹이한테 호되게 꾸지람을 들었다고 생각하니!······어쨌거나 그 녀석은 손가락으로 저를 지목하더니 이렇게 말했지요. "엘리야, 경건하지 못한 사람들과 여기 앉아 뭐하시는 거예요? 아저씨는 교인이잖아요. 아저씨 때문에 목사님이 얼마나 마음 아파하시는 줄 아세요? 아저씨가 부끄러워요! 나는 목사님 마음을 아프게 하지 않을 거예요. 자신 있어요." 그러고는 휙 돌아서서 나가 버렸어요.······생각해 보니, 다 맞는 말이었지요. 제가 죄인이었던 거예요. 담뱃대를 내려놓고 맥주에 입도 대지 않았어요. 서둘러 한적한 곳으로 가서 주님께 엎드려, 저의 죄를 고백하고 용서를 구했습니다.[6]

토머스 로즈의 회복은 깜짝쇼가 아니라 변하지 않는 진짜배기였고, 그는 주님의 일을 열심히 돕는 조력자가 되었다. 찰스는 이렇게 어린 나이에 의협심을 보여주었고, 자신이 생각하기에 옳지 않은 일에는 단호하게 맞섰다. 이런 성품은 평생 그를 떠나지 않았다.

스탬본에서 5년을 보낸 후 찰스는 부모님에게 돌아왔다. 그는 할아버지 할머니와 더없이 멋진 어린 시절을 보냈으며, 이후에도 여름이면 다시 할아버지 댁을 찾곤 했다.

찰스 스펄전의 아버지 존 스펄전John Spurgeon과 어머니 엘리자 스펄전Eliza Spurgeon은 그때 콜체스터Colchester로 이사했고, 거기서 찰스의 아버지는 어느 석탄 상인의 사무실에서 직원으로 일했다. 그러면서 집에서 15킬로미터 남짓한 톨스베리Tollesbury의 회중교회

찰스 스펄전의 아버지 존 스펄전. 존 스펄전은 어느 석탄 상인의 사
무실에서 직원으로 일하면서 톨스베리 회중교회 목사로도 재직했다.

목사로도 재직했는데, 주일마다 마차를 몰고 집과 교회를 오갔다. 두 가지 일을 하느라 힘들고 바빴기에, 아내나 아이들과는 함께하고 싶어도 시간을 내기가 쉽지 않았다. 그는 훌륭한 설교자였고 목소리도 아주 우렁찼으나, 설교의 힘은 아버지에 미치지 못했다.

이제 아이가 셋 더 늘었다. 찰스 스펄전, 찰스보다 세 살 어린 제임스 아처 스펄전James Archer Spurgeon, 두 여동생 엘리자Eliza와 에밀리Emily, 이렇게 모두 네 남매였다(스펄전의 어머니는 모두 17명의 자녀를 낳았고, 그중 9명은 어려서 잃었다―옮긴이).

찰스는 곧바로 이들의 리더가 되었다. 단지 그중에 가장 나이가 많았기 때문만이 아니라 강한 리더 기질도 있었기 때문이다. 예를 들면, 어느 날 아버지가 보니 찰스가 교회 놀이를 하면서 아이들을 이끌고 있었는데, 찰스는 건초 시렁 위에 서서 설교하는 시늉을 했고, 나머지 아이들을 각자 건초 덩이에 앉혀 놓고 설교를 듣게 했다. 그런가 하면 이런 일도 있었다. 찰스와 제임스가 개울에 장난감 배를 띄우며 놀고 있었는데, 찰스는 자신의 배에 스스로 선택한 천둥이라는 이름을 붙이고는, 용감해 보이고 승리를 부르는 이름을 원했기 때문이라고 했다.

당시에는 무상 교육 제도가 없었기에, 많은 아이들이 글을 읽지 못했다. 학교는 개인 사업체로 운영되었고 학부모들이 직접 학비를 부담해야 했다. 존 스펄전은 형편이 닿는 한 두 아들이 최고의 교육을 받게 하고 싶었다. 그래서 찰스는 콜체스터로 돌아오자마자 학교에 들어갔다. 쿡 부인Mrs. Cook이 운영하는 작은 학교였는데, 그는 학생 중에 두각을 나타냈다. 더욱이 여러 달이 지나면서 그가 놀이보다 공부를 훨씬 더 좋아한다는 게 분명해졌다. 그의 아버지는 이렇게 말했다.

찰스는 건강한 아이였는데, 체질이 튼튼하고 정이 많았으며 공부를 아주 열심히 했어요. 잠시도 책을 손에서 놓지 않았지요. 다른 아이들과는 달리, 정원을 파헤친다거나 비둘기를 기르는 일 따위는 전혀 하지 않았답니다. 늘 책을 끼고 다녔고, 항상 책하고 살았어요. 엄마가 찰스를 데리고 외출하려고 찾을 때면, 찰스는 어김없이 제 서재에 앉아 책을 읽고 있었지요. 찰스는 물론 똑똑했어요. 많은 분야에서 재주가 있었지요. 그림 그리기도 아주 잘 배웠답니다.[7]

부모는 자녀들이 공부를 더 열심히 하는 데 관심을 쏟기도 했지만, 그보다는 자녀들의 영적 건강에 더 신경을 썼다.

아버지는 너무 바빴기 때문에 자녀 양육은 주로 어머니 몫이었다. 어머니는 더없이 경건하고 자애로웠다. 제임스는 이렇게 말했다. "우리 남매들 가운데 누구라도, 하나님의 은혜로 훌륭한 것이나 괜찮은 구석이 있다면, 그건 모두 어머니에게서 비롯된 것입니다."[8] 찰스는 어머니를 생각할 때마다 깊은 애정과 감사를 느꼈으며, 어머니가 자녀들에게 성경을 읽어 주시며 각자 자신의 영혼을 잘 돌보라고 부탁하셨다고 했다. 그는 이렇게 썼다. "훌륭하신 어머니가 들려주신 귀하고 귀한 말씀에 얼마나 많은 빚을 졌는지 모룹니다.……어머니가 이렇게 기도하시던 모습이 떠오릅니다. '주님, 만약 제 자녀들이 계속 죄에 빠져 산다면, 자신들이 멸망할 것을 몰라서가 아닐 것입니다. 그러니 만약 제 자녀들이 그리스도를 붙잡지 않는다면, 제아무리 어미라도 심판 날에 결국 자식에게 불리한 증언을 가차 없이 해야 할 것입니다.' 어머니가 저를 거슬러 신속하게 증언하셔야 한다는 생각에 양심이 찔렸습니다.……어머니가 무릎을 꿇고 두 팔로 내 목을 안은 채, '제 아들이 주님 앞에 살게 하소서!'라고 기도하던 광경을 어떻게 한시라도 잊을 수 있었겠습니까?"[9]

그는 이런 일도 있었다고 말했다. 아버지가 교회 가는 길에, 그동안 가족에게 소홀했던 것이 마음에 걸려 말머리를 돌려 집으로 돌아왔다. 아래층에는 아무도 없었다. 2층으로 올라갔더니 기도 소리가 들렸다. 찰스는 이렇게 말했다. "아버지가 보니 어머니였습니다. 어머니는 모든 자녀가 구원받도록 더없이 뜨겁게 기도하고 계셨고, 특히 맏이이자 의지가 강한 아들인 저를 위해 뜨겁게 기도하셨습니다. 아버지는 소중한 아내가 집에서 자녀들의 영혼을 저렇듯 잘 보살피니, 안심하고 주님의 일을 하러 가도 되겠다고 느끼셨습니다."[10]

찰스는 할아버지 댁에서 지내는 동안 폭스와 버니언을 비롯한 청교도 저자들에게 관심을 두게 되었고, 이제 이러한 관심은 아버지의 서재에서 시간을 보내며 더 깊어졌다. 그는 훌륭한 청교도 저작을 여럿 알게 되었고, 이들의 교리적 확신에도 친숙해졌다. 더욱이 콜체스터에서도 뜨거운 신학 토론을 들을 기회가 있었다. 아버지를 비롯해 여러 목사들이 다양한 성경 문제를 논의할 때 그 자리에 있어도 좋다고 허락받았기 때문이다. 그는 나중에 이렇게 말했다. "저는 증언할 수 있습니다. 아이들도 성경을 이해할 수 있습니다. 확신컨대, 저 자신이 아주 어릴 때부터 많은 신학적 난제를 놓고 토론할 수 있었고, 아버지의 친구들이 양쪽으로 나뉘어 자유롭게 토론하는 것도 들었으니까요."[11]

더욱이 아버지에게도 신학 책이 얼마간 있기는 했으나, 찰스는 더 많은 신학 책을 볼 수 있었다. 여름이면 스탬본에 있는 할아버지 댁에 갔기 때문이다. 그는 할아버지 댁의 2층 방에 대해 이렇게 말했다. "저는 그 어두컴컴한 방에서 오래된 저자들을 불러냈습니다.……그들과 함께할 때만큼 행복한 적은 없었습니다." 찰스 스펄전이 이미 아홉 살이나 열 살 무렵에 존 오웬John Owen, 1616-1683, 리처드 십스Richard Sibbes, 1577-1635, 존 플라벨John Flavel, c.1627-1691, 매튜 헨리Matthew Henry, 1662-1714와 같은 거장들의 책을 읽으며 어느 정도 이해했다는 데는 의심의 여지가 없다. 그는 이미 이들의 신학적 논쟁의 의미를 상당 부분 파악했으며, 스스로 찬성과 반대 견해를 논리적으로 끌어내고 있었다.

찰스가 아직 어릴 때였다. 어느 여름 찰스는 스탬본에 있었는데, 깜짝 놀랄 만한 예언을 받았다. 할아버지가 선교사였던 리처드 닐Richard Knill, 1787-1857을 교회로 초청해 특별 집회를 열었다. 닐은 인도와 러시아에서 선교사로 여러 해 활동했고, 당시에는 잉글랜드에서 사역하고 있었다. 그는 어린 찰스를 눈여겨보았고, 얼마 지나지 않아 그가 지적 능력이 아주 뛰어나고 말을 분명하게 잘한다는 것을 알았다. 이를테면 찰스는 매일 가정 예배 때 성경을 읽었는데, 닐은 그때 일을 떠올리며 이렇게 말했다. "나이 든 목사나 젊은 목사들이 잘 읽는 경우는 본 적이 있습니다. 하지만 어린아이가 그렇게 정확하게 읽는 경우는 본 적이 없습니다."[12]

날마다 선교사는 찰스에게 그의 영혼에 관해 들려주었고, 그와 함께 아주 간절히 기도했다. 그는 찰스가 틀림없이 목사가 되리라고 믿었다. 그래서 돌아갈 때, 가족이 둘러선 자리에서 찰스를 무릎에 앉히고는 이렇게 선언했다. "이 아이는 장차 복음을, 그것도 많은 사람에게 전할 것입니다. 저는 이 아이가 롤런드 힐Rowland Hill 채플에서 복음을 전할 거라고 확신합니다."[13]

롤런드 힐 채플(본래 명칭은 서리 채플Surrey Chapel이다. 1783년 롤런드 힐이 아버지에게서 물려받은 유산으로 지었기 때문에 롤런드 힐 채플로도 불린다. 영국의 비국교도 교회들은 church가 아니라 주로 chapel이라는 이름을 붙였다—옮긴이)은 당시 잉글랜드에서 가장 큰 채플에 속했고, 나중에 찰스 스펄전은 실제로 이곳에서 설교했다. 찰스는 이 예언을 들었던 순간에 그 기운을 느꼈으며 나중에 이렇게 말했다. "제가 하나님의 말씀을 전할 날을 고대했습니다. 회심하지 않은 사람은 함부로 그런 일을 해서는 안 된다는 생각이 아주 강하게 들었습니다. 그래서 구원을 더욱 간절히 사모했습니다."[14]

열 살 때 찰스는 콜체스터에 있는 다른 학교로 전학했다. 스톡웰 하우스 스쿨Stockwell House School이었다. 이 학교는 학업 수준이 대부분의 이런 학교들보다 높았다. 나중에 어느 동료 학생은 이렇게 말했다. "리딩Leeding 선생님이 고전과 수학을 담당하셨는데 아주 철저하게 가르치셨지요. 찰스 스펄전은 이해력이 매우 빠른 친구였답니다. 특히 라틴어와 유클리드 기하학을 잘했는데……두 과목 모두 아주 뛰어났지요."[15]

찰스는 이 학교를 4년간 다녔다. 이 기간에 지적 훈련을 상당히 쌓았고 지식도 매우 깊어졌다. 어느 겨울 한두 주간만 빼고 늘 성적이 반에서 최고였는데, 그때도 난롯가에 앉으려고 일부러 못하는 척한 것이었다. 선생님은 이런 찰스의 계획을 알아차리고는, 자리를 옮기는 순서를 뒤집어 가장 뛰어난 학생을 난로에서 가장 가까운 자리에 앉혔다. 찰스는 곧 성적이 올랐고, 좋아하는 자리에 다시 앉게 되었다.

찰스가 열네 살 때, 부모는 그를 런던에서 남쪽으로 수 킬로미터 떨어진 메이드스톤Maidstone에 자리한 세인트 어거스틴 농업학교St. Augustine's Agricultural College에 보냈다. 찰스는 집에서 멀리 떨어져 지내야 했다. 하지만 동생 제임스가 함께 입학한 터라 혼자가 아니어서 어려움은 덜했다. 더욱이 이들의 삼촌이 교장이었기에, 형제는 삼촌 집에서 지내며 학교에 다녔다.

이 학교에 다닐 때 찰스는 타고난 대담성을 두 차례 보여주었다. 첫째로, 영국 국교회 신부가 정기적으로 학교에 와서 종교를 가르쳤는데, 찰스와 신부가 대화를 나눌 때 이런 일이 있었다. 신부는 찰스를 세례에 관한 논의로 이끌었는데, 찰스는 강한 확신으로 답했으며 신부와는 사뭇 다른 의견을 제시했다. 둘째로, 그 학교에서 수학을 가르치는 찰스의 삼촌이 틀리게 가르친 적이 있었는데, 그때 찰스가 잘못을 지적하고 바로잡아 주었다. 그는 이런 행동 때문에 책을 들고 교실 밖으로 나가야 했다. 날씨가 더웠기 때문에 그는 강가 참나무 아래서 혼자 공부했다. 그래도 삼촌은 그의 수학적인 재능을 인정해 그로 하여금 일련의 계산법을 만들게 했는데, 이 계산법은 런던의 어느 보험 회사에서 50년 넘게 아주 유용하게 사용되었다.

이렇게 찰스는 열다섯 살이 되었다. 이제는 감수성이 예민한 청년이 되었으나 절대 과묵하지는 않았으며, 그 누구도 두려워하지 않았다. 아주 착한 소년이었고, 매우 올곧고 정직했다. 상상력이 풍부했고 기억력이 남달랐다. 나이에 비해 독서의 폭이 깜짝 놀랄 만큼 넓었으며, 특히 자신이 좋아하는 저자들, 곧 청교도 신학자들의 저작에 조예가 깊었다.

동생 제임스는 형을 누구보다 잘 알았다.

찰스 형은 매일 공부만 했습니다. 저는 토끼, 닭, 돼지, 말을 끼고 살았고, 형은 책을 끼고 살았어요. 저는 고만할 때 사내아이가 손을 댈 법한 온갖 일로 여기저기 뛰어다니느라 바빴지만, 형은 늘 책을 끼고 살면서 잠시도 공부에서 손을 놓지 않았지요. 형은 도통 다른 일은 하지 않았지만, 무엇에 관해서든지 줄줄이 얘기해 줄 수는 있었어요. 형은 모든 분야의 책을 다 읽어 아는 것이 엄청나게 많은 데다 기억력까지 비상했거든요.[16]

영적 경험이 죄에 대한 깊고 쓰라린 깨달음과 잘 어우러질 때, 그 경험은 크게 유익합니다. 이런 경험이 목에는 턱턱 걸릴 테지만, 장(腸)에는 유익하고 내세에는 더없이 유익합니다.

아마도 이 시대에 나타나는 어설픈 경건의 많은 부분은, 사람들이 요즘처럼 복음이 널리 전파되는 시대에 평안과 기쁨을 손쉽게 얻는 데서 비롯되었을 것입니다. 이 시대의 회심자들을 판단하려는 게 아닙니다. 하지만 우리는 영혼을 눈물의 십자가 곁으로 인도해 그 영혼으로 자신의 흑암을 보게 하며, 그런 후 그 영혼에게 자신이 '완전히 깨끗해졌다'는 확신을 주는 형태의 영적 훈련을 분명히 더 좋아합니다. 너무나 많은 사람이 죄를 가볍게 생각하기에 구주를 가볍게 생각합니다. 자신의 하나님 앞에 서서 유죄 판결과 사형 선고를 받고 목에 밧줄이 걸려 본 사람이라면, 자신이 사면될 때 기뻐서 울고, 자신이 용서받은 악을 증오하며, 피 흘려 자신을 깨끗하게 씻으신 구속자를 높이며 살아갈 것입니다.

찰스 스펄전, 『자서전』

02. 소년의 회심

1849년 여름, 찰스는 또 다른 학교에 들어갔다. 이번에는 뉴마켓 Newmarket에 자리한 학교였다. 그는 이제 막 열다섯 살이 되었지만, 이 학교에 단지 학생으로 들어간 것이 아니었다. 그는 이 학교의 시간제 교사였는데, 흔히 "조교"라고 불렸다.

얼마 지나지 않아 찰스는 자신을 바꿔 놓은 큰일, 곧 회심을 경험했다. 이 사건은 오랫동안 복음주의 그리스도인들 사이에서 상식으로 통했고, 설교와 책과 잡지에 자주 회자되었다. 그러나 이 사건이 있기 전에 죄를 깨닫고 구원을 갈망하는 길고 쓰라린 시간이 있었는데, 이에 대해서는 대체로 언급되지 않는다. 그러나 스펄전은 이 경험을 아주 중요하게 여겨 설교 시간에 자주 언급했을 뿐 아니라 『자서전』Autobiography에서 여기에 한 장 전체를 할애하기도 했다.

더욱이 이 경험을 말할 때, 묘사의 대가 스펄전도 자신이 겪은 고뇌를 제대로 설명할 적절한 단어를 찾느라 쩔쩔매는 것 같다. 그는 이렇게 말했다. "죄가 얼마나 악한지 고통스럽게 깨닫는 과정을 다시 겪느니, 차라리 더없이 고통스러운 병을 7년 앓는 쪽을 택하겠습니다."[1]

이 쓰라린 경험은 찰스가 아직 매우 어릴 때 시작되었다. 앞서 보았듯이, 그는 겨우 세 살 때 존 버니언의 『천로역정』에서 주인공이 짐을 지고 순례하는 그림을 보며 놀았고, 얼마 지나지 않아 그 그림이 무슨 뜻인지 알았다. 그것은 죄의 짐이었다. 찰스는 읽기를 배우면서, 주로 성경과 훌륭한 청교도 저자들의 책을 읽었다. 그는 신학 토론에 귀를 쫑긋했고, 이미 열 살 무렵에 기독교 교리에 대한 지식이 상당 수준에 이르렀다. 그는 정직하고 올곧은 소년이었으나, 하나님의 눈에 죄라고 여겨지는 무언가를 줄곧 보았다. 찰스는 자신이 존 버니언의 순례자처럼 끔찍한 짐을 지고 있으며 자신의 힘으로 그 짐을 제거하지 못한다는 것을 알았다.

어느 여름 할아버지 댁에 갔을 때였다. 어느 날 성경을 읽는데 "밑 없는 구덩이"bottomless pit(무저갱)라는 말이 나왔다. 찰스는 읽기를 멈추고, 어떻게 "밑 없는" 곳이 있을 수 있냐고 물었다. 할아버지가 대답해 주었으나 그는 만족하지 못했다. 그때부터 그의 머릿속에는 한 가지 확신, 곧 의롭다 함을 받지 못한 사람이 하나님에게서 그리고 의롭고 선한 모든 것에서 영원히 점점 멀어지는 게 가능하다는 확신이 박혀 떠나지 않았다.

더욱이 그는 "그리스도께서 우리 죄를 위해 죽으셨다"는 사실을 누구보다 잘 알았지만, 정작 이 진리를 자신에게 적용하지 못했다. 그는 기도하려고 애썼다. 그때의 상황에 대해 스펄전은 이렇게 말했다. "입에서 나오는 말이라고는 '하나님, 이 죄인을 불쌍히 여겨 주십시오!'뿐이었습니다. 눈이 부시는 하나님의 위엄, 그분의 큰 능력, 그분의 엄위한 공의, 점도 없고 흠도 없는 그분의 거룩, 경외심을 자아내는 그분의 존엄, 이런 것들이 제 영혼을 압도했고, 저는 영혼이 극도로 탈진한 채 쓰러졌습니다."[2]

그가 숱하게 노력했는데도 죄의 짐은 점점 무거워졌다. 그는 유년 시절 내내 하나님 율법의 보편적인 요구를 줄곧 의식하며 살았다고 말했다. "제가 어디를 가든지 그것이 제 생각을, 제 말을, 저의 일어섬을, 저의 섬을 얽매었습니다." 그는 이러한 무서운 깨달음을 극복하려고 몸부림치는 중에, 하나님의 율법과 관련한 또 다른 진리와 마주쳤다. 그것은 율법의 영성spirituality of the law이었다. 그는 육신의 여러 죄를 지은 적이 전혀 없는데도, 자신이 영으로는 그것들에 대해 유죄라고 느꼈고, 그래서 이렇게 부르짖었다. "제가 이 같은 율법에서 어떻게 빠져나갈 수 있겠습니까? 이것이 사방으로 저를 에워싸고 있어 도저히 벗어날 수 없습니다."[3]

그는 고통스러운 밤을 보낸 후에, 조지프 얼라인Joseph Alleine, 1634-1668의 『회심하지 않은 죄인들을 향한 훈계』Admonition to Unconverted Sinners와 리처드 백스터Richard Baxter, 1615-1691의 『회심』A Call to the Unconverted을 자주 펼쳐 들었다. 다른 사람들에게는 그렇게도 유익한 책이었으나, 그에게는 자신이 이미 아는 사실, 곧 자신은 잃어버린 자이고 구원받아야 한다는 사실에 오금을 박을 뿐이었다. 그는 이런 책을 읽고 나면, 그 놀라운 구원을 어떻게 받는지 더욱 간절히 알고 싶었고, 그리하여 계속 찾아 헤매며 고통스러워했다.

이런 상황에서 그는 하나님을 모독하는 말을 좀체 듣지도 않았고, 더더욱 입에는 담지도 않았다. 그런데도 하나님과 인간에 대한 온갖 저주가 그의 머릿속에 스멀스멀 기어들기 시작했다. 뒤이어 하나님의 존재 자체를 부정하고 싶은 심한 유혹이 몰려왔고, 이러한 유혹은 이제 자신은 자유사상가가 되었고 사실상 무신론자가 되었다고 말하려는 노력으로 이어졌다. 그는 자신의 존재마저 의심하려 들었다. 하지만 이 모든 노력은 허사였다.

마침내 그는 자신에게 이렇게 말했다. "뭔가 느껴야 돼! 뭔가 해야 한다고!" 그는 등에 채찍질을 당하거나 몹시 어려운 순례를 떠나고 싶은 마음마저 들었다. 이런 노력으로 자신이 구원받을 수만 있다면 말이다. 그러나 그는 인정했다. "방법은 지극히 단순했습니다. 십자가에 못 박힌 그리스도를 믿고, 그분이 다 이루어 놓으신 구원을 받아들이며, 나는 아무것도 아니고 그분이 전부가 되시게 하며, 아무것도 하지 않고 다만 그분이 해놓으신 일을 신뢰하기만 하면 되는 것이었습니다. 저는 이것을 붙잡지 않을 수 없었습니다."[4]

이 고통스러운 탐구는 그가 콜체스터와 메이드스톤에서 학교를 다니는 내내 계속되었고, 뉴마켓 시절에 더욱 뜨거워졌다. 앞서 보았듯이, 그는 늘 공부를 아주 잘했으나 속으로는 고뇌에 시달렸다. 나중에 그는 이 끔찍했던 시절을 돌아보면서 이렇게 말했다. "'사람으로 지음을 받기보다 차라리 개구리나 두꺼비로 지음받았으면 좋았을 텐데'라고 생각했습니다. 가장 부정한 짐승이……저보다 낫다는 생각이 들었습니다. 저는 전능하신 하나님께 죄를 지었기 때문입니다."[5]

뉴마켓으로 옮긴 후, 찰스는 자신의 짐을 벗는 데 도움이 될 법한 말씀을 들을까 해서 이 교회 저 교회를 옮겨 다녔다. 그는 이렇게 말했다. "어떤 목사님은 하나님의 주권을 설교했습니다. 하지만 자신이 구원을 얻으려면 무엇을 해야 하는지 알고 싶은 불쌍한 죄인에게 그런 숭고한 진리가 무슨 소용이 있겠습니까? 존경스러운 어떤 목사님은 늘 율법을 설교했습니다. 하지만 씨를 뿌려야할 땅에 쟁기질만 한들 무슨 소용이 있겠습니까? 어떤 목사님은 실제적인 설교를 했습니다.……하지만 그는 마치 다리가 없는 사람에게 전술戰術을 가르치는 교관과 같았습니다.……제가 알고 싶었던 것은 이것이었습니다. '어떻게 하면 내 죄를 용서받을 수 있을까?' 하지만 아무도 제게 말해 주지 않았습니다."[6]

1849년 12월, 뉴마켓 학교에 갑자기 열병이 돌았다. 학교는 임시 휴교를 했고, 찰스는 집에서 성탄절을 보내려고 콜체스터로 돌아갔다. 하나님은 이러한 상황의 변화를 이용해 구도하는 젊은이를 구원으로 인도하셨다. 스펄전의 회심 이야기는 널리 알려졌지만 여기서 한 번 더 되풀이할 만하다. 그것도 스펄전 자신의 말로 듣는 것이 제일 좋겠다.

어느 주일 아침, 예배를 드리러 가는 중이었습니다. 만약 하나님이 그때 눈보라를 보내 제게 선을 베풀지 않으셨다면 어떻게 되었을까요? 그랬다면, 저는 여전히 어둠과 절망 가운데 헤매고 있지 않을까 하는 생각이 이따금 듭니다. 길을 걸어 내려가다가 어느 조그마한 원시감리교회Primitive Methodist Church(근본감리교회라고도 하며 1810년경 영국 감리교 내에서 시작되었다─옮긴이)에 이르렀습니다. 예배당에 들어서니 교인들이 열둘에서 열다섯 정도 앉아 있었습니다. 원시감리교도들에 대해서는 들은 적이 있었는데, 찬송을 어찌나 크게 부르는지 듣는 사람들이 머리가 아플 지경이라고 했습니다. 하지만 그건 제게 문제가 되지 않았습니다. 저는 어떻게 하면 구원을 받을지 알고 싶었으니까요. (…)

그날 아침 그 교회 목사님은 오지 못했습니다. 눈 때문에 길이 막혔던 것 같습니다. 마침내 아주 호리호리한 남자가 일어서더니 설교를 하러 강단으로 나갔습니다. 마치 구두 수선공이나 양복장이 같았습니다. 요즘은 설교자들이 교육을 받는 게 당연합니다. 그러나 그 남자는 정말이지 우둔했습니다. 그는 본문에서 한 발짝도 벗어나지 않았습니다. 이유는 간단했습니다. 달리 할 말이 없었기 때문입니다. 그날의 본문은 "땅의 모든 끝이여, 나를 바라보아라. 그러면 구원을 얻을 것이다. 나는 하나님이며 나 외에는 다른 신이 없다"(사 45:22, 옮긴이 사역)였습니다.

그는 단어를 정확히 발음하지도 못했으나, 그것은 중요하지 않았습니다. 저는 그 본문에 저를 위한 희미한 소망이 있다고 생각했습니다.

설교자는 이렇게 시작했습니다. "정말로 매우 단순한 본문입니다. 본문은 '바라보아라'라고 말합니다. 바라보는 데는 아무런 수고도 필요치 않습니다. 발을 움직이거나 손가락을 까딱할 필요도 없습니다. 그냥 '바라보면' 됩니다. 대학에 가야 바라보는 법을 배우는 것도 아닙니다. 세상에 가장 멍청한 사람이라도 바라볼 수는 있습니다. 바라보는 데 뭐, 천년이 걸리는 것도 아닙니다. 누구든지 바라볼 수 있습니다. 아이라도 바라볼 수 있습니다."

"그러나 본문은 '나를 바라보아라'라고 말합니다. 그라지요!" 그는 걸쭉한 에식스 사투리로 말했습니다. "많은 사람이 자신을 바라봅니다. 그러나 자신을 바라봐 봤자 아무 소용이 없습니다. 자신에게서는 아무런 위로도 찾지 못합니다. 어떤 사람은 성부 하나님을 바라보라고 말합니다. 아닙니다. 그분은 나중에 바라보십시오. 예수님은 말씀하십니다. '나를 바라보아라.' 어떤 사람들은 말합니다. '성령님이 역사하실 때까지 기다려야 해!' 그건 지금 해야 할 일이 아닙니다. 그리스도를 바라보십시오. 본문은 말합니다. '나를 바라보아라.'"

그러더니 그 멋진 남자는 본문에 이렇게 덧붙였습니다. "나를 바라보아라. 나는 굵은 핏방울을 뚝뚝 흘리고 있다. 나를 바라보아라. 나는 십자가에 달려 있다. 나를 바라보아라. 나는 죽었고 장사되었다. 나를 바라보아라. 나는 다시 살아났다. 나를 바라보아라. 나는 승천했다. 나를 바라보아라. 나는 아버지 오른편에 앉아 있다. 오, 불쌍한 죄인이여, 나를 바라보아라! 나를 바라보아라!"

그가……설교를 늘리고 늘려 십 분을 조금 넘겼을 때, 설교 밑천이 바닥났습니다. 다음 순간, 그는 회중석에 앉은 저를 바라보았습니다. 사람들이 아주 적었기 때문에, 제가 낯선 사람이라는 걸 금세 알아챘을 것입니다.

그는 제게 시선을 고정했습니다. 그러고는 마치 제 마음을 다 안다는 듯이 말했습니다. "젊은이, 아주 비참해 보이는군요." 그렇습니다. 저는 비참했습니다. 그러나 강단에서, 그것도 바로 앞에서 제 외모를 논하는 말을 듣는 데는 익숙하지 않았습니다. 그러나 그는 그 말로 제게 제대로 한 방 먹였습니다. 저는 정신이 번쩍 들었습니다. 그는 하던 말을 계속했습니다. "형제님은 언제나 비참할 것입니다. 살아도 비참하고 죽어도 비참할 것입니다. 오늘 본문에 순종하지 않는다면 말입니다. 그러나 지금 이 순간 순종한다면, 구원을 받을 것입니다." 그러더니 그는 두 손을 들고 외쳤습니다. 오직 원시감리교도만이 그렇게 외칠 수 있었을 것입니다. "젊은이, 예수 그리스도를 바라보시오! 바라보시오! 바라보시오! 바라보시오! 그저 바라보기만 하면 됩니다. 그러면 삽니다!"

저는 즉시 구원의 길을 보았습니다. 그가 또 무슨 말을 했는지는 기억나지 않습니다. 제가 다른 말에는 별로 귀를 기울이지 않았으니까요. 저는 한 가지 생각에 사로잡혔습니다.……저는 50가지 일을 하려고 기다려 왔습니다. 그런데 한 단어를 들은 것입니다. "바라보아라!" 그 단어가 제게 그렇게 매력적으로 보일 수가 없었습니다. 저는 거의 눈이 빠지도록 바라보았습니다.

그때 그 자리에서 구름이 걷혔습니다. 어둠이 물러갔습니다. 그 순간, 해가 보였습니다. 저는 그 즉시 일어나 그리스도의 보혈을, 오직 그분만 바라보는 단순한 믿음을 더없이 뜨겁게 노래할 수 있었습니다. 누군가 제게 좀 더 일찍 이렇게 말해 줬다면 얼마나 좋았겠습니까? "그리스도를 믿어라. 그러면 구원을 얻으리라." 그러나 이제는 모든 것이 지혜롭게 해결되었고, 저는 이렇게 노래할 수 있습니다.

날 정케 하신 피 보니 그 사랑 한없네.
살 동안 받는 사랑을 늘 찬송하겠네.

그 행복한 날, 제가 마침내 구주를 찾고 그분의 귀한 발을 붙잡는 법을 배운 그때를 절대 잊지 못할 것입니다.……저는 하나님의 말씀에 귀를 기울였고, 그 귀한 본문이 저를 그리스도의 십자가로 인도했습니다. 단언컨대, 그날의 기쁨을 말로 다 표현하지 못하겠습니다. 저는 펄쩍펄쩍 뛸 수도 있었을 테고, 춤을 출 수도 있었을 것입니다. 하지만 아무리 열광적이더라도, 그때의 기쁨을 제대로 표현할 방법이 없었습니다. 그 이후로 저는 그리스도인으로 살면서 숱한 경험을 했습니다. 그러나 그날만큼 가슴 벅차고 기쁨이 용솟음치는 그런 경험은 없었습니다.

제가 앉은 자리에서 벌떡 일어나 열광적이기로 유명한 그 감리교 형제들과 함께 이렇게 소리칠 수도 있었을 것입니다.……"저는 용서받았어요! 저는 용서받았어요! 은혜의 순간입니다! 죄인이 보혈로 구원받았어요!" 제 영혼을 옭아맨 사슬이 끊어졌습니다. 제 영혼은 해방되었습니다. 저는 예수 그리스도 안에서 천국의 상속자가 되었고, 용서받았으며, 받아들여졌습니다. 저는 수렁에서, 무서운 구덩이에서 건짐을 받아 반석 위에 세워졌으며, 이제 제 걸음은 흔들리지 않게 되었습니다. (…)

저는 그 예배당에 10시 30분에 들어갔고 그곳을 나와 12시 30분에 집에 돌아왔습니다. 그 사이에 제 속에 놀라운 변화가 일어났습니다. 그저 예수님을 바라봄으로써 저는 절망에서 건짐을 받았고, 너무나 놀라운 마음의 기쁨을 얻었습니다. 그래서인지 가족들은 집에 돌아온 저를 보더니 이렇게 말했습니다. "너에게 놀라운 일이 있었구나!" 저는 무슨 일이 있었는지 열심히 들려주었습니다. 그날 우리 집에 기쁨이 가득했습니다. 모든 가족이 맏아들이 구주를 마침내 만나고 용서를 받은 얘기를 들었기 때문입니다.[7]

스펄전의 회심은 그의 삶에서 큰 전환점이었다. 그는 참으로 새로운 피조물이 되었다. 오랫동안 그를 무섭게 짓눌렀던 무거운 죄의 짐이 사라졌고, 이제 그에게는 모든 게 새로워졌다.

그러나 그가 지나온 고통의 터널은 그에게 오래도록 영향을 미쳤다. 그는 죄가 얼마나 악하고 무서운지 깨달았고, 이러한 깨달음은 그의 마음에 깊이 새겨졌다. 그래서 그는 죄악을 미워했고 모든 거룩한 것들을 사랑했다. 그는 설교자들이 복음을, 그것도 쉽게 직접적으로 전하는 것을 듣지 못했다. 그래서 그는 목회하는 내내 설교 때마다 죄인들에게 구원 얻는 방법을 아주 직설적이고 이해하기 쉽게 들려주었다.

더욱이 그에게 이러한 교훈들은 단지 미래만을 위한 것이 아니었다. 그리스도를 향한 그의 사랑은 참으로 놀라웠다. 그 당시 겨우 열다섯이었는데도, 그는 그분을 위해 무슨 일이라도 하고 싶어 도저히 기다릴 수 없어서, 그분을 섬길 방법을, 그것도 곧바로 섬길 방법을 찾아 나서야 했다.

제 등에서 짐이 굴러떨어졌을 때 저는 정말로 용서받았습니다.……
"예수 그리스도는 저의 것입니다"라고 처음 고백했던 날, 그리스도
께서 정말로 저의 것이 되셨습니다. 제가 청년의 경건으로 이른 새벽
성소에 오를 때, 부르는 노래마다 정말로 하나의 시편이었습니다. 제
가 기도할 때 허투루 내뱉는 기도가 한 마디도 없었습니다! 기도마
다 정말로 기도였습니다!

제가 고요한 중에 하나님께 가까이 나아갈 때도 다르지 않았습니다.
겉치레가 아니었고, 되풀이되는 습관도 아니었으며, 단지 의무도 아
니었습니다. 하늘에 계신 저의 아버지와 주고받는 진정한 대화였습
니다.

그때 저의 구주 그리스도를 얼마나 사랑했는지요! 그분을 위해서라
면 제가 가진 전부라도 드렸을 테지요! 그날, 제 마음이 얼마나 죄인
들을 향했는지요! 저는 어렸지만 외치고 싶었습니다. "사방의 죄인
들에게 말하리라, 내가 찾은 아주 귀한 구주를."

찰스 스펄전, 『자서전』

03. 주님을 섬기는 소년의 기쁨

회심하고 몇 년 후, 스펄전은 뉴마켓의 학교로 돌아가 자기 일을 계속했다. 그러나 모든 게 달라졌다. 그의 영혼은 기쁨으로 활기가 넘쳤고, 성경은 영광으로 빛났으며, 기도는 그의 영혼에 하늘 문을 열어 주었다. 그는 무엇보다도 자신을 하나님께 온전히 드리기를 원했고, 자신과 주님 사이에 언약을 작성해 서명까지 하며 자신의 결심을 엄숙하게 밝혔다.

제 마음을 다 아시고, 저의 모든 길을 다 재어 보시는 크고 헤아릴 수 없는 하나님, 겸손하게 성령을 의지하며 저를 당신께 드립니다. 당신이 받을 만하신 제물로, 저를 당신에게 돌려 드립니다. 저는 영원히, 남김없이 당신의 것입니다. 이 땅에 사는 동안 당신을 섬기겠습니다. 당신을 영원히 기뻐하며 당신을 영원히 찬양하게 하소서! 아멘.

그는 결심을 표현한 후, 곧바로 실행에 옮기기 시작했다. 어떤 자매가 매주 서른세 가정을 돌며 전도책자를 돌렸는데, 그 일을 그만두게 되었다. 그래서 스펄전이 이 일을 기쁘게 맡았다. 그는 복음 구절을 쪽지에 써서 만나는 사람에게 건네거나 집어서 읽을 수 있게 여기저기 놓아두기도 했다. 그는 이렇게 말했다. "저는 하나님을 위해 무슨 일이든 하지 않고는 행복할 수 없습니다."

그러나 그는 몇 가지 중요한 교훈을 얻어야 했다. 첫째 교훈은 오래지 않아 찾아왔다. 그는 회심한 그날부터 마귀가 다시는 자신을 괴롭히지 않을 것이라고 믿었다. 그런데 사탄이 그를 공격했다. 회심하기 전에 품었던 여러 의심이 다시 강하게 일어났고, 그와 더불어 예전에 품었던 악한 생각과 하나님을 모독하는 것들이 많이 되살아났다. 그는 몹시 놀라고 괴로웠다.

그러나 이제는 싸움이 달랐다. 스펄전은 자신에게 힘을 주는 능력을 경험한 터였다. 오래지 않아 여러 의심과 악한 생각을 이겨 냈고, 그리스도께서 그의 삶에서 다시 최고의 통치자가 되셨다. 이 경험은 쓰라렸으나 아주 유익하기도 했다. 그리스도인의 삶은 "편안한 꽃밭"이 아니라 싸움터일 때가 많음을 일찍이 배웠기 때문이다. 스펄전은 자신이 겪은 유혹과 시련을 생각하며 이렇게 단언했다. "이것은 하나님께서 사탄의 손에서 건져 내신 자들을 사탄이 고문하는 한 방법입니다."[2]

나중에 스펄전이 그 당시 유명했던 '승리하는 삶'의 철학을 조금도 받아들이려고 하지 않았다는 점을 살펴보겠다. 그는 대다수 사람이 알지 못하는 놀라운 승리를 경험했음에도, 그리스도인의 삶은 분투라는 사실을 깨달았다. 그래서 바울처럼 자주 부르짖었다. "오호라, 나는 곤고한 사람이로다. 이 사망의 몸에서 누가 나를 건져 내랴"(롬 7:24). 그러나 바울처럼 이렇게도 단언할 수 있었다. "우리 주 예수 그리스도로 말미암아 [날마다 나를 건지시는] 하나님께 감사하리로다"(롬 7:25).

주님을 섬기려는 열망에서 스펄전은 하나님의 사람들과 공식적으로 연결되고 싶었다. 그래서 뉴마켓에 자리한 회중교회에 등록하려고 노력했다. 물론 대개 목사들은 이런 젊은이가 교인이 되는 것을 기뻐했을 것이다. 그러나 이 교회의 목사는 스펄전을 원하지 않았다. 그는 목사관으로 찾아갔다. 그러나 목사는 그를 만나려고 하지도 않았다. 그는 또다시 찾아갔으나 이번에도 거절당했다. 두 번 더 찾아갔으나 그때마다 장애물에 막혀 목사를 만나지 못했다. 그러나 그는 절대 포기하지 않았고, 목사에게 메모를 남겼다. 다음 주 주중 모임 때, 자신이 일어나 교인으로 받아들여 달라고 요청하겠다는 내용이었다. 결국, 목사가 두 손을 들었고 그는 그 교회의 교인이 되었다.

목사가 그를 받아들이기를 꺼린 데는 이유가 있었다. 그는 심적으로 회중교회 신자가 아니었기 때문이다. 찰스는 회중교회에서 자랐다. 앞서 보았듯이, 할아버지와 아버지가 회중교회 목사였기 때문이다. 그는 회중교회가 전하는 복음을 기뻐하기는 했으나 침례(세례) 문제에는 의견을 달리했다. 회중교회는 유아세례를 시행했고, 찰스도 할아버지에게 유아세례를 받았다. 그러나 이제 그는 성경적인 세례가 이와는 사뭇 다르다고 믿었다. 이를테면 세례는 "그리스도와 함께 장사되는" 것으로, 그리스도를 이미 믿어 구원에 이른 자를 물에 담그는 것이었다.

어린 시절에 찰스는 세례와 관련해 마음이 왔다 갔다 했다. 그러나 열네 살 때 메이드스톤에 있는 학교에 와서 종교를 가르치던 영국 국교회 신부와 세례 문제를 놓고 토론했을 때 더 분명한 확신에 이르렀다. 신부는 그에게 '믿음과 회개'가 세례의 전제 조건이라고 했으며, 유아는 이런 조건을 충족시키지 못하기 때문에 아이가 자라 성인이 될 때까지, 후견인(대부, 대모)이 이런 조건을 아이 대신 충족시켜야 한다고 했다. 그러면서 그의 할아버지가 후견인을 두지 않았기 때문에 그가 제대로 세례를 받은 게 아니라고 단언했다. 또한 "성경에서 세례를 받았다고 말하는 사람들은 모두가 신자들이었다"고 못을 박았고, 그에게 한 주 동안 성경을 찾아보고 이 진리를 스스로 깨우치라고 했다.

한 주가 지난 후, 찰스는 믿음과 회개가 세례의 필수 조건이라는 데 동의했으나, 이러한 믿음과 회개를 후견인의 마음이 아니라 세례를 받는 사람의 마음에서 찾아야 한다고 주장했다. 그는 이 원칙을 자신의 경우에 적용했는데, 그때를 회상하며 이렇게 말했다. "그 순간 결심했습니다. 하나님께서 은혜를 베풀어 내 안에서 변화를 일으키신다면, 나는 침례를 받겠다고 말입니다."[3]

이제 그 변화가 일어났고, 찰스는 결심을 실행에 옮겼다. 그는 가장 가까이에 사는 침례교 목사가 W. W. 캔트로우Cantlow이며, 뉴마켓에서 13킬로미터 정도 떨어진 아일햄Isleham이라는 마을에 산다는 사실을 알아 냈다. 그는 캔트로우 목사에게 편지를 썼다. 그가 자신의 회심을 얼마나 진지하게 얘기했고, 침례를 받고 싶다는 열망을 얼마나 간절하게 표현했을지 상상이 간다. 캔트로우 목사는 이런 젊은이의 편지에 크게 기뻐했으며, 그에게 기꺼이 침례를 베풀겠다고 했다.

찰스는 부모님에게 편지를 썼다. 이 문제에 관한 자신의 확신을 밝히고, 침례를 받도록 허락해 달라는 내용이었다. 아버지는 답변을 미루었으나 마침내 답장했고, 조금은 마지못해 허락했다. 아버지는 아들에게 다소 상처를 주는 말까지 덧붙였다. 그 말은 구원에 도움이 되는 것은 침례가 아니라 오직 그리스도만 믿는 것임을 분명히 하라는 경고였다.

어머니도 허락했지만 전심으로 허락하지는 않았다. "찰스, 엄마는 주님께 네가 그리스도인이 되게 해달라고 자주 기도했단다. 하지만 네가 침례교인이 되게 해달라고 기도한 적은 한 번도 없단다." 그는 답장에서 조금은 농담 투로 말했다. "어머니, 주님께서는 어머니의 기도에 늘 넉넉하게 응답하셨고, 어머니가 구하거나 생각하는 것보다 넘치게 주셨잖아요."[4]

캔트로우 목사가 침례를 베풀기로 한 날이 되었다. 찰스는 엄숙하고 즐거웠던 침례식을 이렇게 소개했다.

1850년 5월 3일은 절대 잊지 못할 것입니다. 그날은 어머니 생신이었고, 저도 몇 주 후면 열여섯 살이 되는 때였습니다. 아침 일찍 일어나 두어 시간 조용하게 기도하며 하나님께 집중했습니다. 그런 다음, 침례 장소까지 13킬로미터를 걸어갔습니다.……걷는 게 정말 힘들었습니다. 그날 아침 걷는 내내 온갖 생각과 기도가 스쳐 지나갔습니다. 결코, 더운 날씨가 아니었습니다.……캔트로우 목사님의 환히 웃는 얼굴만으로, 그 먼 시골길을 힘들게 걸었던 것이 아깝지 않았습니다. 그 멋진 분이 눈에 선합니다. 재가 하얗게 날리는 모닥불 곁에 서서, 이제 거행될 그 엄숙한 의식에 관해 이야기를 주고받던 광경도 떠오릅니다.

우리는 함께 페리Ferry('페리'는 나루터라는 뜻이다—옮긴이)로 갔습니다. 아일햄에서는 사람의 손으로 만든 욕조에서 실내 침례를 받을 만큼 침례가 변형되지 않았고, 흐르는 강물을 거대한 침례통으로 사용했기 때문입니다. 라크 강가에 자리한 아일햄 페리는 마을에서 1킬로미터 조금 못 되게 떨어진 매우 조용한 곳이었습니다. (…)

제가 보기에, 그날[금요일] 사람들이 아주 많이 모였습니다. 저는 재킷 차림에 사내아이들이 입는 턴다운 칼라turn down collar(일반 와이셔츠처럼 옷깃이 아래를 향한다—옮긴이)의 셔츠를 입은 채 침례식에 앞서 드리는 예배에 참석했습니다. 그러나 예배에 대한 기억은 다 사라지고 없습니다. 제 마음은 물에 가 있었는데, 이따금 기뻐하시는 주님을 생각했고, 이따금 두렵고 떨리는 마음으로 사람들 앞에 신앙을 고백하는 제 모습을 생각했습니다.

먼저 두 자매가 침례를 받았습니다.……저는 두 자매를 물 가운데 서 있는 목사님한테 데려다주라는 부탁을 받았습니다. 하지만 겁이 나서 거절했습니다. 침례에 대해 전혀 경험이 없었고 침례 장면을 한 번도 본 적이 없었기에 실수할까 봐 두려웠기 때문입니다.

제 차례가 되어 물에 들어갈 때, 싸늘한 바람이 강 쪽으로 세차게 불었습니다. 그러나 몇 발짝 걸어 들어가자 나룻배에 사람들이 타고 있는 게 보였습니다. 다른 여러 척의 배에도, 강 양쪽에도 사람들이 있었습니다. 마치 천국과 땅과 지옥이 모두 나를 쳐다보고 있는 것 같았습니다. 그때 그곳에서, 제가 어린양을 따르는 자라고 고백하는 게 조금도 부끄럽지 않았습니다. 두려움이 모두 사라졌습니다.……그 이후로는 그런 느낌이 든 적이 전혀 없었습니다. 침례는 제 혀를 풀어 주었습니다.……저는 라크 강에서 수천 가지 두려움을 던져 버렸고, "그분의 계명을 지키면 상이 크다"는 사실을 알게 되었습니다.[5]

침례식이 끝난 후, 여러 교인이 캔트로우 목사님과 함께 교회 부속실에 모였다. 스펄전은 침례를 받기 전에 이미 대표 기도를 시작했고, 침례를 받기 전 어느 모임에서 "제 마음을 여느 때보다 더 쏟아 내는 기도를 드릴 수 있었습니다"라고 했다. 그는 이제 부속실에서 드리는 예배에서 거룩한 기쁨을 훨씬 더 크게 느꼈으며, 그곳에 모인 사람들을 대표해서 기도했다. "사람들은 그의 기도를 들으며 깜짝 놀랐고 기쁨에 겨워 눈물까지 흘렸다."[6]

스펄전은 뉴마켓으로 돌아와 성찬식에 참여했다. 그는 이때껏 이 특권을 누리려고 하지 않았다. 침례를 받기 전에는 성찬에 참여하지 않는 게 성경적이라고 느꼈기 때문이다.

회심한 지 4개월이 흘렀고, 그동안 그는 주님을 위해 점점 더 열심히 일했다. 그는 이렇게 썼다. "토요일마다 정기적으로 70명을 심방했습니다. 그냥 전도책자를 던져 주고 나오는 게 아니라 사람들과 마주 앉아 그들이 영적 진리에 관심을 두도록 노력했습니다."[7] "주님께서 제가 전도책자를 건네는 사람들 속에서 일하고 계신다고 믿었습니다.……죄인 하나라도 예수님께 나오는 모습을 볼 수 있다면 얼마나 기쁠까 하고 생각했습니다."[8]

침례를 받은 후 찰스는 주일학교 교사가 되어 달라는 요청을 받았다. 그는 금세 능력을 발휘했고, 얼마 후 주일학교 전체를 대상으로 설교해 달라는 부탁을 받았다. 그는 이 일도 아주 잘 해냈고, 그래서 매 주일 설교하게 되었다. 그의 말을 들어 보면 그가 얼마나 진지했는지 느껴진다. "저는 죽어 가는 사람이 죽어 가는 사람들에게 하듯이 말씀을 전하려고 노력했습니다." 그는 어린아이들에게만 설교한 게 아니었다. 여러 어른도 일부러 와서 그의 설교를 듣기 시작했다. 이 때문에 그는 목사에게 한층 더 미움을 샀다.

이 무렵 찰스는 매일 일기를 쓰기 시작했고, 자신의 영적 노력과 깊은 갈망을 일기에 기록했다. 그는 일기 쓰기를 3개월간 지속했다. 나중에(결혼 후에) 그는 일기장을 아내에게 주었다. 아내는 결혼 생활 내내 일기장을 소중하게 간직했으며, 남편이 죽은 후 『자서전』의 한 부분으로 출간했다. 스펄전 부인은 작지만 소중한 남편의 일기장에 대해 이렇게 말했다.

그는 자신 속에 놀라운 능력의 씨앗들이 있음을 느꼈고, 이 씨앗들은 나중에 꽃을 피웠습니다. 그런데도 그는 아주 겸손했습니다. 그는 어느 곳에선가 이렇게 기도했습니다. "주님, 혹시라도 제가 자신을 대단하다고 생각한 적이 있다면 용서해 주십시오." 일찍이 주님은 온유함이라는 진귀한 은혜의 씨앗을 그에게 심으셨고, 그 씨앗은 나중에 아름답게 꽃을 피웠습니다. 기도를 인도할 때든 주일학교에서 설교할 때든 간에, 청년의 열정으로 사람들 앞에 설 때마다 그는 자신의 성공에 놀랐지만, 교만하지 않고 자신이 영광을 취하지 않으려고 매우 조심했습니다. (…)

그는 이러한 생각을 글로 쓸 때 아주 어렸습니다. 하지만 은혜에서는 그렇지 않았고, 영적인 문제에서는 나이 지긋한 그리스도인보다 더 부유하고 폭이 넓었습니다! (…)

이 얇은 책이 보여주는 귀한 보화 중에 가장 값진 것을 꼽으라면, 사랑받는 저자의 주 예수님에 대한 인격적이고 강렬한 사랑이 아닐까 싶습니다. 그는 주님의 품에서 살았습니다.……일기에 나오는 "그리고 절대 끊이지 않았다"라는 귀한 표현은 빈말이 아닙니다. 그것은 성령께서 그의 마음에 넘치도록 부어 주신 하나님의 사랑이었습니다.[9]

그 몇 주 동안, 스펄전은 자기 앞에 펼쳐진 목회자의 삶을 보았다. 일기에서 그는 여러 차례 마음을 토로했는데, 다음과 같은 기도가 대표적이다. "하나님, 나를 당신의 충성스러운 종으로 삼으소서. 나로 오늘날 당신을 높이고, 성별되어 영원히 당신을 섬기게 하소서."[10] 그가 부모님에게 보낸 편지에서도 이러한 바람이 잘 드러난다. "하나님께서 저를, 아버지처럼 복음을 전하는 훌륭한 일꾼으로 삼으시고 기뻐하실 날을 제가 얼마나 고대했는지 모릅니다."[11] "바라건대, 언젠가 두 분도 저처럼 자격 없는 사람이 하나님의 도구가 되어 사람들에게 설교하는 모습에 기뻐하실 것입니다."[12]

그는 주일학교를 섬기면서 사람들 앞에서 말하는 탁월한 능력을 보여주었다. 그가 설교에 대해 말한 사실로 볼 때, 그는 설교 사역에 대한 확실한 소명을 느끼고 있었던 게 분명하다. 이러한 놀라운 은사를 가졌고 마음에 하나님을 향한 사랑과 영혼을 향한 사랑이 불타올랐기에, 그가 설교를 시작하는 것은 그야말로 필연이었다.

진정으로 성령께서 어떤 사람의 마음을 감동하게 해 설교를 하게 하신다면, 그 사람은 설교하지 않고는 못 배깁니다. 반드시 설교해야 합니다. 자신의 뼛속에 불이 일 때, 그 불은 맹렬히 번져 밖으로 터져 나옵니다. 친구들이 그를 저지할는지 모릅니다. 대적들이 그를 비난할는지 모릅니다. 멸시하는 자들이 그를 비웃을는지 모릅니다. 그래도 그를 꺾지는 못합니다. 그가 하늘의 소명을 받았다면, 반드시 설교해야 합니다. (…)

제 생각에 어떤 사람이 실제로 소명을 받았다면, 그가 설교하지 못하도록 막기란 불가능합니다. 강력한 폭포를 아기의 물 잔에 담지 못하고 급류를 붙들어 둘 수 없듯이 말입니다. 하늘이 움직인 사람이라면, 누가 그를 막겠습니까? 하나님에 감동된 사람이라면, 누가 그를 방해하겠습니까? (…)

누군가 성령께서 주시는 대로 말할 때, 그는 천국의 기쁨에 버금가는 거룩한 기쁨을 느낄 것입니다. 설교가 끝나면, 그는 설교를 또 하고 싶을 테고, 그러고 싶어 몸살이 날 것입니다.

찰스 스펄전, 『자서전』

04. 워터비치의 소년 설교자

1850년 여름 스펄전은 케임브리지로 옮겼다. 콜체스터에서 그를 아주 잘 지도해 주었던 리딩 선생님이 케임브리지에서 새롭게 학교를 열었고, 찰스의 아버지는 아들이 가능한 최선의 교육을 받게 하고 싶은 마음에 이 학교에 교생student-teacher으로 입학시키려고 했다. 리딩은 이렇게 편지했다. "찰스가 스스로 공부할 수 있도록 힘껏 돕겠습니다. 찰스가 조교로 저를 돕는다면 거처와 식사도 책임지겠습니다."[1]

스펄전은 케임브리지에 있는 하나님의 백성과 사귀고 싶은 간절한 마음에 세인트 앤드루스 스트리트 침례교회St. Andrew's Street Baptist Church에 등록했다. 그가 이 교회에 나가 처음 예배를 드렸을 때, 아무도 그에게 말을 걸지 않았다. 그래서 예배가 끝나고 사람들이 나갈 때, 그는 옆자리에 앉았던 신사에게 말을 건넸다. "선생님, 건강하시죠?" 이 한 마디가 두 사람을 대화로 이끌었다.

"건강이라면 젊은이가 나보다 낫지 않겠나!"

"그렇지도 않습니다. 선생님과 저는 형제인 걸요."

"자네 말이 무슨 뜻인지 도통 모르겠네."

"제가 조금 전에 떡을 먹고 포도주를 마셨는데, 우리가 그리스도 안에서 하나라는 표시로 그렇게 했다는 뜻입니다. 선생님도 그런 뜻에서 그렇게 하지 않으셨나요?"

두 사람이 거리에 이르렀을 무렵, 신사는 두 손을 청년의 어깨에 올리며 말했다. "그래, 아주 간단하군! 자네 말이 지극히 옳네. 사랑하는 형제여, 자네 말이 옳고말고! 자, 이러지 말고 차라도 한잔하세."[2] 신사는 너무나 비범한 손님을 대접했음을 곧 알았고, 다음 주에도 그와 함께하고 싶었다. 그 후로 신사는 주일마다 그와 함께하기를 원했고, 두 사람의 우정은 갈수록 깊어졌다.

몇 주가 흘렀고, 스펄전의 신앙은 일취월장했다. 또래와는 비교도 안 될 만큼 영적으로 성숙했고 영적인 지식도 깊었다. 행동과 말에서 소년이 아니라 어른에 가까워 보일 때가 많았다. 예를 들면, 그는 상당히 우울해하는 어머니에게 이렇게 편지했다.

기쁨에 겨워 황홀했던 순간들, 성찬을 나누었던 거룩한 시간들, 그분의 임재 가운데 거했던 밝고 복된 나날들은 확실하고 분명하며 어김없는 영광의 맹세입니다. 올해 받은 복을 헤아려 보세요. 다른 사람들은 우연이라 말하는 여러 사건에서 어머니는 그분의 손길을 또렷이 보지 않으셨습니까? 지금껏 세상을 움직이신 하나님께서 어머니를 위한 엄청난 계획과 생각을 실행에 옮겨 오셨습니다.……우리의 머리털까지 다 세고 우리를 자신의 눈동자처럼 지키시는 하나님께서 어머니를 잊지 않으셨고, 지금도 영원한 사랑으로 어머니를 사랑하십니다. 산들이 떠나며 언덕들이 옮겨진 것도 아닙니다. 그럴지라도, 우리는 확신해도 좋습니다. 그분의 백성은 안전합니다.[3]

스펄전의 어머니가 어떤 감정을 느끼고 있었든 간에, 아들에게서 이런 편지를 받고 기쁘지 않을 턱이 없었을 테고, 아들이 아직 어린 나이에 이렇게도 성숙한 사실에 틀림없이 깜짝 놀랐을 것이다.

세인트 앤드루스 스트리트 침례교회 안에 평신도 설교자회라는 것이 있었다. 이 모임은 주변 마을을 찾아 말씀을 전하는 사역을 했다. 제임스 빈터James Vinter가 지휘했는데, 지도력을 아주 지혜롭게 발휘했기에 "감독"The Bishop이라 불렸다.

스펄전이 케임브리지로 옮겨 와 이 교회에 등록하고 얼마 지나지 않았을 때, 주일학교 설교를 맡아 달라는 요청을 받았다. 빈터는 사람들 앞에서 말을 잘하는 스펄전의 특별한 능력을 단박에 알아보고는 그를 평신도 설교 사역에 투입하기로 했다. 그러나 직접 요청하면 거절할까 봐 노련하게 재치를 발휘했다. 그는 스펄전에게 오는 주일에 테버샴Teversham에 가 달라고 부탁하며 이렇게 설명했다. "경험이 별로 없는 청년이 이번 주일에 그곳에 가서 설교하기로 되어 있어요. 형제님이 함께 가 준다면 큰 힘이 될 겁니다."

스펄전은 그러겠다고 했고, 설교를 맡은(그가 그렇게 알고 있는) 청년과 함께 그 주일 저녁에 테버샴으로 향했다. 두 사람이 걷고 있을 때, 스펄전이 동행을 향해 그의 설교에 하나님의 축복이 임하기를 바란다고 했다. 그 친구는 깜짝 놀라 말했다. "지금껏 설교라고는 한 번도 해본 적이 없어요! 오늘 저녁에 설교할 사람은 형제님이에요! 저는 그냥 길동무나 해주러 왔을 뿐이에요!" 스펄전도 못지않게 놀랐으며, 자신은 경험도 없을 뿐만 아니라 준비도 하지 않았다고 했다. 그러나 그 친구는 스펄전을 반박하면서, 그가 주일학교 설교를 자주 했으니 그 설교 중 하나를 다시 하면 되지 않겠느냐고 했다.

스펄전은 어떻게 된 일인지 알고 놀랐으나, 한편으로 이런 기회에 깊이 끌리기도 했다. 그는 이렇게 말했다. "제 영혼을 하나님께로 향하며 말없이 걸었습니다. 오두막에 사는 몇 안 되는 가난한 사람들에게 예수님의 사랑을 확실하게 들려줄 수 있을 것 같았습니다. 그 사람들이 제 마음에 들어와 있었으니까요."[4]

모임 장소는 초가지붕을 얹은 오두막이었고, 모인 사람들은— 그의 말을 빌리면—"몇몇 순박한 농사꾼 부부였다." 스펄전은 "그러므로 믿는 너희에게는 보배이나"(벧전 2:7)라는 본문으로 그리스도의 영광과 은혜를 전했다. 그리스도께서 친히 영광을 받으셨고 그분께 나아오는 모든 자에게 은혜를 베푸셨다는 내용이었다.

설교가 끝나자 한 할머니가 소리쳤다. "복 받을 거야! 그래 몇 살이나 잡수셨소?" 스펄전은 예배를 방해해서는 안 된다고 대답

찰스 스펄전이 처음으로 공식적인 설교를 했던 테버샴에 자리한 오두막. 스펄전
은 "몇몇 순박한 농사꾼 부부"에게 그리스도의 영광과 은혜를 전했다.

했다. 그러나 마지막 찬송이 끝나기가 무섭게 할머니는 똑같은 질문을 또 했다. 스펄전이 이번에는 이렇게 답했다. "예순은 안 됐어요." "맞아, 열여섯도 안 됐겠구먼!" 할머니가 맞장구를 쳤다. 이 할머니처럼 거기 모인 모든 사람들도 하나같이 그의 설교에 열광했다. 이들은 그에게 최대한 빠른 시일 내에 다시 와서 또 설교해 달라고 했다.

그날 스펄전의 설교는 대성공이었다. 그는 무척이나 기뻤다. 그러나 한편으로, 하나님의 능력으로 평생 계속할 큰일에 발을 들여놓았다는 생각도 들었다.

그 후 몇 주 동안 스펄전은 학교 일로 매일같이 바빴다. 여러 학생을 가르쳤고, 리딩 선생님의 지도로 자신의 공부도 했다. 그의 동생 제임스는 이렇게 말했다. "형은 공부에서 일취월장했어요. 제가 보기에 형과 어깨를 견줄 만한 학생은 거의 없었어요." [5]

찰스는 곧 다시 설교했다. 평신도 설교자회는 열세 개 마을을 정기적으로 방문했고, 그는 나머지 사람들과 함께 교대로 이 일을 맡았다. 그러나 그가 처음 찾아간 마을마다 하나같이 되도록 자주 오라고 간청했다. 빈터를 비롯해 나머지 사람들도 기뻐했다. 그래서 그는 저녁마다 설교하느라 바빴다.

그의 기쁨은 깊고 변함없었으며, 그는 설교하려고 이곳저곳으로 걸어가는 길에 대개 찬송을 불렀다. 그는 이럴 때 주로 '나는 주의 것'이라는 찬송을 불렀다고 했다.

저는 비 오는 날 저녁에 나다니는 그야말로 유별난 청년이었습니다. 5킬로미터, 9킬로미터, 때로는 13킬로미터까지 걸어가 설교를 하고, 다시 그 길을 걸어서 돌아왔으니까요. 비라도 오는 날이면, 방수 레깅스에 방수 코트를 걸치고 방수 덮개를 씌운 모자를 쓴 채, 손에는 희미한 등을 들고 길을 더듬으며 들판을 가로질러 갔습니다. (…)

농가 부엌이나, 오두막이나, 헛간에서 복음을 전하며 더없이 기뻤던 적이 얼마나 많았는지 모릅니다. 많은 사람들이 제 설교를 들으러 왔던 까닭은 어쩌면 제가 단지 소년이었기 때문일지도 모릅니다. 어렸기 때문에, 이상한 말도 많이 하고 실수도 많이 했을 것입니다. 하지만 청중은 혹평하지 않았고, 어느 신문 기자도 제 뒤꿈치를 물고 늘어지지 않았습니다. 그래서 저는 행복한 훈련 학교에 다녔습니다. 그 학교에서 지속적인 훈련을 통해 지금처럼 잘 준비된 설교자가 될 수 있었습니다.[6]

어떤 사람들은 그가 어떻게 종일 학교에서 일하고 또 저녁마다 준비된 설교자로 설 수 있었는지 궁금해할 것이다. 그러나 이 무렵 신학 책 읽기는 스펄전이 매일 하는 공부의 적잖은 부분을 차지했다. "조용히 걸으며 묵상하다 보면, 읽은 내용이 소화되었습니다.……일어서 있을 때 읽은 내용을 다시 생각했습니다. 그러면 읽은 내용이 제 가슴 깊이 자리를 잡았습니다. 솔직히 말하건대, 저는 결코 많이 배우지도, 깊이 배우지도 못했습니다. 그래서 말할 때는, 처음 제 머리와 가슴에 받아들인 것을 단순하고 진지하게 전했습니다."[7]

1851년 10월의 어느 주일, 스펄전은 워터비치Waterbeach에 자리한 침례교회에 있었다. 그는 이곳에 다시 오라고 간청을 받았다. 그뿐 아니라 어느 주일에 다시 왔을 때는 교회의 정규 목사가 되어 달라는 요청까지 받았다. 그는 하나님께서 자신을 목사로 부르신다는 확신이 있었고, 워터비치라는 동네에 복음이 간절히 필요하다는 사실을 알았다. 그리하여 그는 겨우 열일곱 살이었으나 그 자리를 받아들였다.

몇 주 후 그는 학교 일을 그만두었다. 계속 케임브리지에 살았고 여전히 저녁이면 여러 마을을 찾아가 사역했지만, 그는 워터비치 목회에 헌신했다. 그는 어린 나이 때문에 "소년 설교자"라고 불렸다. 그러나 그를 이렇게 부른 것은 결코 많은 사람을 끌어모으려는 잔꾀가 아니었다.

그런데도 그는 곧 많은 사람들 앞에서 설교하게 되었고, 주일에도 다르지 않았다. 그가 워터비치에 왔을 때 교인은 40명가량이었으나 아주 빠르게 늘어났다. 그 마을뿐 아니라 주변 지역에서도 사람들이 왔고, 예배에 참석하는 사람들은 보통 400명이 넘었다. 물론 이들은 조그마한 예배당에 다 들어가지 못했다. 그래서 출입문과 창문을 열어 둔 채, 많은 사람들이 바깥에 서서 전에 들어 본 적이 없는 설교를 들었다.

워터비치에서 목회할 때, 스펄전은 한 가지 은사를 분명하게

찰스 스펄전이 17세에 처음으로 목회를 시작했던 워터비치의 침례교회. 스펄전이
목회를 시작한 후 교인의 수는 빠르게 늘어났고, 이후 워터비치 전체가 변화되었다.

보여주었다. 사람들을 이해하고 그들에게 영향을 미치는 은사였는데, 이러한 은사는 그의 목회에서 평생 두드러지게 나타났다. 그는 길에서 사람들에게 말을 건넸고, 그들의 집을 방문했다. 그는 그들뿐 아니라 그 자녀들의 이름까지 알았다. 그는 죄를 알아차렸고, 그 어디에나 죄가 있었다. 그는 사람들이 어떻게 사는지 직접 확인했고, 병든 자들을 찾아가 기도해 주었으며, 고통받는 자들을 위로했고, 임종을 곁에서 지켜 주었다.

공적으로나 사적으로 스펄전은 늘 복음을 전했고, 첫 회심자의 소식을 들었을 때 뛸 듯이 기뻤다. 그의 첫 회심자는 어느 자매였는데, 그를 찾아와 말하기를, 그의 설교를 듣고 죄를 깊이 깨달은 후 구주를 영접했으며 지금은 아주 기쁘다고 했다. 이후에도 많은 사람들이 회심했고, 사실상 워터비치 전체가 변화되었다.

여러분은 술주정뱅이들과 불경한 자들이 우글대기로 악명 높은 마을을 둘러본 적이 있습니까? 가난에 찌든 사람들, 한때는 사나이였던 사람들이 술집 기둥에 서서, 아니 기대어 있거나 거리를 배회하는 모습을 본 적이 있습니까? 그 사람들의 집을 들여다보고 그야말로 죄악의 소굴이라는 생각에 경악을 금치 못했던 적이 있습니까? 주민들의 가난과 타락과 비참함을 보며 한숨 쉰 적이 있습니까? 여러분은 "예, 있습니다!"라고 말합니다.

수년 후 복음이 그 마을에 전해졌을 때, 그 마을을 다시 둘러본 적이 있습니까? 저는 둘러보았습니다. 제가 조금 전에 묘사한 그런 마을을 알고 있습니다. 몇몇 부분에서, 그곳은 잉글랜드 최악의 마을이었습니다. 많은 사람들이 여전히 독주毒酒를 몰래 만들었고……이와 더불어 온갖 폭력과 죄악이 들끓었습니다.

그 마을에 한 청년이 들어왔습니다. 그는 많이 배운 사람이 아니었지만, 영혼을 구하는 일에 열심을 냈습니다. 그는 마을에 복음을 전했고, 하나님께서 이것을 기쁘게 보시고 온 동네를 완전히 뒤집어 놓으셨습니다. 얼마 후, 작은 오두막 예배당이 꽉 들어찼고, 마을에서 가장 큰 패거리가 주르륵 눈물을 흘렸으며, 동네 골칫거리였던 사람들이 동네 복덩이가 되었습니다. 온갖 도둑과 악한이 들끓었던 동네였는데, 이제 온 동네를 눈을 씻고 뒤져도 그런 사람이 하나도 없습니다. 나쁜 짓을 일삼던 사람들이 이제는 하나님의 집에 앉아 십자가에 달리신 예수님의 이야기를 기쁘게 듣고 있기 때문입니다.

과장해서 말하는 게 아닙니다. 제가 알지도 못하는 일을 말하는 것도 아닙니다. 이 마을에서 주님을 위해 수고하는 것이 제 기쁨이기 때문입니다. 이제 이 동네를 거니는 게 얼마나 유쾌한지 모릅니다. 술주정뱅이들이 거의 사라졌습니다. 방탕했던 모습도 많이 사라졌습니다. 사람들이 즐거운 마음으로 일터에 나가며, 영원히 살아 계신 하나님을 찬양합니다. 해 질 녘이면 오두막에 사는 소박한 사람들이 아이들을 불러 모아 진리의 책을 읽어 주고, 함께 무릎 꿇고 하나님께 기도합니다. 이렇게 말할 수 있어 기쁘고 행복합니다. 밤이면 마을 끝에서 끝까지 거의 모든 집에서 찬송 소리가 흘러나옵니다. (…)

하나님의 은혜를 찬양하며 증언합니다. 하나님께서 우리 가운데서 놀라운 일을 행하기를 기뻐하셨습니다. 하나님께서 예수님의 이름의 능력을 부어 주셨고, 저를 복음의 증인으로, 곧 영혼을 구원하며 머뭇대는 마음들을 끌어당기고 죄에 빠진 사람들의 삶과 행동을 새롭게 빚어내는 복음의 증인으로 세우셨습니다.[8]

스펄전은 워터비치에서 열아홉 살까지 목회를 계속했다. 이 기간에 그는 귀한 성숙을 보여주기도 했으나, 날마다 목회를 하면서 배워야 할 부분도 많았다.

예를 들면, 설교를 준비할 때 이런 점이 분명하게 드러났다. 그는 하나님께서 자신을 성경의 어느 구절로 인도해 주시기를 구했고, 그 구절을 놓고 간절히 기도했으며, 그것을 이해하기 위해 깊이 연구했다. 본문의 메시지가 그의 영혼을 채우고 나면, 그는 본문의 진리를 설교에 맞게 가지런히 정리했다. 그는 본문의 주요 요점과 이차적인 요점을 한두 페이지로 정리해 그 원고를 들고 강단에 올랐다.

스펄전이 워터비치에서 했던 설교의 개략적인 원고 2-300편이 지금도 남아 있으며, 이들은 그가 초기에 했던 설교의 성격을 잘 보여준다. 대개 목사들이 목회 초기 몇 년 동안 그렇게 하는 것과는 달리, 그는 복음에 담긴 진리를 겉핥기식으로 다루지 않았다. 그가 어린 시절부터 소중히 여겼고 그의 연구에서 중요한 부분을 찰스 스펄전의 설교 노트.

차지했던 훌륭한 교리 체계가 사실상 그의 모든 설교에 바탕이 되었으며, 그의 목회에 힘을 더했다.

이 기간에 스펄전은 사람들을 대하는 면에서도 성장했다. 마을의 골칫거리 여자가 어느 날 그에게 못할 소리를 내뱉었다. 그는 그 여자의 말을 못 들은 척, 제대로 이해하지 못한 척했다. 그 여자는 두세 차례 그렇게 내뱉더니 "이 양반, 귓구멍이 막혔구먼!"이라고 하며 황급히 자리를 떴다.

어떤 목사는 설교해 달라며 스펄전을 초대했다가, 앳된 소년 같은 그를 보자 무시하는 투로 대했다. 그러나 그는 설교 중에 잠언 한 구절을 인용하며 그의 무례한 행동을 꾸짖고는 힘이 넘치는 설교를 했다. 예배가 끝나자, 그 목사는 스펄전의 등을 두드리며 말했다. "지금껏 강단에서 짖은 개 중에 자네가 가장 야살스러웠네!" 이 일을 계기로 두 사람 사이에 뜨거운 우정이 싹텄다.

신실한 성도였으나 그리스도인의 확신을 늘 잃어버리는 여자가 있었다. 그 여자는 스펄전에게, 자신은 아주 못된 위선자라서 교회에 나올 수 없고, 자신에게 그리스도인의 소망이라고는 없다고 했다. 그는 그녀의 진정한 열심을 알아보고는, 진정으로 돕고 싶은 마음에 그녀의 소망을 5파운드에 사겠다고 했다. 그러자 그녀는 이렇게 소리쳤다. "이 세상 천 개를 준다 해도 그리스도 안에 있는 제 소망은 팔지 않아요!"

워터비치에서 목회하던 십대 시절, 스펄전은 나중에 크게 빛을 발한 성품을 자주 보여주었다. 다들 인정하듯이, 그는 대담하고 겁이 없었다. 누구라도 그의 이런 성품만 보았다면 그를 버릇없다고 생각하는 게 어쩌면 당연했을 것이다. 그러나 스펄전은 매우 솔직하기도 했다. 그는 조금도 가식이 없었고, 공적인 사역은 물론이고 목회자로서 사람을 대할 때도 누구에게나 늘 솔직하고 진실했다. 그에게 설교에 적합한 특별한 은사가 있는 것도 분명했다. 힘이 넘치는 목소리는 듣기에 편하고 마음을 움직이는 음색과 잘 어울렸으며, 모든 게 잘 조절되었다.

스펄전은 단호하게 자신을 갈고닦았다. 그에게 그리스도인의 삶이란 온전히 다스려지는 삶이었으며, 그는 이러한 생각을 꾸준히 실행에 옮겼다. 그는 일찍 일어났고, 연구와 심방, 기도와 설교로 하루를 채웠다. 스포츠에는 전혀 관심을 두지 않았고, 개인적으로 이성 친구도 전혀 없었으며, 모든 생각과 시간을 주님께 드렸다. 스펄전은 여러 면에서 아직 어렸으나, 목사직에 대해서는 나이든 목사들보다 훨씬 많이 알았고 아는 만큼 행했다. 그의 동생 제임스가 말했듯이, "그는 단번에 완숙해 강단에 오른 설교자의 놀라운 본보기였다."[9]

하지만 그의 아버지는 아들이 목회 사역에서 남다른 발전을 보인 것을 이해하지 못했다. 존 스펄전은 아들이 최고가 되기를 원했고, 그래서 그를 침례교 목회자 훈련 학교인 스테프니 신학교 Stepney College에 보내려고 했다. 대학university의 문은 영국 국교회 신자가 아닌 사람들에게 오랫동안 닫혀 있었다. 찰스는 아버지의 생각이 선뜻 내키지 않았으나 꼭 필요하다면 따르려 했고, 그래서 스테프니 신학교의 조지프 앵거스Joseph Angus 학장을 만나는 데 동의했다. 면접은 케임브리지의 어느 집에서 할 예정이었다. 대니얼 맥밀런Daniel McMillan이라는 유명한 출판인의 집이었다. 찰스는 약속한 시간에 도착했고, 하녀의 안내를 받아 어느 방에 들어가 앵거스 박사가 오기를 기다렸다. 그러나 두 시간이 지나도록 박사가 나타나지 않자 그는 하녀를 불렀다. 그런데 알고 보니, 하녀가 앵거스 박사를 맞은편 방으로 안내했던 게 아닌가! 앵거스 박사도 내내 기다리다가 기차 시간에 쫓겨 조금 전에 떠나고 없었다.

그 일이 있고 난 뒤, 스펄전은 들판을 가로질러 걸으며 어느 마을로 설교하러 가고 있었다. 그날 오후에 일어난 이상한 일을 생각하는데 강렬한 인상이 가슴을 파고들었다. 마치 누군가 아주 또렷한 목소리로 이렇게 말하는 것 같았다. "네가 너를 위하여 큰일을 찾느냐. 그것을 찾지 말라"(렘 45:5). 그는 이 충고를 즉시 기쁘게 받아들였고, 그 자리에서 신학교에 가지 않기로 결정했다. 그는 하나님께서 이미 자신을 목사로 삼으셨다는 것을 알았으며, 지난 2년 동안 살아왔던 방식대로 계속 살아가기로 했다. 이런 결정을 내리자, 세상의 야망이 들어설 자리가 없었다. 이 결정은 자신을 한층 더 다듬고 자신의 영혼을 주님께 더 온전히 드리는 일에서 한 발 더 내딛는 것이었다.

나중에 스펄전은 앵거스 박사를 만나지 못한 일을 회상하면서, "하녀의 실수 뒤에 주님의 손길이 있었다"고 했다. 신학교는 학생들에게 성경과 신학 전반에 대한 귀중한 지식을 전해 주었다. 설교를 어떻게 준비하고 어떻게 해야 하는지 가르쳤으며, 젊은이들을 잘 정돈되고 훈련된 삶으로 인도하려고 노력했다. 그러나 이런 훈련이 그에게는 거의 필요하지 않았다.

그는 신학 지식과 설교 능력에서 신학생들을, 의심할 여지 없이 대부분의 교수들을 이미 훨씬 능가했으며, 목회 경험도 이미 폭넓게 쌓은 터였다. 더욱이 그는 의롭고 참된 모든 것에 단호하게 복종했지만, 몇몇 부분에서는 사람을 두려워하지 않고 사람의 관습에 조금도 얽매이지 않는 자유로운 영혼이었다. 그는 남다른 영혼을 안고 태어났다. 그러니 그를 평범한 사람으로 만들려는 환경에 처할 때면, 이러한 그의 영혼은 고통을 받았을 것이 분명했다. 그는 하나님이 명하신 사역에 준비되어 있었기에 인간의 손에 평범하게 빚어질 필요가 없었다.

스펄전이 워터비치에서 목회한 지 2년이 지났을 때 어떤 일이 벌어졌고, 하나님의 계획 가운데 이 일을 통해 워터비치 목회가 막을 내렸다. 1853년에 그는 케임브리지 주일학교 연합회 모임에서 강연을 했다. 그의 뒤를 이어 두 목사가 강단에 올랐는데, 둘 다 그의 연소함을 업신여겼다. 사실, 한 목사가 특히 저속하게 말했다. "소년들이 수염이 다 자라기도 전에 연장자들을 가르치려 드는 것은 성경에 나오는 여리고의 기다림이라는 관습을 저버린 유감스러운 일입니다."

강사가 마무리하자, 스펄전은 회장의 허락을 받아 이렇게 답했다. "여러분에게 일깨워 드립니다. 여리고에 남으라고 명을 받은 사람들은 소년들이 아니었고 적에게 수염이 깎인 어른들이었습니다. 이들은 적에게 수염이 깎이는 더없는 치욕을 당했고, 그래서 수치심에 수염이 자랄 때까지 집에 돌아가지 못했던 것입니다. 덧붙이자면 이들과 아주 비슷한 사람들이 있습니다. 명백한 죄에 빠져 자신의 소명을 더럽혔기에……성품이 어느 정도 회복될 때까지 칩거해야 하는 목사입니다."[10]

스펄전은 자신을 공격한 사람에 대해 전혀 알지 못했으나 자신도 모르게 그의 상황을 묘사했다. 그 불쌍한 목사는 죄에 빠져 있었고, 사람들은 그가 무슨 짓을 했는지 알고 있었다. 그러니 그가 얼마나 당황했을지 상상이 간다.

이 모임은 그 자체로 특별히 중요하지 않았으나, 스펄전의 삶에서 아주 중요한 역할을 했다. 이 모임은 그에게 간접적으로 아주 좋은 기회를 안겨 주었다. 이 모임을 통해 "광대하고 유효한 문"(고전 16:9)이 열렸다. 런던에 자리한 뉴 파크 스트리트 침례교회New Park Street Baptist Church의 목사로 부름을 받았기 때문이다.

목회 초기

1 8 5 5 - 1 8 6 0

그렇다면 스펄전의 신속하고 단호한 영전榮轉을 무엇으로 설명해야 할까? 한 가지 사실 때문이라고 유추해 볼 수 있겠다. 지체할 이유가 없었기 때문이다. 그는 존귀한 자리에 앉을 만했다. 그 자리에 필요한 영적 기반이 다져져 있었기 때문이다. 그는 더 큰 목적을 섬길 만했다. 자신의 마음에 이를 위한 기초가 이미 놓여 있었기 때문이다. 그곳에 등이 있었고, 그 등의 밝기에 적절한 받침대가 필요했다. 특별히 한 가지를 지적해야겠다. 스펄전은 존귀와 관련해서 진정한 그리스도인의 자질, 곧 겸손을 갖춘 사람이었다. 조금 전에 보았듯이 그는 자신을 위해 큰일을 추구하지 않았다. 은혜의 경륜에서 보면 이것이 영전의 전조가 아니고 무엇이겠는가? 그에게는 크고 끈질긴 야심이 없었다.……시골 목사의 역할로도 그의 마음은 흡족했다.……런던은 그를 더 큰 사람으로 만들어 줄 테지만, 그를 더 행복하게 하지는 못할 터였다.

제임스 더글러스, 『설교의 왕자』(1894)

05. "광대하고 유효한 문이 열리다"

조지 굴드George Gould라는 사람이 케임브리지 주일학교 연합회 모임에 참석했다. 그는 스펄전의 사역에 깊은 인상을 받았고, 런던에 사는 윌리엄 올니William Olney라는 친구에게 워터비치의 젊은 설교자를 극찬하는 편지를 보냈다. 올니는 뉴 파크 스트리트 침례교회 집사였고, 당시 그 교회에는 목사가 없었다. 굴드는 주목할 만한 젊은이를 진지하게 고려해 보라고 촉구했다.

뉴 파크 스트리트 침례교회는 스펄전에게 어느 주일에 강단을 맡아 달라고 초청장을 보냈다. 그는 초청장에 깜짝 놀랐고, 자신은 이제 겨우 열아홉 살인데 아무래도 교회가 엉뚱한 사람에게 초청장을 잘못 보낸 것 같다고 답장을 보냈다. 교회는 그를 초청한 것이 맞다며 다시 답장했고, 그는 1853년 12월 18일 주일에 그 교회 강단을 맡는 데 동의했다.

스펄전은 토요일에 런던에 도착해, 교회가 준비해 놓은 대로 블룸즈베리Bloomsbury 지역에 있는 어느 하숙집으로 향했다. 그 집에는 젊은 신사가 여럿 살았는데, 방문객인 스펄전을 보자 아주 재미있어 했다. 그는 옷차림이 전혀 세련되지 않았고, 머리는 헝클어져 있었으며, 외모가 전반적으로 촌스러웠기 때문이다. 저녁 식탁에서 이들은 그에게 런던에서 사역한 숱한 설교자들의 범상한 능력을 늘어놓았다. 그 설교자들은 깊은 학문과 좀체 보기 드문 연설 능력을 갖춘 사람들이었다고 하면서, 스펄전 같은 사람은 런던에서 가장 유명한 비국교도 교회 가운데 하나로 꼽히는 뉴 파크 스트리트 침례교회에 전혀 어울리지 않을 거라고 했다.

스펄전은 특히 그 강단에 섰던 세 사람의 위대함과 오랜 목회 때문에, 사람들이 강단에서 자신에게 많은 것을 기대할 거라고 느꼈다. 셋 가운데 첫째는 벤저민 키치Benjamin Keach, 1640-1704 목사였는데, 뛰어난 설교자요 저술가였으며 17세기에 신앙 때문에 칼pillory(죄수의 목과 팔을 고정하는 도구―옮긴이)을 쓰기도 했다. 둘째는 존 길John Gill, 1697-1771 목사였는데, 학식이 엄청날뿐더러 두꺼운 신학 책과 성경 주석을 여러 권 썼으며, 뉴 파크 스트리트 침례교회에서 51년을 목회했다. 셋째는 존 리펀John Rippon, 1751-1836 목사였는데, 유능한 설교자였고 널리 사용되는 찬송가를 편집했으며, 뉴 파크 스트리트 침례교회에서 무려 63년을 목회했다. 이들은 여전히 잉글랜드 전역에서, 특히 침례교인들에게 크게 존경받았다. 그러기에 내일이면 이들이 섰던 강단에 서야 하는 스펄전은 이들의 위대함에 더더욱 의기소침했다.

젊은 신사들과 저녁을 먹은 후, 스펄전은 자신의 방으로 들어 갔다. 사실, 방이 아니었다. 계단 위에 자리한 일종의 벽장이었으며, 침대 곁에 간신히 무릎을 꿇을 수 있을 만큼 아주 좁았다. 저 아래 거리에서는 말과 마차의 소음이 밤새 거의 그치지 않았고, 그리하여 그는 좀체 잠이 들지 못했다. 아침에 눈을 떴을 때, 친구 하나 없는 게 외로웠고 큰 도시가 으스스해 보였다. 그날 자신이 없는 상태로 예배를 드릴 워터비치의 양떼가 그리웠다.

그가 교회를 향해 갈 때도 상황은 나아지지 않았다. 건물은 상당히 웅장했다. 돌과 벽돌로 지은 건물이었고, 도시의 더께 때문에 상당히 거무스름했다. 그런데도 여전히 영국에서 가장 큰 침례교 채플 가운데 하나였다. 스펄전은 건물을 처음 본 순간을 이렇게 떠올렸다. "저 자신의 무모함에 잠시 놀랐습니다. 제 눈에 그것은 거대하고 화려하며 인상적인 건물로 보였습니다. 그래서 그곳 사람들은 부유하고 비판적이며, 제가 즐겁고 유쾌하게 돌보았던 초라한 시골 사람들과는 사뭇 다를 거라는 생각이 들었습니다."[1]

비록 건물은 인상적이었으나 위치는 개탄스러웠다. 건물은 템스 강 남쪽에 자리했고, 강 건너편에서 곧바로 오려면 통행료를 내고 다리를 건너는 수밖에 없었다. 그 지역은 낮아서 쉽게 홍수가 났으며, 사방에 연기와 검댕 천지였다. 채플 주변에 양조장이 하나 있었고 창고와 공장이 많았다. 주변의 주택들이라야 가난한 사람들의 초라하기 이를 데 없는 오두막이었다.

그러나 교인 중에는 매우 진실한 그리스도인이 적지 않았다.

런던에 자리한 뉴 파크 스트리트 채플.

어떤 사람은 전문직에 종사했고, 어떤 사람은 사업체를 경영했다. 교인들은 전반적으로 매우 품위 있는 중산층이었다.

담임목사가 없는 몇 달 동안, 교회는 유능하다는 목사들을 초청해 설교를 들었다. 그러나 "그 가운데 누구도 다시 초청하지 않았다. 철학적인 설교나 메마르고 현학적인 설교는 한 번으로 충분했기 때문이다."[2] 그 결과 예배에 출석하는 인원이 줄어들었고, 사역은 지지부진했으며, 교인들은 낙담했다.

스펄전이 그날 아침 강단에 섰을 때, 1,200석이나 되는 좌석에 많아야 200명 적으면 80명밖에 앉아 있지 않았다. 자신이 맡은 책임, 곧 하나님의 말씀을 전하는 책임이 눈앞에 닥치자 우울한 감정이 사라졌다. 청중은 하나님을 강하게 확신하는 사람을 보았고, 전에 한 번도 들어 보지 못한 목소리에 귀를 기울였다. 스펄전은 "온갖 좋은 은사와 온전한 선물이 다 위로부터 빛들의 아버지께로부터 내려오나니 그는 변함도 없으시고 회전하는 그림자도 없으시니라"(약 1:17)라는 본문으로, '빛들의 아버지'라는 말에 그려진 하나님을 전했다. 하나님의 속성, 특히 하나님의 불변성을 자세히 전했고, 하나님이 선물을 주셨는데 자기 아들, 곧 주 예수 그리스도까지 선물로 주셨다는 말로 설교를 마무리했다. 그는 설교 중에 런던 청중의 환심을 사려고 애써 심오한 것을 말하려고 하지 않았다. 워터비치의 시골 교인들에게 했을 법한 바로 그런 설교를 했을 뿐이었다.

그러나 결과는 놀라웠다. 몇몇은 스펄전을 어떻게 생각해야 할지 몰랐다. 그는 아주 어린데도 상당히 성숙해 보였고, 지금껏 들어 본 그 어느 설교자와도 사뭇 달랐기 때문이다. 그러나 교인들 대부분은 들떴고, 기쁨을 표현할 말을 좀처럼 찾지 못했다.

오후에 이들 가운데 여럿이 아침 예배에 나오지 않은 사람들은 물론이고 여러 이웃과 친구들까지 찾아다니며 깜짝 놀랄 시골 청년의 이야기를 들려주었고, 저녁에 꼭 와서 그의 설교를 들어 보라고 권했다. 그래서인지 저녁 예배에는 아침 예배 때보다 훨씬 많은 사람이 참석했다. 스펄전은 주위 환경에 한결 익숙해졌다. 그가 "그 입에 거짓말이 없고 흠이 없는 자들이더라"(계 14:5)라는 구절을 본문으로 설교할 때, 사람들은 말씀을 한층 잘 이해했고 새로운 기쁨에 젖었다.

예배가 끝났는데도 대부분은 돌아가려고 하지 않았다. 사람들은 설교에 크게 감동하고 압도된 채 삼삼오오 모여 있었고, 놀라운 설교자를 다시 초청하라며 집사들을 재촉했다. 집사들도 열성적이기는 마찬가지였다. 이들은 스펄전에게 아예 다시 올 날짜를 못 박아 달라고 했고, 그가 세 주일만 강단에 서면 예배당이 가득 찰 거라고 장담했다. 이들은 영적으로 "심하게 주린 터라 조금의 복음만으로도 효과가 있었다."[3] 스펄전은 이들의 필요에 깊이 공감했고 하나님이 문을 열고 계신다고 확신했다. 그래서 다음 달, 곧 1854년 1월에 다시 와서 세 주일을 강단에 서겠다고 동의했다.

대화를 나누는 중에 스펄전은 집사들에게 자신은 대학을 나오지 않았다고 밝혔다. 이들은 대학을 졸업한 많은 사람을 초청했으나 그들의 설교에 넌더리가 난 터라 이렇게 대답했다. "오히려 그게 저희에게는 특별 추천장인 셈이지요. 만약 목사님이 대학을 졸업하셨다면, 설교가 그렇게 맛나고 감동적이지 않았을 겁니다."[4]

스펄전은 다른 사람이 되어 하숙집으로 돌아갔다. 그는 이렇게 말했다. "그 누구도 부럽지 않았습니다. 젊은 신사 하숙생들과 그들의 놀라운 목사님들도, 마차 행렬도, 해 아래 그 무엇도 부럽지 않았습니다."[5] 하나님께서 그의 사역에 기름을 부으셨고, 사람들은 기뻐했으며, 그는 다시 와야 했다!

두 주 후 스펄전은 다시 뉴 파크 스트리트에서 주일을 보냈다. 첫 설교 후 그는 곧바로 워터비치로 돌아갔다. 그러나 런던 교회는 스펄전이 자신들과 한 약속을 이행할 때까지 기다리려고 하지 않았다. 집사들은 즉시 그에게 편지를 보내, 교인들이 그의 설교에 더없이 만족해하며 그를 당장 담임목사로 초빙하자고 한다고 했다. 주일학교 책임자도 그에게 따로 편지를 보내 이렇게 말했다. "저는 교인들이 지금 목사님을 원하듯이⋯⋯이렇게 간절하게 목회자를 원하는 것을 본 적이 없습니다.⋯⋯이곳에 오시면 신실한 친구들을 아주 많이 얻으실 것입니다. 성령께서 목사님이 우리 뉴 파크 스트리트 침례교회를 위해 결정을 내리도록 인도해 주시기를 기도합니다.⋯⋯목사님이 수천 명에게 축복의 사람이 되기를 소망하며 기도합니다."[6]

스펄전은 이 일에 영적으로 무거운 책임감을 느낀다고 분명하게 말했었다. 집사들의 편지는 시험 기간을 둔다면 스펄전이 목사직을 수락할지도 모른다는 인상을 준다. 이들은 6개월의 시험 기간을 두고, 그 후에 필요하다고 느끼면 그가 이 문제를 다시 생각해 보아도 좋다고 덧붙였다. 그러나 그는 시험 기간을 3개월로 줄이면 수락하겠다고 답했으며, 모든 교인이 자신을 위해 기도해 줘야 한다는 긴급한 요청으로 마무리 지었다. 그는 이렇게 말했다. "한 가지는 꼭 해주셔야 합니다.……다시 말해, 제가 이 큰일을 지속할 수 있도록 교인들이 공적으로는 물론 사적으로도 하나같이 기도에 힘써야 합니다."[7]

스펄전과 워터비치 교인들의 헤어짐은 스펄전 자신과 그곳 교인들에게 슬픈 일이었다. 어떤 교인들은 스펄전 같은 사람을 이런 촌구석에 오래 붙잡아 둘 수 없으리라는 것을 진즉에 깨달았다. 하지만 이제 곧 헤어지려니, 그의 앞길이 잘 열려 기쁘기는 했으나 그를 떠나보내야 한다는 생각에 눈물을 주르르 흘렸다. 스펄전은 이들을 사랑했고 이들도 스펄전을 사랑했으며, 양쪽을 묶어 주는 감정의 끈은 쉽게 끊을 수 없었다. 그의 평생에 가장 따사로운 친구들 가운데 몇몇은 워터비치 침례교회 교인이었다.

1854년 2월 열아홉 살에 스펄전은 런던 목회를 시작했다. 3개월의 시험 기간을 약속하고 뉴 파크 스트리트 교회에 왔으나 죽는 날까지 거의 30년을 그곳에서 사역했다.

예상처럼 뉴 파크 스트리트 침례교회의 출석 인원이 곧바로 급상승했다. 한 달 후 예배당은 꽉 들어찼다. 좌석은 물론이고 통로까지 빈자리가 없어, 창틀에도 앉고 주일학교 구역에도 어깨가 잇

닿은 채 서서 예배를 드렸다. 이런 상황은 런던 전역에 알려졌다.

이처럼 행복한 상황에서 집사들이 목사 장립 문제를 제기했다. 워터비치에서 목회할 때 스펄전은 목사 장립을 받지 않았다. 하지만 그는 하나님의 장립을 받았다고 확신했으며 그것으로 충분했다. 그러나 침례교인들은 사방에서 인간의 장립을 시행했고, 뉴 파크 스트리트 교인들 가운데서도 여러 사람이 교회가 이제 목사 장립식을 해야 한다고 느꼈다.

스펄전은 이들에게 목사 장립이 성경적인 의식이라고 믿지 않으며, 장립식을 통해 목회를 인증받을 필요도 없다고 했다. 그는 하나님의 축복이 자신이 목사의 직무를 받았다는 하나님의 증표라고 했다. 사람이 여기에 아무것도 더할 수 없었다. 그러나 스펄전은 교회가 꼭 필요하다고 생각한다면 장립식을 하겠다고 했다. 장립식은 그에게 아무런 해도 끼치지 않을뿐더러 아무런 유익도 더하지 못할 터였다. 이 문제는 이렇게 미해결 상태로 남겨 두었다.

이와 비슷하게 스펄전은 레버런드Reverend(목사를 높여 부를 때 이름 앞에 붙이는 칭호—옮긴이)라는 칭호도 거부했다. 그에 따르면, 이것은 로마 가톨릭의 잔재이며 종교개혁자들이 없애 버렸어야 했다. 그러나 출판인들은 스펄전의 설교를 인쇄할 때, 맨 위에 그의 이름 앞에 이 칭호를 붙였다. 그는 여러 해 이것을 금하지 않았는데, 이 칭호를 씀으로써 그를 존중하고 있다고 느끼는 사람들에게 양보한 것이 아닐까 싶다. 마침내 1865년, 스펄전은 이것을 중지시켰다. 그는 학생들에게 이 칭호 대신 성경에 나오는 패스터

pastor라는 용어를 사용하라고 했다.

그러나 칭호가 없는 것이 방해가 되지는 않았다. 오히려 보통 사람들이 그를 받아들이는 데 도움이 되었다. 그가 설교할 때마다 사람들이 몰려들었고, 이런 까닭에 그는 늘 "제2의 윗필드"라고 불렸다. 윗필드처럼 스펄전도 많은 사람을 끌어모으는 데 먼저 관심을 두지 않았다. 그리스도인이 치르는 영적 전쟁의 관점에서, 그는 무엇보다 사람들이 진정으로 기도하는 법을 배우는 데 관심을 두었다. 물론 앞서 여러 달 동안 뉴 파크 스트리트 교인들은 기도했다. 그러나 이들의 기도는 근사한 말치레에 지나지 않았고, 마음이 담기지 않은 다소 형식적인 간구에 불과했다.

스펄전에게 기도란 표면적인 행동을 훨씬 넘어서는 것이었다. 그는 공손하지만 자유롭고 친숙하게 하나님과 얘기했다. 그는 기도할 때 대개 목사들이 사용하는 물린 표현을 전혀 쓰지 않았고, 사랑하는 부모에게 오는 어린아이처럼 기도했다. 동료 목사가 이렇게 말했다. "기도는 그의 영혼이 타고난 본능이었고 그의 삶을 채우는 공기였지요. 기도는 그에게 '생명의 호흡'이었고 '타고난 가락'이었어요. 그는 독수리처럼 날갯짓하며 하늘의 하나님께 올라갔습니다."[8]

스펄전의 기도는 더없이 생생했기에 형식적인 기도와는 극명한 대조를 이루었다. 그는 이렇게 말했다. "저는 어떤 형제가 진심으로 기도하는지, 아니면 그저 기도하는 척하는지 금방 알아요……살아 있는 신음이 얼마나 귀한지요! 기도에서 영혼의 한숨을 한 번 내뱉는 것이 한 시간 동안 꽤 경건한 말을 되뇌는 것보다 힘이 있습니다. 영혼의 흐느낌, 마음의 눈물이 얼마나 귀한지요!"[9] 그는 형식에 그치며 내면에서 나오지 않는 "할렐루야!"나 "주님을 찬양하라!"도 똑같이 반대했다.

스펄전은 개인 생활과 교회 생활에서 하나님이 기도에 응답하리라고 진정으로 기대했다. 그는 인간의 이해를 넘어서는 응답 없는 기도를 알았으나, 하나님이 자신의 외침을 듣고 움직이시는 경우도 수없이 경험했다. 그는 하나님의 능력이 진정으로 기도하는 그분의 백성에 비례하고, 자신의 죄를 깨닫고 그리스도께 나아오는 영혼의 수도 이러한 기도에 비례한다는 것을 알았다.

스펄전의 기도는 그의 사람들에게 큰 영향을 끼쳤다. 많은 사람들이 그의 생생한 중보기도에 깊이 감동되어, 자신의 "꽤 경건한 말"을 부끄러워했다. 그중에 더러는 그간 몸에 밴 형식적인 기도 습관을 극복하느라 아주 애를 먹었다. 그러나 이들은 끈질겼고, 조금씩 진정한 기도를 통해 하나님과 씨름하기 시작했다.

그들이 더없이 진지하게 기도하던 모습이 지금도 눈에 선합니다. 그들은 이따금 마치 언약의 천사가 곁에 있어 실제로 눈에 보이는 듯이 기도했습니다. (…)

여러 차례 우리는 하나같이 엄숙한 분위기에 크게 압도되었고, 주님의 능력이 우리를 덮은 듯이 보일 때면 한동안 말없이 앉아 있었습니다.……우리는 뉴 파크 스트리트에서 기도 모임을 했는데, 그 기도 모임이 우리의 영혼을 감동하게 했습니다. 각 사람이 새 예루살렘을 둘러싼 십자군의 한 사람 같았고, 한 사람 한 사람이 강력한 중보기도로 천성天城을 침노하려고 결심한 듯했습니다. 그리고 곧 축복이 더는 받을 수 없을 만큼 우리 위에 넘치게 내렸습니다.[10]

스펄전의 나머지 삶을 살펴볼 때, 그의 사람들이 기도했던 방식을 꼭 염두에 두어야 한다. 숱한 사람들이 회심했고, 여러 기관이 생겨났으며, 다양한 건물이 건축되었고, 이들의 사역이 땅끝까지 영향을 미쳤다. 진정한 기도는 언제나 하나님께 가닿는다. 누군가 스펄전에게 성공 비결을 물었을 때, 그는 "저의 사람들이 저를 위해 기도합니다"라고 대답했다. 그가 의미한 것은 형식적이고 기대할 게 없는 흔한 기도가 아니라, 믿음으로 살고 하나님과 씨름하며 드리기에 하나님이 응답하실 그런 기도였다.

스펄전은 런던 교회로 옮겨 올 때 약속한 내용이 있었다. 그런데 교인들이 이 약속을 곧 뒤집어 버렸다. 약속한 기한이 한참 남았는데도, 교회가 회의를 열어 그가 담임목사직을 영구적으로 받아들여야 한다고 촉구했다. 그는 이렇게 답했다. "이처럼 따뜻한 사랑의 초대에 답할 수 있는 말은 하나뿐입니다. 받아들이겠습니다." 그러나 이렇게 덧붙였다. "여러분께 한 가지 간청합니다. 기도할 때 늘 저를 기억해 주시고, 제게 맡겨진 엄숙한 책임을 잘 감당하도록 저를 위해 기도해 주십시오. 제 연소함과 미숙함을 기억하시고, 이것이 제가 쓰임받는 데 방해되지 않도록 기도해 주십시오. 또한 저의 연소함과 미숙함을 기억하시고, 제가 혹 실수하거나 경솔한 말을 내뱉더라도 너그럽게 용서해 주십시오.……제가 여러분에게 상처가 되지 않고 지속해서 유익이 되기를 바랄 뿐입니다."[11]

1854년 4월 열아홉 살에 스펄전은 뉴 파크 스트리트 침례교회의 담임목사직을 완전히 수락했다. 당장 해결해야 할 문제는 몰려드는 사람들이었다. 주일마다 아침저녁으로 예배당은 공간마다 가득 들어찼다. 그래서 참기 어려울 정도로 더웠고 산소가 희박했으나, 창문은 아예 못 열게 되어 있었기에 신선한 공기가 들어올 수 없었다. 스펄전은 집사들에게 창문 위쪽의 작은 판유리를 떼어 내자고 거듭 제안했다. 그러나 집사들은 아무런 조치도 취하지 않았다.

어느 날 아침, 작은 판유리가 모두 깨지고 없었다. 스펄전은 기뻐하며 이렇게 말했다. "범인을 잡는 사람에게 상금으로 5파운드를 줘야겠는데요. 잡힌 범인에게는 그만큼을 선물로 주고요." 물론 판유리를 깬 것은 스펄전이었다. "제가 지팡이를 들고 다니며 숨 막힐 듯한 예배당에 산소가 들어오게 했지요." 이렇게 스펄전은 집사들이 일꾼을 고용해 할 일을 직접 함으로써 그들을 좀 놀려 주기도 했다.

공기가 들어오니 도움이 되기는 했다. 그러나 훨씬 많은 좌석을 갖춘 훨씬 넓은 공간이 필요했다. 교회는 이후로도 몇 달을 넘쳐 나는 사람들 때문에 애를 먹다가, 마침내 예배당 확장 공사에 돌입했다. 확장 공사가 진행되는 동안 엑시터 홀Exeter Hall에서 예배를 드렸다. 엑시터 홀은 시내 중심에 자리한 대형 강당으로, 좌석이 4천 석에 입석이 1천 석이었는데도 수백 명이 들어오지 못하고 돌아가야 했다.

확장 공사가 마무리되자 다시 예배당에서 예배를 드렸다. 이제 좌석은 1,500석으로 늘었고, 주일학교 홀을 비롯해 여러 방까지 꽉꽉 채우면 2천 명까지 수용할 수 있었다. 그러나 엑시터 홀에서 스펄전의 설교를 들었던 수많은 사람들이 그의 설교를 들으러 예배당으로 왔기 때문에, 공간 문제는 이전보다 더 나빠졌다. 해결책이라고는 오전 예배만 예배당에서 드리고, 저녁 예배는 다시 엑시터 홀에서 드리는 것이었다. 이후 엑시터 홀은 저녁마다 빈자리하나 없이 가득 들어찼다. 수천 명이 들어가지 못해 밖에 남았고, 이들 때문에 주변 교통이 꽉 막혀 버렸다.

이런 소식이 런던 전역을 비롯해 영국의 여러 섬까지 퍼졌다. 엑시터 홀은 대개 음악회와 교육적인 강연에 사용되었기에, 이곳이 예배 장소로 사용된다는 말은 거의 들어 본 적이 없었다. 많은 사람이 이 전체적인 과정에 대해 고개를 강하게 내저었고, 스펄전이 대학을 나오지 않은 데다 목사 장립도 받지 않은 사실을 알았기에, 그를 청중을 끌어모아 돈을 뜯어 낼 줄 아는 사기꾼이라고 생각했다.

그러나 이런저런 상황이 펼쳐질 때마다, 스펄전은 자신이 사람들을 얼마나 사랑하며 어려운 사람들을 위로하는 일에 얼마나 헌신하는지 증명했다. 이를테면 그 무렵 런던, 특히 템스 강 남쪽 지역에 아시아 콜레라가 창궐하기 시작했다. 그는 외부 일정을 모두 취소하고 그 시간에 환자들을 심방했다. 콜레라는 수많은 가정에 침입했다. 사람들이 거의 어디서나 고통을 당했고 죽는 사람들도 많았다. 그는 이렇게 말했다. "환자가 발생한 가정들이 저를 불렀고, 저는 거의 매일 무덤에 불려 갔습니다." 스펄전은 환자들을 사랑하고 유족의 슬픔을 진정 자신의 슬픔으로 여기면서 이런 수고를 마다하지 않았으며, 한밤중에도 긴급 호출을 받고 달려가 영원의 문턱에 선 환자를 붙잡고 기도해 주었다.

스펄전은 이렇게 쉴 새 없이 환자와 가족을 돌보다가 결국 탈진하고 말았다. 피곤했을 뿐만 아니라 자신도 병이 났다. 이런 상황에서 그는 어느 날 장례식을 마치고 돌아오는 길에 구둣방 창문에 붙어 있는 종이를 보았다. 기쁘게도 성경 구절이었다. "여호와는 나의 피난처시라 하고 지존자를 너의 거처로 삼았으므로 화가 네게 미치지 못하며 재앙이 네 장막에 가까이 오지 못하리니"(시 91:9-10).

스펄전은 이 구절을 읽다가 눈이 번쩍 뜨였다. 그는 이렇게 말했다. "이 구절에 믿음이 솟아났습니다. 안심이 되었고, 새 힘이 솟았으며, 죽지 않으리라는 확신이 들었습니다. 그래서 죽어 가는 사람들을 아주 차분하고 평온한 마음으로 찾아다녔고 전혀 해를 입지 않았습니다."[12]

스펄전의 런던 목회 첫해는 이렇게 지나갔고, 달이 지날수록 그의 명성은 더 자자해졌다. 그는 많은 언론에서 심한 공격을 받았으나, 사람들에게 큰 사랑을 받았고 많은 사람들에게 존경을 받았다. 전직 배우였던 셰리든 놀스Sheridan Knowles는 블룸즈베리 침례교회Bloomsbury Baptist Church에서 회심했고, 삶이 달라졌다. 그는 스테프니 신학교에서 강연 요청을 받았는데, 어느 학생이 이렇게 썼다.

놀스 씨는 들어오자마자 큰 소리로 물었다. "제군들, 케임브리지셔 청년의 설교를 들어 봤나요?" (…)

"설교를 어떻게 하는지 알고 싶다면 당장 가서 들어 보세요. 그의 이름은 찰스 스펄전입니다. 아직 청년이지만 세상에서 가장 놀라운 설교자입니다. 그의 웅변은 흠잡을 데 없이 완벽합니다. 게다가 연기에도 대가입니다. 저를 비롯해 아무에게도 배울 게 없습니다. (…)

저는 한때 드루어리 레인 극장의 임차인이었습니다. 만약 지금도 그 자리에 있다면, 그에게 한밑천 안겨서라도 그를 한 시즌 동안 그 무대에 세우고 싶습니다. 왜냐고요? 그는 청중을 자신이 원하는 대로 할 수 있기 때문입니다. 그는 5분 안에 청중을 웃길 줄도 알고, 울릴 줄도 알며, 울리다가 웃길 줄도 압니다. 그의 능력은 그 누구도 따라오지 못합니다.

제군들, 제 말을 명심하세요. 그 젊은이는 이 시대는 물론이고 시대를 막론하고 가장 위대한 설교자가 될 것입니다."[13]

20세 청년 찰스 스펄전

그를 비롯해 많은 사람들이 이와 비슷한 칭찬을 했는데, 이러한 칭찬이 스펄전에게 어떤 영향을 미쳤을지 궁금하다. 많은 사람이 그가 받았던 칭송의 일부에도 무너졌기 때문이다. 하지만 그는 자신이 이런 칭찬에 교만해질 위험이 있음을 잘 알았다. 언젠가 스펄전이 스코틀랜드를 방문했다. 스코틀랜드에서 그는 수많은 목회자에게 사랑을 받았으나, 몇몇 스코틀랜드 신학자들은 그의 강한 자신감을 적잖은 교만으로 받아들였다. 잉글랜드에서 스펄전은 여러 차례 "무례하다"는 말을 들었고, 이따금 이런 시각을 뒷받침하는 듯이 보일 만큼 대담하고 당당하게 행동하기도 했다. 그렇다 해도, 그때 스펄전은 겨우 스무 살이나 스물한 살이었다는 사실을 기억해야 한다. 이런 미숙한 때라면, 과도한 자신감은 어느 정도 예상해야 한다.

그러나 그가 칭찬을 받은 것은 어느 정도 겸손 때문이기도 했다. 그는 다른 사람들에 비해 자아에 대한 죽음을 잘 알았고, 무엇보다도 하나님께 영광을 돌리는 일에 집중했다. 그가 무슨 생각을 품었는지는 그가 나중에 쓴 글에 잘 나타난다.

처음에 어느 런던 교회의 목사가 되었을 때, 제 성공에 깜짝 놀랐습니다. 제 앞에 열린 듯한 길을 생각하면, 기운이 솟기는 고사하고 깊고 깊은 곳으로 떨어지는 것 같았습니다.

제가 누구이기에 그 많은 사람들을 계속 이끌겠습니까? 저는 시골에 묻혀 살거나, 미국에 이민 가서 산간벽지에 홀로 둥지를 틀고 싶었습니다. 그게 제 능력에 맞는다고 생각했기 때문입니다. 바로 그때, 제 인생에서 막이 올라갔고, 저는 무엇이 나타날지 두려웠습니다.[14]

스펄전은 마음을 털어놓을 사람이, 자신을 위로하고 자신에게 용기를 줄 사람이, 자신의 깊은 갈망과 감정을 함께 나눌 사람이 필요했다. 하나님의 역사로 이런 사람이 그의 삶에 들어와 "죽음이 갈라놓을 때까지" 그의 멋진 배필이 되었다.

사실, 스펄전 부인의 도움과 지지는 남편의 성품과 삶을 빚는 데 더 없이 귀중한 역할을 했기에, 만약 스펄전 부인이 없었다면 스펄전은 절대로 그만한 인물이 되지 못했을 것이다. 스펄전의 지성은 매우 균형 잡혀 있었고, 스펄전 부인의 지성도 다르지 않았다. 스펄전은 상식이 풍부했고, 스펄전 부인도 그에 못지않았다. 스펄전의 마음은 하나님과 사람을 향한 사랑으로 고동쳤고, 스펄전 부인의 마음도 그와 마찬가지로 뜨거운 불길로 이글거렸다. 스펄전은 모든 형태의 자선을 완벽하게 감당할 수 있었고, 이런 면에서 스펄전 부인은 어느 모로 보나 멍에를 함께 매는 진정한 단짝이었다. 늘 공적인 삶에서 스펄전이 많은 사람에게 거친 공격을 받았을 때, 스펄전 부인은 하나님 다음으로 그의 방패요 도움이었다. 이 땅에서 첫 새벽부터 찰스 스펄전과 수재나 스펄전만큼 서로에게 딱 들어맞는 쌍은 없었다.

H. L. 웨일런드, 『찰스 스펄전, 그의 믿음과 사역』(1892)

06. 결혼: 하늘이 맺어 준 부부

대부분의 사내 녀석들은 십대 후반에 여자아이들의 꽁무니를 쫓아다니느라 바빴다. 하지만 스펄전은 그때껏 이성에게 도통 관심이 없었다. 그는 열아홉 살까지 공부와 설교에 오롯이 몰두했다.

그러나 이제 모든 게 달라졌다. 스펄전이 뉴 파크 스트리트 침례교회에서 처음으로 설교했던 주일 저녁 예배에, 수재나 톰슨 Susannah Thompson이라는 아가씨가 참석했다. 이때 수재나는 스펄전을 좀 이상한 사람으로 여겼다.

그 청년 웅변가의 유창함에 전혀 매료되지 않았어요. 촌스러운 태도와 말은 존경심보다는 아쉬움을 자아냈지요.……저는 그가 열정적으로 복음을 제시하고 죄인들에게 강하게 호소하는 것을 이해할 만큼 영적으로 성숙하지 못했어요. 하지만 커다란 검은 새틴 스톡satin stock(목사가 옷깃 밑에 두르는 비단 스카프―옮긴이), 제대로 손질하지 않은 긴 머리, 흰 땡땡이가 박힌 푸른 손수건……이 것들이 제 눈길을 끌었고 우습다는 생각이 들었어요.[1]

이러한 첫인상은 오래가지 않았다. 수지Susie(수재나의 애칭―옮긴 이)는 올니 가족과 아주 가까웠고, 스펄전은 올니 댁에 자주 들렀다. 이렇게 자주 마주치다 보니, 수지는 그의 됨됨이를 어느 정도 알기 시작했고, 그가 마음에 들기 시작했다. 스펄전은 런던에 온 지 겨우 두 달 반이 지났을 무렵, 수지에게 선물을 보냈다. 그 선물은 『천로역정』이었고, 속지에는 이렇게 적혀 있었다.

톰슨 양의 복된 순례에
진보가 있기를 바라며.

1854년 4월 20일
C. H. 스펄전으로부터

이때부터 스펄전은 그녀의 영적 안내자가 되었다. 수재나는 이미 그리스도를 믿어 구원을 받았으나, 교회에 목사가 없는 동안 믿음이 성장하지 않았다. 이제 그런 날들은 지나갔다. 수재나는 이렇게 말했다. "그는 설교와 대화를 통해……저를 그리스도의 십자가 앞으로 부드럽게 인도했고, 제 연약한 영혼이 갈망하던 평안과 용서를 찾게 해주었어요."[2]

이들은 곧 더 가까워졌다. 그해 6월 10일, 런던에서 큰 경축 행사가 열렸다. 크리스털 팰리스Crystal Palace(만국 박람회를 위해 철골과 유리로 세워진 건축물―옮긴이)가 개장했기 때문이다. 이곳은 땅끝에서 가져온 온갖 상품을 전시하는 대형 전시 홀이었고, 주변에 산책로와 조림지가 있었다. 찰스와 수재나는 친구들과 함께 개장 행사에 참석했으며, 스펄전은 기회를 봐서 수재나 옆에 앉았다. 행사 막간에 스펄전은 자신이 가져온 책을 펴 몇 줄을 손가락으로 짚었다. 어떤 젊은이든지 신부를 구할 때 듣는, "그녀의 행복을 위해 기도하라"라는 내용이 담긴 구절이었다. 수재나가 이 구절을 읽자 스펄전은 이렇게 물었다. "남편이 될 사람을 위해 기도하세요?" 수재나는 아무런 대답도 하지 않았으나 결혼이라는 말에 이상하게 얼굴을 붉혔다.

행사가 끝났을 때, 그는 조금 전과 똑같이 낮은 목소리로 속삭였다. "나와 함께 좀 걷지 않겠어요?" 그때부터 일행을 남겨둔 채 두 사람만 호젓하게 걸었다. 나중에 수재나는 이렇게 썼다. "우리는 한참을 그냥 걸었어요. 멋진 건물 내부뿐 아니라 정원과 호수 주변을 마냥 걸었지요.……걷는 동안, 잊히지 않을 6월의 그날에 저는 하나님께서 절대 끊어지지 않을 진정한 사랑으로 둘의 마음을 묶으셨다고 믿었어요.……그때부터 우리의 우정은 빠르게 커갔고, 곧 깊고 깊은 사랑이 되었어요."[3]

몇 주 후(8월 2일), 두 사람은 수재나의 할아버지 댁에서 만나 정원을 함께 걸었다. 거기서 스펄전은 엄숙한 기쁨에 젖어 수재나

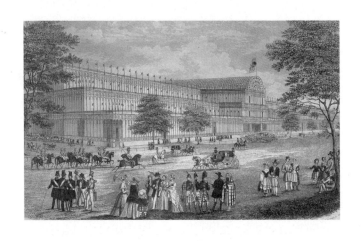

크리스털 팰리스 전경. 산책로와 나무가 많은 크리스털 팰리스는 찰스와 수재나가 남몰래 즐겨 만나는 장소였다.

에게 사랑을 맹세하고 청혼했다.

오래된 그 정원이 성소聖所처럼, 행복의 낙원처럼 느껴집니다. 거기서 제 사랑이 저를 독차지했고, 제게 저를 얼마나 사랑하는지 고백했거든요. 저는 이것을 이미 안다고 생각했어요. 하지만 그에게 직접 듣는 것은 전혀 다른 문제였지요. 저는 너무 기뻐 가슴이 떨리고 아무 말도 못 했어요. 약혼식은 말로 표현할 수 없을 만큼 아름다웠어요.……제게는 아름다운 만큼이나 엄숙한 순간이었고, 마음에 큰 경외심 같은 게 들었어요. 저는 사랑하는 사람을 남겨 두고 서둘러 집으로 들어갔어요. 그러고는 다락방에 올라가 하나님 앞에 무릎을 꿇고, 행복의 눈물을 흘리며 그분을 찬양했어요. 하나님께서 자비를 베풀어 매우 좋은 사람의 사랑을 제게 부어 주셨기 때문이에요.[4]

그 후 몇 달 동안 수재나는 영적으로 점점 강해졌다. 새해(1855년) 초, 수재나는 침례를 신청했다. 스펄전은 둘의 관계를 비밀로 하려고 애썼으나 소문이 난 게 분명했다. 침례 지원자 명단을 교회 앞에서 읽을 때, 수재나의 이름 바로 앞에 조니 디어Johnny Dear라는 할아버지의 이름이 있었다. 뒤쪽에 앉아 있던 두 노부인이 물었다. "그 사람 이름이 뭐라고 하셨나요?" "조니 디어랍니다." "그래요. 그럼 그다음은 '수지 디어'Susie dear(내 사랑 수지)겠네요!"[5]

이 기간 내내, 스펄전은 일반 언론과 종교 언론 양쪽에서 맹공을 당했다. 이들의 공격은 왜곡되고 거짓되며 잔인했고, 그는 잘 참아 내기는 했으나 자주 심한 상처를 입었다. 그래서 그는 도움과 격려가 필요했고, 수재나는 놀라운 이해심과 공감으로 그를 돕고 격려했다.

두 사람이 함께 보낼 만한 시간은 매우 한정되었다. 스펄전은 대개 월요일 아침에 수재나의 집에 왔으나, 비서가 필사한 주일 설교 원고를 들고 와서 교정을 봐야 했다. 설교는 인쇄될 경우, 8면을 채웠다. 그는 내용을 더하거나 뺐고, 여러 부분을 풀어 쓰거나 수정했다. 그가 서둘러 교정을 마치면 심부름 소년이 자전거로 원고를 인쇄소에 전해 주었고, 인쇄소는 화요일 아침에 독자들이 받아 볼 수 있도록 부지런히 인쇄했다. 스펄전은 월요일이면 수지를 찾아갔으나, 이런 일이 방문의 주±가 되거나 방문을 망쳐 놓았다.

두 사람은 금요일 오후에도 한두 시간 함께하려고 노력했다. 언제나 흥미롭고 교훈적인 것을 전시해 두었을 뿐 아니라 산책로와 나무가 많은 크리스털 펠리스는 두 사람이 남몰래 즐겨 만나는 장소였다. 이런 만남 덕에, 스펄전은 과중한 업무에서 잠시 벗어났고, 조용한 곳에서 가장 사랑하는 사람과 함께하며 긴장을 풀었다.

그러나 두 사람의 관계가 모두 이상적이지는 않았다. 스펄전은 더러 수지를 까맣게 잊어 상처를 주기도 했다. 어느 날 오후, 그가 런던의 큰 강당에 설교하러 갔을 때였다. 스펄전 부인은 이렇게 말했다.

우리는 마차 택시를 타고 함께 갔습니다.……지금도 또렷이 기억나는데, 우리는 많은 사람들 틈에 섞여 계단을 오르고 있었고, 저는 그의 곁에 바싹 붙어 있으려 애썼습니다. 그러나 우리가 계단을 다 올랐을 때, 그는 제 존재를 까맣게 잊었습니다. 그는 불멸하는 숱한 영혼에게 메시지를 선포해야 한다는 생각에 부담을 느꼈고, 직원들이 기다리는 작은 옆문으로 들어가 버렸습니다. 그는 제가 혼자 남아 수많은 사람들 틈에서 이리저리 밀리며 갖은 애를 쓰고 있다는 사실을 깜빡한 것입니다.

처음에 저는 너무나 당혹스러웠고, 잠시 지나니……화가 났습니다. 그래서 곧장 집으로 돌아와 온화한 어머니에게 속상한 마음을 털어놓았습니다.……어머니는 제가 선택한 남편이 보통 사람이 아니고, 그의 온 삶이 하나님과 그분을 섬기는 일에 절대적으로 헌신해 있으며, 제가 그의 마음에서 첫째 자리를 차지하려 함으로써 그를 방해해서는 절대로, 절대로 안 된다고 지혜롭게 조곤조곤 얘기해 주셨습니다.

저는 사랑이 듬뿍한 훌륭한 조언을 듣고 나니 마음이 한결 가라앉았고, 저 자신이 매우 어리석고 고집스러웠음을 깨달았습니다. 그때 문 앞에 마차 택시가 서더니, 그가 황급히 내려 헐레벌떡 달려 들어와 잔뜩 흥분한 목소리로 물었습니다. "수지, 어디 있어요? 사방을 다 뒤지며 찾았는데, 결국 못 찾았습니다. 혼자 집에 돌아왔습니까?" 어머니는 그에게 다가가……사실대로 말해 주었습니다. 제 생각에는, 스펄전이 어떻게 된 일인지 깨달았을 때 어머니가 그도 달래 줘야 했을 것입니다. 그는 제 마음을 상하게 하려는 의도가 조금도 없었는데, 제가 그를 의심함으로써 부당하게 대했다고 느꼈을 게 틀림없었으니까요.

저는 그에게 몹시 화가 났다고 말했고, 그는 제 얘기를 조용히 들었습니다. 그러고는 어머니가 제게 하신 미니 수업을 되풀이하며, 저를 향한 깊은 사랑을 확인시켜 주었습니다. 그러나 그는 자신은 무엇보다도 하나님의 종이기 때문에, 제가 저의 요구를 포기하고 그분의 요구를 받아들일 준비를 해야 한다고 했습니다.

그날의 가르침을 절대 잊지 않았습니다. 저는 어려운 교훈을 마음에 단단히 새겼고, 이후로 그가 하나님을 섬기는 데 시간과 주의를 집중해야 할 때면, 그에 대한 제 권리를 두 번 다시 내세우지 않았습니다.[6]

이따금 이런 일도 있었다. 스펄전이 설교하러 올라가기 직전에 수지가 교회 부속실로 들어가곤 했다. 그러면 스펄전은 눈앞의 책임에 깊이 집중한 나머지, 마치 낯선 사람을 대하듯 일어나 수지에게 악수를 청했다. 그러다 실수를 깨닫고 곧바로 사과했다. 그러나 이런 실수는 스펄전이 설교에 얼마나 큰 책임감을 느꼈는지 잘 보여주는 일화다.

찰스와 수재나는 약혼하고 18개월 후에야 결혼했는데, 약혼 기간이 끝날 무렵에 관해 수재나는 이렇게 썼다. "1855년이 저물고 있었고, 우리는 '하늘이 맺어 준' 결혼이라는 거룩한 띠로 하나가 되어 함께 가정을 꾸린다는 기대감에 말할 수 없이 기뻤습니다."[7]

1856년 1월 8일, 두 사람이 하나가 되었다. 결혼식은 뉴 파크 스트리트 침례교회에서 열렸고, 이웃 교회를 담임하는 알렉산더 플레처Alexander Fletcher 박사가 주례했다. 결혼식 몇 시간 전부터 사람들이 몰려와 기다렸고, 이 무렵 예배당은 상당히 확장되었는데도 발 디딜 틈조차 없었다. 경찰 한 개 부대가 통째로 나와서 식장에 못 들어간 수많은 사람을 통제했다.

두 사람은 결혼식을 마치고 열흘간 파리로 신혼여행을 떠났다. 수재나는 전에 파리에 가 본 터라 찰스에게 여기저기 가 볼 만한 곳을 안내했다. 두 사람은 미술관, 궁전, 박물관을 둘러보았고, 주식 시장까지 구경했다.

두 사람은 런던으로 돌아와 뉴 켄트 로드New Kent Road에 자리한 매우 수수한 집에 신혼살림을 차렸다. 물론 찰스는 매우 바빴다. 뉴 파크 스트리트 침례교회에서 여러 일을 담당하는 것 외에도, 첫 책 『성도와 구세주』The Saint and His Saviour의 출판을 준비했다. 설교를 요청하는 교회도 수없이 많았는데, 런던에 있는 교회들만이 아니라 런던에서 멀리 떨어진 교회들도 적지 않게 그를 초청했다. 스펄전은 저녁이면 으레 자신의 교회가 아닌 다른 곳에 나가 설교했는데, 이따금 하루나 그 이상 집을 비웠다. 그럴 때면 극도로 지쳐 집에 돌아올 때가 빈번했으나, 언제나 더없이 사랑스럽고 부드럽게 맞아 주는 아내에게서 큰 위로를 얻었다.

수재나와 찰스는 썩 잘 어울렸다. 스펄전은 하나님의 진리를

찰스와 수재나. 찰스와 수재나는 1856년 1월 8일 뉴 파크 스트리트 침례교회에서 알렉산더 플레처 박사의 주례로 결혼했다.

고수하는 일에는 전투적이었고 두려움을 몰랐으나, 매우 부드럽고 섬세하기도 해서 아내의 상냥함과 이해가 필요한 사람이었다. 그는 수재나에게서 이런 아내를 발견했다. 필라델피아에 자리한 템플 대학교Temple University를 설립한 러셀 콘웰Russell Conwell은 나중에 스펄전 부부를 방문하고 가까운 친구가 되었는데, 사랑이 가득한 이들의 결혼 생활을 두고 이렇게 말했다.

> 만약 스펄전이 자신을 완벽한 성인聖人으로 여기는 철없는 아내를 만났다면, 혹은 이렇게 저렇게 고쳐야 한다며 그의 기를 죽이는 유행 신봉자와 결혼했다면, 그는 절대로 그가 이른 명성에 이르지 못했을 것입니다. 그가 덜 경건하고 덜 진지한 아내를 만났거나, 교인들의 애정과 존경을 독차지하려는 아내를 만났다면, 아내 때문에 명성에 큰 상처를 입었을 것입니다. (⋯)
>
> 그러나 스펄전 부인은 남편이 오래도록 사역하는 동안 남편과 함께 일했고, 남편과 함께 기도했으며, 남편을 믿었고, 남편을 깊이 사랑했습니다. 스펄전은 집을 떠나 있을 때도 아내를 생각하며 잔잔한 마음의 안식을 얻었습니다. 그는 여러 날을 여행하고 하루에 여러 차례 설교할 때도, 아내가 집에서 자신을 위해 몇 시간씩 기도하고 있으며 자신을 따뜻이 맞아 줄 아내에게서 하나님의 평안을 기대할 수 있다는 생각에 안식을 얻었습니다.[8]

수재나를 향한 스펄전의 사랑도, 스펄전을 향한 수재나의 사랑도 절대 시들해지지 않았다. 두 사람 다 나이가 들면서 크게 병약했으나 서로를 향해 아름다운 인내를 보였다. 이들의 변함없는 사랑은 두 사람이 결혼한 지 여러 해 되던 해에 스펄전이 출타 중에 쓴 시에서 잘 나타난다. 일부분만 소개하겠다.

나의 아내여, 우리를 갈라놓은 그 자리에
나, 노래의 다리를 놓겠어요.
오, 내 삶의 기쁨이여, 보이지 않지만 튼튼한 그 다리에서
우리 둘의 마음이 만날 테지요.

구혼자가 보석에 새긴 사랑하는 사람의 이름은
혹 닳을지 몰라도,
내 마음에 새긴 그대 모습, 나 간직하리니
내 마음은 오래전부터 그대 것이었다오.

겉칠한 화려한 색은
한차례 소나기에 씻겨 나갈 테지만,
내 사랑은 깊이 채색되었으니
그대는 강물이라도 무서워할 필요가 없다오.

동트는 사랑의 영롱한 이슬방울은
낮이 깊으면 사라지고,

비둘기 날개 같은 도타운 애정도
옛이야기처럼 사라지겠지요.

그러나 당신을 향한 내 마음은,
기쁨의 방에서 해처럼 힘차게 나와
영원히 자신의 길을 달릴 테니
생명도 죽음도 그 힘을 꺾지 못할 거예요.

만세 전에 우리를 택하신 분께서
홀로 우리 마음을 다스리셔야 할지라도,
우리는 굳게 믿어요, 우리 함께 그분의 보좌 앞에서
그분을 송축하리라는 것을.[9]

특별한 여인 수재나 톰슨만큼 찰스 스펄전에게 꼭 맞는 아내를 상상하기란 그 누구라도 불가능했을 것이다. 두 사람은 서로를 위해 하나님의 손길로 빚어졌고, 이들의 연합은 수재나의 기대가 성취된 것이라고밖에 볼 수 없었다. 두 사람은 말 그대로 "하늘이 맺어 준 부부"였다.

악인들의 혀는 스펄전을 더없이 맹렬히 공격했고 거짓말로 비방했다. 그의 생각은 잘못 전달되었고, 그의 말은 왜곡되었다. 그의 교리에는 "하나님을 모독하는", "불경한", "악마 같은"이라는 꼬리표가 붙었다. 그런데도 주님의 선한 손이 그를 떠나지 않았고, 그는 경건치 못한 자들의 거짓에 주목하지 않았다.

스펄전의 책을 낸 패스모어와 앨러배스터(1856년 8월)

07. 갈등

스펄전은 런던의 상황을 떠올리면서 당시의 안일한 종교 생활에 일침을 놓았다. 대부분의 침례교회와 회중교회는 조용하고 까라졌으며, 감리교회마저 본래의 불길을 거의 잃은 상태였다. 이들 교회는 대체로 복음주의 신앙을 여전히 유지하기는 했다. 그러나 설교는 열정을 잃었고, 교회는 활기가 없었으며, 대부분은 그저 "자신들의 평온한 방식을 유지하는 데" 만족했다.

그러나 스펄전의 사역과 성격에서 비롯된 활기와 힘이 이러한 상황에 도전을 주었다. 그는 매우 드문 지적 능력이 있었다. 어려서부터 꾸준히 책을 읽은 터라, 런던에 왔을 즈음에는 사실상 '백과사전'이라 할 만큼 엄청난 지식을 쌓은 상태였다.

그는 설교할 때 이 엄청난 지식을 자유자재로 활용했다. 성경의 어느 책이든 마음대로 인용했고, 상황에 가장 적합한 구절을 정확히 암송했다. 그런가 하면 수많은 찬송을 외우고 있었기에, 즉석에서 한 절이나 여러 절을 부를 수 있었다. 고대 역사, 종교개혁자, 청교도에 얽힌 사건을 예화로 인용했고, 윗필드와 웨슬리를 비롯한 당시 인물들의 삶에 얽힌 이야기도 자주 활용했다.

그는 성경 관련 도서를 잠시도 손에서 놓지 않았으며, 이렇듯 폭넓게 공부한 덕에 20년도 지나지 않아 『주해와 주석』*Commenting and Commentaries*이라는 책을 쓸 수 있었다. 스펄전의 말에 따르면, 그는 이 책을 준비하면서 "약 3-4천 권을 검토했다." 그의 한 가지 취미는—취미라고 부를 수 있다면—헌책을 찾아내 구매하는 일이었고, 나중에 그의 개인 서재에는 장서가 1만 권이 넘었다.

스펄전은 무엇보다도 신학자였다는 사실을 인정해야 한다. 글을 읽기 시작할 때부터, 성경에 계시된 거대한 신학 체계에 관한 지식을 머리와 가슴에 꾸준히 쌓기 시작했을 때부터 그는 성경의 큰 교리들을 깊이 생각했다. 런던 사람들은 그가 말하는 방식만큼이나 내용에도 매우 놀랐으며, 이러한 교리 체계는 그가 사역하는 내내 나타난 뚜렷한 특징이었다.

그런데도 그의 목소리는 전달력이 있었을 뿐만 아니라 설명하기 힘든 특징이 있었고, 많은 청중이 설교자가 자신을 콕 집어 자신에게만 말하는 것처럼 느꼈다. 그는 목소리를 완벽하게 제어했고, 그의 목소리는 천둥소리처럼 우렁차면서도 더없이 감동적이며 부드러웠다. 그의 목소리를 가리켜 흔히 "은종銀鐘이 여럿 달린 차임벨 같다"고 했다.

무엇보다도 스펄전은 설교할 때 아주 자연스러웠다. 이를테면 아무것도 '걸치지' 않았다. 설교하면서 유머 감각을 자주 발휘하기는 했으나, 설교는 전체적으로 진지하기 이를 데 없었다.

수많은 런던 사람들이 스펄전의 설교를 듣고 감탄했지만, 생각이 다른 사람들도 적지 않았다. 그가 매우 젊고 대학을 나오지 않은 데다 목사 장립조차 받지 않았다는 사실만 알고, 그에 관해 성급히 결론 내리는 사람들이 적지 않았다. 이를테면 그가 목사 자격이 없으며, 돌팔이 목사가 틀림없다는 것이다.

여러 신문 편집자들이 이런 태도를 보였다. 스펄전은 대중의 눈에 정말이지 대단한 인물이었고, 그래서 편집자들은 그를 언급하지 않을 도리가 없었다. 하지만 이들은 스펄전을 허풍쟁이로 여겼고, 그를 심하게 공격하기 시작했다. 이들의 몇몇 논평은 너무나 무례하고 불경스러워 도저히 입에 담을 수 없을 정도였다. 이뿐만이 아니었다. 「입스위치 익스프레스」*Ipswich Express* 기자는 '비겁한 목사'라는 기사에서 이렇게 썼다.

예배당이 수리 중이라 그는 엑시터 홀에서 설교하는데……숨 막힐 정도로 꽉 들어찬다.

그의 담론은 하나같이 악취가 나며 천박하고 연극 조다. 그러나 그는 아주 인기가 좋아서, 30분 전에 가지 않으면 아예 들어가지도 못한다.……독립교단의 어느 지도급 목사는 이 조숙한 청년의 설교를 들은 후, 그의 공연은 "하나님과 사람에 대한 모독"이라고 했다. (…)

이 유능한 목사는 몰염치하게도 설교 전에 젊은 아가씨들이 많이 참석한 자리에서, 자신은 약혼했으며, 다시 말해 자신의 마음은 다른 여인의 것이니 아가씨들이 이것을 분명하게 이해해 주기 바라며, 젊은 아가씨들은 자신에게 어떤 선물도 하지 말고, 눈길도 주지 말며, 자신에게 주려고 실내화도 짜지 말라고 했다. 이 목사는 그동안 여성 청중의 애정이 불편했던 것 같다.[1]

이 기사를 읽은 많은 사람들이 항의했다. 이러한 항의에 답해 「익스프레스」는 실내화 관련 내용은 사실이 아니라고 믿는다며 다소 무례하게 인정했다. 그러나 그사이에 여러 신문이 이 내용을 퍼날랐고, 수정 기사를 전혀 싣지 않았다. 「람베스 가젯」*Lambeth Gazette*은 이렇게 보도했다. "젊은 아가씨들이 그의 장단에 미쳐 춤을 춘다. 그는 지금껏 순진한 처녀들에게서 신발 가게를 열고도 남을 만큼 실내화를 받았다."[2]

스펄전을 많이 다룬 또 다른 신문사는 「에식스 스탠더드」*Essex Standard*였다. 다음 기사는 이 신문의 전형적인 형태였다.

그는 천박한 구어체를 썼고 여러 차례 고함을 질렀다.……그는 우리의 거룩한 종교가 갖는 모든 엄숙한 신비를 무례하게, 거칠게, 불경하게 다루었다. 신비는 저속해지고, 거룩함은 더럽혀지며, 상식은 능멸당하고, 품위는 역겨워진다.……그는 형편없는 일화를 뒤섞어 무지렁이들의 고막이 찢어질 정도로 고래고래 소리쳤다.

이것이 인기다. 이것이 런던의 '종교적 열광'이다.[3]

「패트리엇」*Patriot*은 스펄전의 다양한 능력을 언급했으나, 그럴 때라도 그를 비난했다.

다음으로 모든 사람이 조숙한 애송이에게 공격받았다. 오직 그 혼자만이 일관된 칼뱅주의자였다. 나머지는 모두 알미니우스주의자들*Arminians*이거나, 음탕한 도덕률 폐기론자들*Antinomians*이거나, 은혜 교리를 불성실하게 고백하는 자들이다.……선택 교리는 "우리 시대에 비웃음과 증오를 산다." "복음주의자를 자처하는 지도자들마저 시류時流에 편승할 뿐이다." 그가 알기로, 동료 목회자들은 우리 주 예수 그리스도의 확실한 만족과 대속을 전혀 말하지 않는다.

스펄전은 자신의 특별한 진영에 속하지 않은 신학자들을 훨씬 거칠게 대한다. "특히, 알미니우스주의자들의 여러 왜곡은 그것이 태어난 구덩이에 떨어져야 한다." 은혜에서 최종적으로 떨어질 수 있다는 이들의 개념은 "세상에서 가장 사악한 거짓말이다."[4]

또 다른 언론은 "엄지손가락 톰*Tom Thumb*(영국 동화에 나오는 엄지만한 주인공—옮긴이), 말라깽이*the Living Skeleton*, 찰스 스펄전"을 함께 연결함으로써, 그에게 어울리는 무대는 서커스장이라는 암시를 주었다. 또 어떤 사람은 스펄전의 목회가 오래된 "나귀 축일" *Feast of the Ass*(예수님이 헤롯을 피해 이집트로 피신한 일을 기념하는 절기로, 억압받던 민중이 지배 계층과 종교 지도자들을 풍자하고 조롱하던 축제다—옮긴이)의 부활이라고 했으며, 또 어떤 사람은 이렇게 단언했다.

우리는 교조적이고 신학적인 극화劇化를 과거 일로 생각했었다. 우리는 거대한 회중이 광기로 가득한 격한 표현에 귀 기울이는 꼴을 더는 지켜보기만 해서는 안 되며, 부글대는 광적인 설교를 더는 듣고만 있어서도 안 된다. 거품을 걷어 내고 사람들이 속을 제대로 보게 해주어야 한다. (…)

"사람이 천국에 들어가려면 먼저 스펄전이 가르치는 극단적인 칼뱅주의Hyper-Calvinism로 그를 세뇌해야 한다"고 말하는 것은 기독교적이지 않다.……엑시터 홀의 애송이는 하나님을 말할 때 이것을 기억해야 한다. 그분은 모독을 받지 않으시며, 목사의 신성모독은 고결한 사람이 혐오하는 악랄한 욕을 가장 비천한 인간이 할 때 범하는 죄만큼이나 큰 죄다.[5]

여러 신문 삽화가들이 스펄전을 대상으로 삼았다. 대부분은 스펄전을 조롱했으나, 두셋은 그가 분명하고 확실한 메시지를 선포한다는 사실을 인정하지 않을 수 없었고, 그래서 그를 영국의 여러 종교 지도자들보다 뛰어나게 묘사했다.

스펄전은 모든 공격에 전혀 대응하지 않았다. 그러나 설교 중에 예화를 드는 방식으로 자신에 관한 기사를 언급했다. 부모에게 편지를 쓸 때도 자신을 다룬 여러 기사, 이를테면 실내화에 관한 기사 등은 사실이 아니라고 못 박았으며, 자신이 겪는 반대에 놀라지 말라고 했다.

그렇다 해도 스펄전은 이런 비난과 비웃음에 상처를 입었다. 스펄전 부인은 남편을 비방하는 기사를 모두 스크랩했는데, 아주 두꺼운 책이 되었을 정도였다. 그녀는 성구 액자를 만들어 벽에 걸어 두었다. "나로 말미암아 너희를 욕하고 박해하고 거짓으로 너희를 거슬러 모든 악한 말을 할 때에는 너희에게 복이 있나니 기뻐하고 즐거워하라. 하늘에서 너희의 상이 큼이라. 너희 전에 있던 선지자들도 이같이 박해하였느니라"(마 5:11-12).

스펄전은 세상 신문들에게서 비난을 받았을 뿐 아니라 자신의 칼뱅주의 때문에 몇몇 종교 신문에게서도 비난을 받았다. 그는 '칼뱅주의 변호'라는 글을 썼는데 『자서전』의 한 장 전체를 이 내용으로 채웠다.[6] 그는 이렇게 말했다. "우리는 '칼뱅주의'라는 용어를 약어로 사용할 뿐입니다. 우리가 '칼뱅주의'라고 부르는 교리는 칼뱅에게서 나온 것이 아닙니다. 우리는 칼뱅주의가 모든 진리의 큰 창시자에게서 나왔다고 믿습니다."[7] 스펄전은 이러한 신학 체계를 가리켜 "은혜의 교리들"이라고 불렀으며, 두 용어를 맞바꾸어 가며 사용했다.

스펄전은 이러한 여러 견해가 오래전부터 익숙했는데, 할아버지 댁에서, 또한 아버지 집에서 이와 관련된 논의를 어려서부터 들었기 때문이다. 이것들은 버니언을 비롯해 여러 청교도 저자들

이 제시한 교리였다. 그가 뉴마켓에서 다녔던 학교에서 메리 킹
Mary King(학교의 요리사로 엄격한 침례교 신자이자 칼뱅주의자였다--옮
긴이)이라는 살림꾼에게서 강하게 가르침을 받았던 것도 이것이
었다.

> 메리 할머니는 아주 달콤한 것을, 아주 견고한 칼뱅주의 교리를 좋
> 아하셨습니다. 그러나 할머니는 강하게 먹이셨을 뿐만 아니라 강
> 하게 사셨습니다. 여러 차례 할머니와 저는 은혜 언약을 함께 살펴
> 보았고, 성도 개개인의 택정, 그리스도와의 연합, 최종 견인, 살아
> 있는 경건의 의미에 관해 대화를 나누었습니다. 제가 믿기로, 저는
> 요즘의 신학박사 여섯에게서 배웠을 것보다 더 많은 것을 메리 할
> 머니에게서 배웠습니다.[8]

스펄전은 런던에 왔을 때 자신의 사역을 개혁자의 사역으로 보았
다. 다시 말해, 그는 진리를 떠난 사람들을 진리로 되돌려 놓으려
고 노력했다. 개신교 목사들 대다수는 기본적으로 복음주의적이
었다. 그러나 이들의 설교는 교리적인 면이 매우 부족했다. 그는
자신이 견지하고 선언하는 신학 체계에서 거의 혼자라고 느꼈다.
스펄전은 런던 목회 초기 몇 년 동안 설교 때마다 인간의 타락 교
리와 하나님의 선택 교리를 주장했으며, 그것도 자세히 설명하고
아주 강하게 주장했다. 그는 이렇게 말했다. "제가 매일 해야 하는
일은 길, 오웬, 칼뱅, 아우구스티누스 그리고 그리스도의 오래된

교리들을 되살리는 것입니다."[9]

스펄전은 몇몇 칼뱅주의자들이 '제한 속죄'limited atonement에 관해 생각 없이 말하는 방식에 분명하게 반대를 표했다. 그는 '특정 구속'particular redemption이라는 용어를 훨씬 선호했는데, 이것은 그리스도께서 단지 구원을 가능하게 하시고 나머지는 인간에게 맡기셨다는 것이 아니라, 그분이 선택한 자들 하나하나의 구속을 완성하셨고 이들의 구원을 확정하셨다는 믿음이었다.

스펄전은 "구원은 여호와께 속하였"다고 선언했지만(욘 2:9), 그러면서도 "나오는 자는 누구든지"라고 설교했다. 뉴 파크 스트리트 채플과 엑시터 홀에 주님을 모르는 사람들이 수백 명씩 몰려들었다. 사실상 설교 때마다 스펄전은 그들에게 그들 자신이 잃어버린 상태라는 것을 인정하고, 그리스도께서 구원하실 수 있음을 알며, 지금 이 자리에서 그분을 믿으라고 호소했다. 그의 설교는 모든 인간을 향한 자유로운 복음 제시로 넘쳤고, 많은 사람의 회심으로 풍성한 열매를 맺었다.

스펄전은 두 개념이 모순처럼 보인다는 점을 인정했다. 그러나 그는 성경이 둘 다 가르친다고 했다. 하나님께서 선택한 자들을 구원하실 뿐만 아니라, 인간도 자기 영혼에 책임이 있다는 것이었다. 그러므로 그는 끊임없이 촉구했다. "주 예수 그리스도를 믿으십시오. 그러면 구원을 얻습니다."

스펄전은 이처럼 믿으려는 모든 사람에게 복음을 자유롭게 제시했고, 따라서 극단적 칼뱅주의자들의 공격을 받았다. 극단적 칼뱅주의자들은 다른 칼뱅주의자들이 견지하는 바를 다 믿었으나, 여기에 덧붙여 복음 제시를 구원받은 자들과 구원받지 못한 자들이 뒤섞인 청중에게까지 확대해서는 안 된다고 믿었다. 이들은 복음을 "지각 있는 죄인들", 곧 자신에게 그리스도가 필요하다는 사실을 자각하는 사람들에게만 제시해야 한다고 외쳤다.

그는 이러한 형태의 칼뱅주의를 반대한다는 의사를 자주 분명하게 표현했다. 이러한 칼뱅주의는 죄인들을 일깨워 그들에게 그리스도가 필요함을 알게 하려고 하는 일이 전혀 없었기 때문이다. 극단적 칼뱅주의자들은 전도를 하지 않았다. 이들은 나가서 잃어버린 자들을 찾지 않았고, "온 천하에 다니며 만민에게 복음을 전파하라"(막 16:15)는 그리스도의 명령을 사실상 거부했다.

이들은 잃어버린 자들을 직접 찾아 나서지는 않았으나, 그렇게 하는 자, 곧 스펄전을 쫓아다니는 데는 게으르지 않았다. 이들의 주 대변인인 제임스 웰스James Wells는 상당히 큰 교회의 목사였는데, 그는 극단적 칼뱅주의자들이 발행하는 「질그릇」The Earth Vessel이라는 신문에서 스펄전을 심하게 공격했다. 그와 그의 사람들에게 스펄전의 구령救靈은 혐오스러운 행위였다. 하나님은 자신이 택한 자들을 새파란 어정뱅이의 간섭 없이도 구원하실 것이기 때문이었다. 웰스는 매우 의로운 사람의 자세, 믿음을 위해 싸우는 사람의 자세를 취했으며, 스펄전과 그의 사역을 길게 평가하면서 그에게서는 구원하는 은혜의 증거를 눈곱만큼도 찾을 수 없다고 했고, 그가 십중팔구 절대 회심하지 않았을 거라고 결론지었다.

스펄전은 설교할 때 극단적 칼뱅주의자들과 자주 맞섰다.[10] 그러나 스펄전이 극단적 칼뱅주의자들에게 제시한 가장 강력한 답변은 그가 전하는 복음의 영광이었고, 많은 삶이 변화되는 모습에서 하나님이 복음을 사용하신다는 것을 그가 직접 보았다는 사실이었다.

스펄전의 런던 목회 초기에 다른 종교 저널들도 그를 비난했다. 「침례교 리포터」*The Baptist Reporter*, 「연합 장로교 매거진」*The United Presbyterian Magazine*, 「크리틱」*The Critic*, 「크리스천 뉴스」*The Christian News* 등이 그를 공격한 대표적인 언론이었다.

세상의 반대는 끔찍한 비극을 불렀다. 스펄전은 엑시터 홀을 계속 사용하려고 했으나 거부당했고, 그 때문에 서리 가든의 뮤직홀Surrey Gardens Music Hall을 사용하려고 했다. 서리 가든의 뮤직홀은 규모가 엄청난 강당이었으며, 넓은 바닥 외에 중층이 셋이었고, 전체 좌석이 1만 석에 달했다. 이곳을 사용하려는 스펄전의 계획은 실현할 수 없어 보였다. 윗필드가 2만여 명을 모아 놓고 설교하기는 했으나 야외였고, 역사상 이렇게 많은 청중을 실내에 모은 사람은 없었기 때문이다.

그런데도 그는 거대한 계획을 실행에 옮기기로 했다. 자신이 뉴 파크 스트리트 채플에 매이면, 복음을 들으려는 사람들이 매주 수백 명씩 발길을 돌려야 한다는 것을 알았고, 그래서 뮤직홀을 사용해 보는 것 외에 달리 선택의 여지가 없다고 느꼈다.

스펄전이 서리 가든의 뮤직홀에서 설교한다는 소식은 런던 전역에 빠르게 퍼졌다. 이 소식에 뉴 파크 스트리트 침례교회 교인들은 즐거운 기대감에 들떴고, 많은 외부인도 참석하려는 마음이 생겼다. 그러나 동기가 악한 몇몇은 이렇게 뜻깊은 행사를 방해할 계획을 세웠다.

1856년 10월 19일 주일 저녁에 뮤직홀에서 첫 예배를 드리기로 계획이 잡혔다. 그 전에 여러 날 동안 스펄전의 집안은 아주 분주했다. 그는 9월 10일에 헬렌스버그 하우스Helensburgh House라는 새집으로 이사했고, 열흘 후 그의 아내가 쌍둥이 아들 찰스와 토머스를 낳았기 때문이다.

모여든 청중은 모두의 예상을 뛰어넘었다. 뮤직홀은 커다란 장식용 철책이 둘린 공원에 자리했다. 정오가 지나면서 사람들이 몰려들기 시작했는데, 사람들은 갈수록 더 몰려들었고 초저녁에 뮤직홀 문을 열기가 무섭게 홍수처럼 밀려들어 갔다. 모든 좌석이 이내 찼고, 통로와 계단까지 가득 들어찼다. 그런데도 밖에 수천 명이 들어가지 못해 서 있었고, 돌아가기를 거부하며 창문으로라도 설교를 들으려고 했다.

현장에 도착한 스펄전은 거대한 인파에 압도되었다. 그는 이제 겨우 스물두 살이었다. 이렇게 거대한 청중 앞에서 예배를 인도하고 설교를 하며 자신의 말을 이해시키기란 정말이지 불가능해 보였다. 그러나 그는 하나님께서 힘을 주시리라 확신하고 청중 앞에 서서 예배를 시작했다.

처음에는 모든 것이 여느 주일 예배와 다름없이 진행되었고,

특히 찬송이 경건하고 기쁨에 넘쳤다. 그러나 스펄전이 기도를 시작한 직후, 사람들이 갑자기 경악에 빠졌다. 중층에서 누군가 "불이야!" 하고 소리쳤다. 뒤이어 바닥층에서도 누군가 "중층이 무너진다!" 하고 소리쳤다. 그러더니 또 한 사람이 소리쳤다. "전체가 다 무너진다!" 순식간에 뮤직홀 곳곳이 공포에 휩싸였고, 사람들은 계단을 향해 내달리고 밀치며 문밖으로 나가기 시작했다.

너무 많은 사람들이 한꺼번에 몰리는 바람에 계단 난간이 무너졌고, 여러 사람이 바닥층에 있던 사람들 위로 떨어졌다. 어떤 사람들은 중층에서 뛰어내렸고, 또 어떤 사람들은 계단에서 발을 헛디뎠다. 바닥에 떨어진 사람들은 이들을 타 넘고 밖으로 나가려는 많은 사람들에게 밟히고 말았다. 한 무리의 사람들이 밀치며 문밖으로 나가려고 했으나, 또 한 무리의 사람들은 이들이 떠난 좌석을 차지하려고 안으로 밀고 들어왔다.

설교단에 있던 스펄전은 뮤직홀 저 끝, 곧 계단과 문이 있는 쪽에서 벌어지는 상황을 다 파악할 수 없었다. 그는 청중을 진정시키고 설교를 시작하려 했다. 그러나 예배를 계속하지 못할 상황인 것이 금세 분명해졌고, 그는 청중에게 질서를 지키며 밖으로 나가라고 요청했다.

스펄전은 곁방으로 들어갔고, 그대로 바닥에 쓰러져 의식을 잃었다. 그는 떠나기 전, 7명이 죽었고 28명이 병원으로 후송되었는데 그중 다수가 중상이라는 얘기를 들었다. 사람들은 그를 집으로 데려갔고, 아내가 그를 위로해 주었다. 그러나 얼마 지나지 않아 문제가 생겼다. 아내는 출산한 지 한 달이 채 되지 않아서, 여느 때처럼 남편을 도울 수 없는 데다 여전히 몸이 약하고 건강하지 못했기 때문이다.

집사들은 이런 상황에서 집이 스펄전에게 최적의 장소가 아님을 깨달았다. 숱한 사람들이 찾아올 터였다. 그를 도우려는 친구들은 물론이고 그를 비난하려는 적들까지 들이닥칠 것이며, 기자들도 몰려올 것이 틀림없었다. 스펄전이 극도로 섬세하고 고통받는 사람들을 생각하는 마음 또한 지극하다는 것을 알았기에, 집사들은 그의 거처를 교외로 옮겼다. 그곳이라면 방문자들도 훨씬 적을 테고, 그도 조용한 환경에서 회복되리라고 생각했다.

하나님의 섭리로 스펄전은 평화로운 곳에 은거하면서 신문도 보지 않았다. 어떤 기사들은 동정적이었고, 어떤 기사들은 잔인했다. 다음은 스펄전의 반대자들이 쓴 기사 가운데 하나다.

우리는 앞뒤가 꽉 막힌 사람도 아니고 안식일 엄수주의자도 아니다. 그렇더라도 극장과 교회를 아주 멀찍이 떼어 놓고 싶다. 무엇보다도 생각이 제대로 박힌 모든 사람의 손에 채찍을 들려 주어 주일 밤처럼 신성모독을 획책하는 자들을 사회에서 내쫓게 하고 싶다. 죽은 자들과 죽어 가는 자들의 울부짖음 위로, 불구가 되어 고통당하는 사람들의 통곡보다 더 큰 소리로 스펄전의 입에서 터져 나온 신성모독 말이다.……마지막으로, 짓밟힌 시신들이 부정하고 수치스러운 자리에서 옮겨질 때, 극한 고통과 절망 속에서 남

서리 가든의 뮤직홀. 스펄전이 이곳에서 설교할 때 계단 난간이 무너져 7명이 사망하는 사고가 발생했다. 이 사고는 평생 동안 그의 신경계에 심각한 후유증을 남겼다.

편이 아내를 찾아 헤매고 아이들이 엄마를 찾아 헤맬 때, 돈이 헌금함에 댕그랑 떨어지는 소리는, 진심으로 바라건대, 이때쯤 스펄전과 그의 고함을 극도로 경멸하는 사람들의 귀에 모질고 처참하게 들렸다.[11]

다행히 이를 비롯한 비슷한 보도가 스펄전에게는 전달되지 않았다. 물론 헌금함에 관한 언급은 완전히 조작이었고, 그가 비극적인 상황에서 무정하다고 묘사한 것은 날조된 만큼이나 잔인한 짓이었다. 그러나 수재나는 이런 기사들을 봤으리라고 추정해야 한다.

스펄전은 7, 8일 동안 충격에서 벗어나지 못했다. 그 후 그가 친구의 정원을 걷는데, 그리스도에 관한 성경 구절이 번개처럼 떠올랐다. 그는 그 구절을 새롭게 보았다. "이러므로 하나님이 그를 지극히 높여 모든 이름 위에 뛰어난 이름을 주사"(빌 2:9). 자신의 영혼에 이 말씀의 진리를 먹였을 때, 그는 회복되기 시작했다. 그의 짐이 조금씩 벗겨졌고, 그는 집으로 돌아갈 수 있었다. 그다음 주일, 그는 다시 뉴 파크 스트리트 강단에 섰다. 한 주일만 강단을 비운 셈이었다.

스펄전은 곧바로 고통받는 사람들을 돕기 시작했다. 이들의 필요를 채우기 위해 모금을 했고, 그와 집사들을 비롯해 많은 교인들이 병원과 집으로 찾아갔으며 유가족을 돌아보았다. 스펄전은 일상 업무를 재개했지만, 그래도 이 끔찍한 사건은 그의 신경계에 심각한 영향을 미쳤다. 남은 평생, 스펄전은 사람들이 들어찬 건물에만 들어서면 곧바로 압박을 느꼈고, 말년에는 서리 가든에서 일어난 사고를 떠올릴 때마다 쉬이 약해졌으며 이따금 기절할 듯했다.

숨겨진 원인이 무엇이든 간에, 참사는 스펄전을 반대하는 언론에 기름을 끼얹었다. 사고 소식은 영국 전역에 퍼졌고, 여러 악한 보도에도 불구하고 많은 사람이 스펄전을 동정하지 않을 수 없었다. 더욱이 뉴 파크 스트리트 침례교회는 이미 새 예배당을 크게 지을 계획을 짜려고 위원회를 구성해 놓은 터였는데, 참사를 계기로 계획을 완성하고 실제로 건축을 시작하려고 노력하며 기도했다.

스펄전도 내면의 유익을 얻었다. 그는 반대에 부딪히면서, 그리스도를 위해서라면 자신의 평판까지도 희생해야 한다는 것을 배웠다. 그는 이렇게 썼다. "그것마저 버려야 한다면 버리리라. 그것이 내가 가진 가장 소중한 것이지만, 저들이 내가 나의 주인처럼 귀신 들고 미쳤다고 한다면, 그것마저 버리리라."[12] 이 경험이 당시에는 가슴이 찢어질 듯 아팠지만 그를 더욱 성숙시켰고, 그는 교회를 더 지혜롭게 이끌었다.

의심할 여지 없이 어떤 사람들은 스펄전을 그 누구와도 좀체 의견 충돌을 보이지 않는 사람으로, 이미 널리 사랑받고 존경받는 사람으로 생각하고 싶을지도 모르겠다. 그러나 스펄전은 교리를 강조하면서 많은 사람들과 충돌했고, 특별한 열정에 이런 까닭이 더해져 비웃음과 비난의 대상이 되었다. 몇 해 후에야 온 나라가 그의 진정한 자질을 인정하고 그의 특별한 가치를 알게 되었다.

제 앞에 추수하는 일꾼을 뒤따르는 쟁기꾼의 본보기가 있습니다. 포도를 수확하는 사람들의 뒤꿈치를 밟으며 씨를 뿌리는 사람들의 본보기가 있습니다.

우리가 지금껏 살면서 그리스도의 교회에서 보는 삶이 이와 같습니다. 전에 기독교 세계에서 이렇게 많은 활동을 본 적이 있습니까? 제 주변에 그리스도의 교회를 60년간 지켜본 백발의 노인들이 있습니다. 그런데 그들이 제게 증언하기를, 이런 삶을 곧 지금 같은 활기와 활동을 본 적이 없다고 했습니다.

1860년 1월

찰스 스펄전

08. 런던에서 일어난 부흥

3년 동안 스펄전은 서리 가든의 뮤직홀을 아침 예배 장소로 사용했고, 저녁 예배는 끔찍하게 붐비기는 했어도 뉴 파크 스트리트 채플에서 계속 드렸다. 이때는 엄청난 수고의 시기이자 큰 축복의 기간이기도 했다.

특별한 성격의 회중이 큰 홀에 모였다. 이들 중에는 배운 사람과 지위가 높은 사람이 많았으며, 다수가 중산층이었다. 매우 편안한 삶을 누릴 만큼 소유가 넉넉한 사람들이었다. 그러나 당시 런던에는 가난한 사람들도 아주 많았는데, 이들의 삶에서 가난은 일상이었고, 질병은 빈번했으며, 만취와 부도덕과 도둑질이 끊이지 않았다. 삶은 힘겨웠고, 자살이 드물지 않았으며, 대부분이 오래 전부터 "아무도 우리 영혼을 돌보지 않아요!"라고 말하지 않을 수 없었다. 이러한 빈민층 가운데 수백 명이 스펄전의 설교를 들으러 왔다.

이들 중에 많은 사람이 콜레라가 창궐할 때 스펄전을 처음 겪었다. 그는 감염을 두려워하지 않았고, 환자들의 집을 서슴없이 찾았다. 친절을 베풀었고, 고통받는 사람들을 위해 기도했으며, 애통하는 자들을 위로했고, 죽은 자들을 묻어 주었다. 스펄전이 이렇게 한다는 소문은 전 지역에 퍼졌고, 사람들은 자신들을 진정으로 돌보는 목사가 있다고 인정했다.

이렇듯 스펄전을 반대하는 활동 때문에 오히려 그에 대한 관심이 더 커졌다. 그의 이름은 많은 사람들의 입에 오르내렸고, 아주 빈번하게 경멸과 비난의 대상이 되었기에, 많은 이들이 직접 가서 그의 말을 들어 보려는 호기심이 생겼다. 더욱이 뮤직홀에 가는 일은 교회처럼 크게 금지된 장소에 가는 것처럼 보이지 않았다.

그들이 귀 기울여 들어 보니 스펄전은 어렵게 말하지 않았고, 자신들의 언어로 곧 보통 사람의 말로 설교했다. 스펄전은 그들이 잘 아는 단어를 사용했고, 그들이 이해할 만한 예화를 들었으며, 마치 단둘이 마주 앉아 얘기하는 것 같았다. 무엇보다도 그가 그리스도 안에서 얻는 새 생명을 말할 때, 그의 메시지는 많은 사람들의 마음에 와 닿았다.

이런 사람들에게 다가가는 일에서, 곧 실제 스펄전이 하는 모든 사역에서 말로 표현하지 못할 진지함은 그의 특징이었다. 어떤 저자들은 스펄전이 광대에 지나지 않는다고 생각했다. 이들은 그를 강단에서 농담으로 사람들을 웃기고 기분 좋게 하는 사람, 설교를 가뜬한 시간 보내기 정도로 여기는 사람으로 묘사했다. 그러나 이보다 진실에서 멀리 벗어난 것도 없다.

분명히 스펄전은 유머 감각이 있었고, 설교 중에 이따금 유머 감각을 발휘했다. 어느 스코틀랜드 목사는 스펄전의 설교를 들은 후, 그의 설교는 "강물에 반사되는 햇빛처럼" 여기저기서 번뜩이는 재치로 생동감이 넘친다고 했다. 그러나 스펄전이 강단에서 농담을 일삼고 설교를 가볍게 여겼다고 생각한다면, 그와 그의 사역을 전혀 모른다고 인정하는 꼴이다. 그는 학생들에게 강단의 선한 능력이 어떻게 무너지는지 가르치면서 이렇게 말했다. "머리가 빈 사람들을 강단에 세우고, 말할 게 없는 사람들을 강단에 세워서 농담이나 하게 하면 강단이 무너집니다. 다시 말해, 순전히 농담을 위해 농담을 하는 사람을 강단에 세우면 그렇게 됩니다."[1]

스펄전은 강단에서 하는 우스갯소리 때문에 맹렬한 비난을 받았다. 주일이면 그는 예배를 시작하기 전 얼마간 홀로 하나님과 함께 보냈고, 잃어버린 영혼들에게 복음을 전하는 막중한 책임감을 느끼며 자신의 영혼을 쏟아붓는 기도를 드렸다. 이따금 그는 나가서 사람들 앞에 서지 못할 듯이 보였다. 이럴 때면 예배 시간이 임박했을 때 집사들이 찾아가 무릎을 꿇고 있는 그를 부축해 일으켜 세워야 했다.

그러나 스펄전은 예배실에, 그것도 늘 제시간에 들어갔으며, 회중 앞에 설 때면 "위로부터 능력이" 크게 임하는 것을 경험했다. 그의 설교는 확신이 넘쳤고, 가르침이 분명했으며, 마음을 울렸다. 그러나 그는 예배가 끝나기 무섭게 자신의 방으로 들어가 실패감을 하나님 앞에 토로했다. 하지만 그는 혼자 오래 있지 못했다. 사람들이 그의 방 앞에 길게 줄을 섰기 때문이다. 멀리서 온 어떤 방문자는 그와 인사를 나누기 원했고, 또 어떤 사람은 자신이 영적으로 깊은 시름에 빠져 있음을 말하고 그에게서 구원자를 만나는 길을 듣고자 했다.

스펄전은 설교 전에 사람들과 유쾌하게 어울리며 인사를 건네고, 예배 후에 문에서 사람들과 즐겁게 어울리며 겉만 번지르르한 말을 주고받는 목사를 싫어했다. 그는 자신이 이 시간에 있어야 할 자리는 하나님 앞이며, 그곳에서 실패한 설교를 놓고 울어야 하고, 마음 밭에 뿌려진 씨앗이 뿌리내리고 영생에 이르는 열매를 맺도록 기도해야 한다고 했다.

예배 전체 곧 찬양, 성경 봉독, 설교는 진지했다. 그러나 스펄전이 기도로 회중을 인도할 때는 이 진지함이 특히 더 분명하게 드러났다. 그의 사역 내내, 많은 청중이 그의 설교에 감동했을 뿐 아니라 그의 기도에 훨씬 더 큰 영향을 받았다고 했다. D. L. 무디Moody, 1837-1899는 잉글랜드를 처음 방문한 후 미국으로 돌아가는 길에 "스펄전이 하는 설교를 들으셨나요?"라는 질문에 이렇게 대답했다. "예, 들었습니다. 하지만 훨씬 더 좋았던 점은 그가 하는 기도를 들었다는 것입니다."

스펄전은 자신의 기도를 속기로 받아 적지 말라고 요구했고, 기도는 너무나 엄숙한 행위이기에 보도되어서는 안 된다고 했다. 그러나 이러한 요구는 이따금 무시되었고, 그가 1856년 제야 예배 때 드린 기도가 기록되었다. 그의 기도에서 엄청난 진지함이 느껴진다.

오 하나님, 당신의 백성을 구원하소서! 당신의 백성을 구원하소서! 당신께서 당신의 종에게 엄숙한 책임을 맡기셨습니다. 주님, 어린아이가 맡기에는 너무나 엄숙한 책임입니다. 당신의 은혜로 그를 도와주소서. 그를 도와주소서. 당신의 종이 맡은 일을 제대로 하도록 도와주소서. 주님, 당신의 종이 고백합니다. 당신의 백성을 위해 열심히 기도해야 하는데도 그러지 못했습니다. 불로, 열정으로, 영혼을 향한 진정한 사랑으로 자주 설교해야 하는데도 그러지 못했습니다. 그러나 주님, 설교자의 죄 때문에 듣는 이들을 벌하지는 말아 주십시오. 목자의 허물 때문에 양떼를 멸하지는 말아 주십시오. 선하신 주님, 저들에게 자비를 베푸소서. 저들에게 자비를 베푸소서. 오 주님, 저들에게 자비를 베푸소서!

아버지, 저들 중에는 자신에게 자비를 베풀지 않으려는 자들이 있습니다. 우리는 저들에게 열심히 전하고 저들을 위해 열심히 수고했습니다. 하나님, 당신은 제 말이 거짓이 아님을 아십니다. 저는 저들이 구원받도록 힘써 노력했습니다. 그러나 저들의 마음은 너무나 강퍅해 인간이 녹일 수 없고, 저들의 영혼은 쇠처럼 단단해 혈과 육으로 부드럽게 할 수 없습니다.

하나님, 이스라엘의 하나님, 당신은 구원하실 수 있습니다. 여기에 목사의 소망이 있으며 목회자의 신뢰가 있습니다. 목사는 하지 못합니다. 그러나 주님, 당신은 하실 수 있습니다. 저들은 오지 않으려 합니다. 그러나 당신은 권능의 날에 저들로 오게 하실 수 있습니다. 저들은 당신께 나와 생명을 얻으려 하지 않습니다. 그러나 당신은 저들을 당신께 이끄실 수 있고, 그러면 저들이 당신을 좇을 것입니다. 저들은 올 수 없습니다. 그러나 당신은 저들에게 능력을 주실 수 있습니다. "아버지께서 이끌지 아니하시면 아무도" 올 수 없지만 아버지께서 이끄시면 올 수 있습니다.

주님, 당신의 종이 또 한 해 설교를 했습니다. 어떻게 했는지는 당신이 아십니다. 당신의 종이 자기 뜻을 당신께 아뢰기 위해서가 아닙니다.……그러나 주님, 당신께 구하오니, 우리를 축복하소서. 우리 교회가, 당신의 교회가 하나 되게 하소서. 오늘 밤, 새로운 기도의 시대가 열리게 하소서. 저들은 기도하는 백성이오니, 당신의 이름을 송축합니다. 저들이 목사를 위해 온 마음으로 기도합니다. 주님, 저들이 더 뜨겁게 기도하도록 도와주소서. 우리가 어느 때보다 더 열심히 기도로 싸우고, 당신의 보좌를 두르게 하소서. 당신께서 예루살렘으로, 여기뿐 아니라 어디서나, 찬양이 되게 하실 때까지 그렇게 하게 하소서.

그러나 아버지, 우리의 눈물은 교회를 위한 것이 아닙니다. 우리의 애통은 교회를 위한 것이 아닙니다. 세상을 위한 것입니다. 약속을 지키시는 신실하신 아버지, 당신 아들의 죽음이 헛되지 않으리라고 그 아들에게 약속하지 않으셨습니까? 당신께 구하오니, 아들에게 많은 영혼을 주셔서 아들로 크게 만족하게 하소서. 당신의 교회가 성장하리라고 약속하지 않으셨습니까? 당신의 교회를 성장시켜 주소서. 성장시켜 주소서. 당신을 섬기는 목회자들의 외침이 헛되지 않으리라고 약속하지 않으셨습니까? 당신께서 이렇게 말씀하지 않으셨습니까? "이는 비와 눈이 하늘로부터 내려서 그리로 되돌아가지 아니하고 땅을 적셔서 소출이 나게 하며 싹이 나게 하여 파종하는 자에게는 종자를 주며 먹는 자에게는 양식을 줌과 같이 내 입에서 나가는 말도 이와 같이 헛되이 내게로 되돌아오지 아니하고 나의 기뻐하는 뜻을 이루며 내가 보낸 일에 형통함이니라"(사 55:10-11).

오늘 세상이 헛되게 돌아가지 않게 하소서. 이제 당신의 종이 더없이 진지하게, 더없이 뜨거운 마음으로, 구주를 향한 불타는 사랑으로, 영혼을 향한 사랑으로, 복되신 하나님의 영광스러운 복음을 다시 한 번 전합니다. 성령이여, 이곳에 임하소서. 성령이 함께하지 않으시면 아무것도 할 수 없습니다. 엄숙하게 당신을 부릅니다. 위대한 하나님의 영이시여! 당신은 아브라함에게, 이삭과 야곱에게 임하셨습니다. 선지자들의 성령이여, 사도들의 성령이여, 교회의 성령이여, 오늘 밤 우리의 성령이 되어 땅이 떨고, 영들이 당신의 말씀을 들으며, 모든 육체가 함께 기뻐하며 당신의 이름을 찬양하게 하소서. 가장 높으신 아버지와 아들과 성령께 영원한 찬양을 올려 드립니다. 아멘.[2]

이 기도에서 스펄전 신학의 본질이 드러난다. 스펄전은 인간의 마음이 하나님과 맞서 있으며 죄의 본성이 너무나 심각해 거듭나지 않은 사람은 혼자서 하나님께 나오려고 "하지 않으며" 나오지도 "못한다"는 것을 인정했다. 인간은 죄 가운데서 길을 잃었으며, 이런 상태로는 어떤 방법으로도 자신을 돕지 못한다. 그러나 스펄전은 확신을 얻었다. 하나님이 부르시려는 모든 사람의 완전한 구원을 그리스도가 십자가에서 성취하셨고, 하나님이 "그의 권능의 날에" 거부하는 자들을 자발적이게 하신다는 것을 알았기 때문이다. 그는 자신이 모든 사람에게, 곧 "만민에게"(막 16:15) 복음을 전해야 할 책임이 있으며, 마치 그 결과가 전적으로 자신에게 달린 것처럼 아주 열심히 전해야 한다고 보았다. 그는 "구원은 여호와께 속하였"다는 것을 알았고(욘 2:9), 자신이 이 엄청난 일을 하면서 말씀이 "헛되이 되돌아오지 않고" 하나님이 그 말씀을 통해 영혼을 구원하시리라고 확신해도 좋다는 것을 알았다. 스펄전의 신학은 사람의 반응에 제한받지 않았다. 그의 신학은 하나님을 의지했으며, 그에게 이것은 승리의 신학이었다.

스펄전의 기도에 드러난 진지함은 그의 설교에서 나타나는 특징이기도 했다. 그의 첫째 목표는 그리스도께 영광을 돌리는 것이었다. 그가 엑시터 홀에서 처음 설교할 때 자주 느꼈던 중압감을 언급하면서, 스펄전 부인은 이렇게 썼다.

그러니까……남편이 주일 저녁에 "그의 이름이 영구함이여"(시 72:17)라는 본문으로 설교하던 때가 기억납니다. 이것은 그가 매우 좋아하는 주제였고, 영광스러운 구주를 높이는 일은 그의 가장 큰 기쁨이었습니다. 이 설교에서 그는 자신의 영혼과 생명을 쏟아부으며 인자한 왕을 높이는 것 같았습니다.

그러나 저는 정말이지 남편이 저러다가 모든 사람이 보는 앞에서 죽겠다는 생각이 들었습니다. 설교 막바지에 그는 목소리를 회복하려고 갖은 애를 썼습니다. 그러나 목소리는 거의 나오지 않았고, 띄엄띄엄 한마디씩 하며 간신히 설교를 마무리했습니다. "나의 이름은 망하고 그리스도의 이름은 영원하게 하소서! 예수! 예수! 예수! 그분을 만유의 주로 삼을지어다! 여러분은 제게서 다른 말을 하나도 듣지 못할 것입니다. 이것이 오늘 제가 엑시터 홀에서 하는 마지막 말입니다. 예수! 예수! 예수! 그분을 만유의 주로 삼을지어다!" 다음 순간, 그는 거의 정신을 잃고 의자에 털썩 주저앉았습니다.[3]

그의 설교에서는 주님을 향한 사랑과 더불어 영혼을 향한 큰 사랑도 분명하게 드러났다. 그의 사역을 통해 그리스도인들이 양육받았고, 어려운 성도들이 위로받았으며, 무엇보다도 죄인들이 그리스도께 나오기를 기뻐했다. 그의 초기 설교 가운데 하나는 이렇게 끝난다.

"믿고 세례를 받는 사람은 구원을 얻을 것이요 믿지 않는 사람은 정죄를 받으리라"(막 16:16). 진저리나는 죄인, 지옥에 떨어질 죄인, 버림받은 마귀의 자식, 패륜아, 난봉꾼, 매춘부, 강도, 도둑, 간음하는 자, 주정뱅이, 욕쟁이, 안식일을 지키지 않는 자에게도 똑같이 말합니다. 아무도 예외는 없습니다. 하나님은 여기에 예외가 없다고 말씀하셨습니다. "누구든지 예수 그리스도의 이름을 믿는 자는 구원을 얻으리라." 죄가 걸림돌이 되지 못합니다. 죄책감이 방해하지 못합니다. 설령 사탄처럼 검을지라도, 설령 악마처럼 죄가 클지라도, 오늘 밤 누구든지 믿으면 모든 죄를 용서받고 모든 허물이 깨끗이 지워질 것이며, 주 예수 그리스도 안에서 구원받고 안전하게 천국에 이를 것입니다.

이것이 영광스러운 복음입니다. 하나님께서 이것을 여러분의 마음에 두고, 여러분에게 예수님을 믿는 믿음을 주십니다.[4]

거의 모든 설교에, 특히 마지막 부분에 이러한 간청, 곧 죄인은 그리스도께 돌아오라는 경고, 애원, 부탁 등이 포함되었다.

스펄전은 이미 그리스도께 나왔고 따라서 침례를 받아 교회의 구성원이 될 준비가 된 영혼들을 인도할 때 여기서 몇 발 더 나갔다. 그는 사람들에게 앞으로 나오라거나, 손을 들라거나, 카드에 서명하라거나, 어떤 외적인 행동을 취하라고 요구하지 않았다. 그러나 설교 때마다 내내, 특히 설교를 마무리할 즈음에 구원받지 못한 청중에게 그리스도를 믿으라고 간청했으며, 그 자리에서 당장 그러기를 기대했다. 이따금 그는 그들에게 집에 돌아가 조용히 방에 혼자 앉아 주님을 구하라고, 그분이 그들의 마음에 믿음과 회개를 심어 주실 때까지 그렇게 하라고 했다.

런던 목회 초기에 스펄전은 매주 화요일 오후를 비워 두었다. 영혼에 고초를 겪는 사람들이 그의 조언을 구하거나, 최근에 그리스도를 알게 된 사람들이 자신의 경험을 그에게 말할 수 있게 하기 위해서였다. 스펄전에게는 아주 좋은 시간이었고, 그는 사람들을 주님께 인도하거나 이들의 삶에서 일어난 변화의 간증을 듣기를 좋아했다. 화요일 저녁에 교회가 기도회로 모일 때면, 그는 거듭났다고 믿을 만한 사람들의 이름을 말했고, 대개 이들은 많은 사람들 앞에서 자기 경험을 직접 간증했다. 그러면 교회는 침례를 베풀어 그를 교인으로 받아들일지를 투표로 결정했다. 이 행복한 과업이 교회의 거의 유일한 업무였다.

그러나 얼마 지나지 않아 스펄전을 찾아오는 사람들이 너무 많아져서 그는 절차를 바꿔야 했다. 침례 신청자들이나 최근에 그리스도께 나왔다는 사람들의 이름을 화요일 저녁 모임에서 사람들 앞에 내놓았다. 그러면 교회가 "메신저"라 불리는 사람들을 지명하여, 그들이 당사자를 직접 방문해 그 사람의 영적 상태를 최대한 파악했다. 그러고 나면 메신저는 보고서를 작성해 '침례 신청자 보고서'라는 제목으로 엮었고, 이 보고서를 교회에 보관했다.

메신저들의 조사에 따르면, 사람들은 영적으로 놀랍게 성장했다. 의심할 여지 없이 스펄전이 뉴 파크 스트리트 침례교회에 부임했을 때, 교회는 침례 신청자들의 영혼을 다루는 일에 익숙하지 못했다. 그러나 그의 가르침 아래 교회는 이 섬세한 일을 하는 법을 배웠다. 메신저들의 보고서를 읽노라면 이들의 지혜에 놀라지 않을 수 없다.

자신이 주님을 알게 되었다고 증언하는 사람을 대할 때, 메신저는 진정한 회심의 세 가지 증표를 살폈다. 첫째, 당사자가 자신은 죄인이며 자신을 구원하기 위해 스스로 아무것도 할 수 없음을 깨닫고, 하나님께 나아가 자비를 구하며, 자신의 영혼을 그리스도께 온전히 맡기고, 그분의 십자가 죽음에 구원하는 능력이 있음을 믿는가? 한 영혼이 하나님과의 관계에서 이러한 경험을 하는 것은 기본이며 필수였고, 이런 경험이 없다면 그 사람이 진정으로 회심했다고 인정할 수 없었다. 둘째, 당사자가 새로운 삶을 살고, 기질이 달라지며, 죄를 이기고, 하나님의 말씀을 사랑하며, 다른 사람들을 그리스도께로 인도하기를 갈망하는가? 셋째, 당사자가 은혜 교리를 기본적으로 이해하고, 구원은 자신이나 자신의 의지에서 시작되지 않고 하나님의 선택과 하나님의 행동에서 시작되며, 자신을 구원하신 하나님께서 평생 그리고 영원히 자신을 지켜 주실 것을 아는가?

메신저들은 그리스도 안에서 갓 태어난 이러한 아기들을 아주 부드럽고 지혜롭게 다뤘고, 이들의 방문 보고서에는 기독교 문헌에서 볼 수 있는 진귀한 영적 부요함이 있었다. 메신저는 세 부분에서 모두 만족한 경우, 보고서에 자신의 기쁨을 표현했고 맨 밑에 "그에게 목사님을 만나도록 했음"이라고 적었다. 그러나 메신저가 만족하지 못한 경우, 보고서에는 자매의 경우 이렇게 기록되었다. "바틀릿 부인Mrs. Bartlett의 반에 들어가도록 추천했음. 3개월 후에 다시 방문할 예정임." 남자라면 남자반 가운데 하나를 추천 받았고, 몇몇 경우에 두세 차례 더 방문한 내용이 보고서에 기록 되었다. 그러나 메신저가 만나 본 사람이 진정으로 구원받았다고 생각되지 않는 경우도 여럿 있었다. 매년 거부자 명단이 보고서 앞쪽에 첨부되었는데 6-70명에 이르렀다.

스펄전은 여전히 화요일 오후면 신청자들을 만났다. 그러나 메 신저들의 수고 덕분에 이미 많은 시간을 절약했다. 그는 새내기 그리스도인들의 간증을 듣는 기쁨을 여러 차례 언급했으며, 성령 이 그들의 마음에서 일하시는 이야기를 듣거나 그들이 죄와 싸워 이기고 그리스도 안에서 새로운 삶을 사는 이야기를 그들에게서 들을 때면 자주 눈물을 보였다. 많은 사람들이 스펄전의 어떤 설 교를 듣고 마음이 찔렸다고 구체적으로 말했으며, 그가 사용한 본 문이나 했던 말 중에서 그들을 주님께로 이끄는 데 사용된 본문과 말까지 콕 집어냈다.

스펄전은 용기와 조언을 아끼지 않았다. 이러한 면담을 통해 그는 이들을 개인적으로 알게 되었고, 덕분에 교인이 6천 명에 이 를 때도 거의 모든 교인들의 이름을 기억했다. 여러 번 스펄전은 회심 이야기를 들을 때면 기쁨에 복받쳐 저녁 식사까지 까맣게 잊 었고, 기도회 시간이 되어 면담을 다음 주로 미뤄야 할 때면 안타 까워했다.

그들의 이름은 그날 저녁 교회 앞에 제시되었다. 교인들은 새로운 회심자들의 이야기를 들으며 스펄전과 함께 기뻐했고, 매주 여러 사람들이 침례를 받고 교인이 되었다. 적게는 12명 정도였고, 20명이나 그보다 많을 때가 잦았다.

스펄전은 열정이 남달랐기에 영혼을 이처럼 극진히 보살피지 않을 수 없었다. 그는 지옥을 실제로 믿었다. 따라서 누군가 구원받았다는 증거가 없다면 자신이 그 사람으로 하여금 믿어 구원에 이르게 해야 한다는 막중한 책임감을 느꼈다.

더욱이 교인이 되는 일은 절대로 단순한 요식 행위가 아니었다. 교인들에게는 의무가 있었다. 이를테면 모든 성찬식에 참석해야 했고, 합당한 이유 없이 넉 달을 빠지면 누구든지 교인 명부에서 삭제되었다. 마찬가지로 이제 더는 런던에 거주하지 않는 사람들, 이를테면 그 당시 많은 영국인이 호주와 캐나다를 비롯한 여러 지역으로 이주했는데, 그런 사람들도 교인 명부에서 삭제되었다. 바깥출입을 못 하는 환자들을 제외하고 모든 교인은 이름뿐이어서는 안 된다는 원칙을 엄격하게 유지했다.

새 교인들 가운데 다른 교회에서 옮겨 온 사람들은 거의 없었다. 대다수는 교회에 전혀 출석하지 않던 사람이었다. 그들은 특히 뮤직홀에 와서 복음을 듣고 회심했다. 그들 가운데 많은 사람들이 놀라운 변화를 보였다. 술주정뱅이, 매춘부, 도둑들이 변화된 삶을 보였고 가정이 새로워졌다. 하나님을 알지 못했던 사람들이 이제 주님 덕분에 행복하게 살며 그분을 섬겼다.

뉴 파크 스트리트 침례교회가 스펄전의 사역 아래 경험한 이러한 축복은 곧 여러 교회에 영향을 미쳤다. 처음에는 스펄전을 비난하는 목소리가 높았다. 그러나 시간이 흐르고 사람들이 그의 설교를 읽으며 그의 사역을 눈으로 확인하면서 여론이 바뀌기 시작했다. 스펄전이 런던에서 목회한 지 3년이 지났을 무렵, 몇몇 신문이 그에 관해 매우 호의적인 기사를 냈고, 훌륭한 문학가와 정치인들이 그가 인도하는 예배에 빈번하게 참석했다.

스펄전의 열정은 점차 종교 상황 전반에 영향을 미쳤다. 열정이라고는 없던 몇몇 목사들이 부지런히 수고하기 시작했다. 많은 지역에서 특별히 전도에 노력을 기울였으며, 몇몇은 스펄전을 따라 엑시터 홀에서 집회를 열기도 했다. 그는 자신의 교회를 가리켜 "시대의 전위 부대"라고 했다.

저로서는 지난 4-5년 사이에 기독교 정신에 놀라운 변화가 일어났다고 말씀드리지 않을 수 없습니다. 영국 국교회가 깨어났고……훌륭한 예배를 드렸습니다. 하나님께서 우리를 높여 이 큰 운동에 앞장서게 하신 것을 기억하지 않을 수 없습니다. 우리가 보여준 본에서 나온 불씨가 땅을 핥고 불길을 일으켰습니다. 국교회 사제들이 엑시터 홀에서 설교한다는 얘기를 처음 들었을 때, 제 가슴이 마구 뛰었습니다.……웨스트민스터 성당이, 그다음으로 세인트 폴 대성당이 복음 전파의 장으로 열렸다는 소식을 들었을 때 저는 감사에 겨워 어쩔 줄 몰랐고, 이곳에서 예수님 안에 있는 진리만 선포되기를 기도했습니다.[5]

한 해 후 스펄전은 이렇게 말했다. "주님의 임재를 통해 새롭게 되는 시대가 마침내 이 땅에 밝았습니다. 더 많이 행동하고 더욱 열심을 내는 모습이 사방에서 나타납니다. 기도의 영이 교회에 임하고 있습니다.……강력한 바람의 첫 숨결이 이미 감지되었습니다. 복음전도자들이 일어날 때, 불의 혀처럼 갈라지는 것이 분명하게 임했습니다."[6]

그는 하나님이 자신의 사역에 내리신 복을 가리켜 "20배도 아니고 30배도 아닌 70배에 이르는 수확"이라고 했다. 그러나 그와 그의 사람들은 훨씬 더 큰 수확을 고대하고 있었다. 왜냐하면, 이들이 빌린 장소에서 예배를 드리는 날도 다 끝나 가고 있었기 때문이다. 1861년이 밝으면서 이들은 새 예배당, 곧 거대한 메트로폴리탄 타버나클에 들어갈 준비가 되어 있었다.

목회 성숙기

1 8 6 1 - 1 8 8 6

하나님께서 성령의 불을 이곳에 내려 주셔서 목사가 그 주인에게 점점 더 잠기기를 원합니다. 그러면 여러분은 설교자를 점점 덜 생각하고, 선포된 진리를 점점 더 생각하게 될 것입니다. (…)

생각해 보십시오. 성령의 불이 이곳에 임하고, 주님이 목사보다 돋보이면 어떻게 되겠습니까? 이 교회가 2천 배, 3천 배, 4천 배 강해질 것입니다.……아래층 강연 홀은 기도회 때마다 가득 들어찰 것입니다. 이곳에서 하나님께 헌신하는 젊은이들을 보게 될 것입니다. 사역자들이 일어나 훈련받고 파송되어 거룩한 불을 들고 세계 곳곳으로 나가는 모습을 보게 될 것입니다.……하나님이 우리에게 복을 주시면, 우리로 수많은 사람에게 복이 되게 하실 것입니다.

하나님이 불을 내려 주셔서, 주변에서 가장 큰 죄인들이 회심하게 되기를 원합니다. 파렴치의 소굴에서 살아가는 자들이 변화되기를 원합니다. 술주정뱅이가 술잔을 내려놓고, 욕쟁이가 신성모독을 회개하며, 방탕한 자가 정욕에서 떠나기를 원합니다. (…)

마른 뼈들아, 일어나 새 살을 입을지어다.

돌 같은 마음아, 부드럽게 변할지어다.

찰스 스펄전

1861년 3월 31일, 메트로폴리탄 타버나클에서 했던 첫 설교에서

09. 메트로폴리탄 타버나클

스펄전이 런던에서 목회한 지 2년밖에 지나지 않았을 때, 새 예배당을 크게 건축하려는 계획이 시작되었다. 집사들과 교인들은 그의 사역에 열심을 보였으나, 과연 이 계획이 지혜로운지 묻는 사람들도 있었다. 겨우 30년 전에 장로교 목사 에드워드 어빙Edward Irving, 1792-1834이 런던에서 돌풍을 일으켰고 자신을 위해 웅장한 예배당을 지었으나, 곧 대중의 관심에서 멀어졌다. 스펄전도 그렇게 될 테고 교회는 거의 텅 빈 예배당에 엄청난 빚만 떠안게 되리라고 말하는 사람들이 있었다.

그런데도 대다수는 건축 계획을 강하게 지지했다. 그래서 뉴잉턴 버츠Newington Butts에 멋진 터를 5천 파운드에 구매했다. 이곳은 템스 강 남쪽 지역으로 세 길이 교차하는 번화한 곳이었다. 고정 좌석에 3,600명을 수용하고, 임시 좌석과 입석으로 2천여 명을 추가로 수용할 수 있는 예배당을 건축하자는 계획안이 채택되었다.

새 예배당은 "메트로폴리탄 타버나클"Metropolitan Tabernacle이라고 부르기로 했다. 스펄전은 예배당을 그리스 양식으로 지어야 한다고 강조했으며, 신약성경이 그리스어로 기록되었기 때문에 이런 양식은 복음의 핵심과도 깊은 관련이 있다고 했다.

준비 작업에 많은 시간이 들었다. 그러나 그동안에도 스펄전은 될 수 있는 대로 여느 때보다 더 바쁘게 지냈다. 그는 다양한 활동을 했다. 그 가운데 하나로, 그는 평생에 가장 많은 사람 앞에서 설교했다. 인도에서 영국의 지배에 맞서는 폭동이 일어났고, 이러한 국가적 재난을 맞아 대규모 예배가 계획되었다. 예배는 크리스털 팰리스에서 있을 예정이었고, 규모가 엄청나리라고 예상되는 청중을 소화할 만한 목소리를 가진 사람이 설교를 맡기로 했다. 바로 찰스 스펄전이었다.

예배 전날 스펄전은 자신이 맡은 엄청난 일을 가늠해 보려고 크리스털 팰리스에 갔다. 집회를 염두에 두고 지은 건물이 아니었다. 그는 음향을 테스트하려고 성경의 한 구절을 여러 번 반복했다. "보라, 세상 죄를 지고 가는 하나님의 어린양이로다"(요 1:29). 건물 어디선가 일하던 사람이 그의 목소리를 들었다. 며칠 후 그가 스펄전을 찾아와 말했다. 그날 그 구절이 가슴을 때렸고, 그래서 주 예수 그리스도를 알게 되었다고 했다.

예배에 참석한 사람은 모두 23,654명이었다. 입장할 때 입구에서 일일이 셌다. 의심할 여지 없이 그때까지 인류 역사상 육성肉聲을 사용한 가장 큰 규모의 실내 집회였다. 스펄전은 설교 중에 잉글랜드가 인도에서 저지른 여러 행위를 비판했다. 그는 국가적인 회개와 겸손을 촉구했다. "그 설교에는 정부를 비난하는 말이 없었다. 그는 인도에 대한 정부의 처사를 고발했고, 오직 의義만이 한 나라를 높일 수 있음을 일깨웠다."[1] 폭동에서 다친 사람들을 돕기 위해 헌금을 했는데, 675파운드가 걷혔다. 예배는 수요일 저녁에 드렸는데, 예배가 끝난 후 스펄전은 얼마나 지쳤는지 이틀 밤과 하룻낮을 꼬박 자고 금요일 아침에야 일어났다.

이 기간에 스펄전의 주된 목표는 새로운 타버나클을 건축할 자금을 마련하는 것이었다. 건축비는 대략 1만 3천 파운드로 예상되었고, 그는 주님의 일을 하는 과정에서 절대 한 푼이라도 빚을 져서는 안 된다는 원칙을 고수했다. 예배당을 완공하고 문을 열기 전에 건축비를 완불해야 했다. 그래서 그는 건축비의 상당액을 스스로 떠맡을 준비를 했다.

먼저 스펄전은 주중 저녁 시간에 엑시터 홀에서 일련의 강연을 했다. 강연 주제는 교육 전반에 관한 것이었고, 매번 헌금을 받았다. 그런가 하면 외부 설교 요청도 최대한 많이 받아들였다. 짧은 거리는 마차로 이동했으나 먼 길은 기차를 이용했는데, 지저분하고 진이 빠지는 일이었다. 남의 집에서 하룻밤을 지내야 할 경우 '조용한 방'을 부탁했고, "저는 떠받들어 주는 게 피곤해요"라고 말했으며, 사람들이 주는 중압감을 피하려 했다. 이런 일도 있었다. 어느 날 밤, 스펄전은 작은 호텔에 묵으면서 기차를 타야 하니 새벽 5시에 깨워 달라고 부탁했다. 새벽 3시, 한 청년이 방문을 두드렸고 스펄전이 마침내 일어나 문을 열었다. 그러자 그 청년은 이렇게 말했다. "선생님, 2시간만 더 주무시면 됩니다."

여러 교회의 초청을 받을 때 그는 각 교회 목사에게 그날 헌금의 절반은 그 교회에서 쓰고 나머지 절반은 타버나클 건축에 쓰면 어떻겠냐고 제안했다. 그를 초청한 교회는 늘 흔쾌히 동의했다. 그러나 이따금 스펄전은 아주 특별한 필요를 목격했다. 예를 들면, 수년째 흉작으로 고통당하는 농부나 한 해 겨우 60파운드로 가족을 부양하려 애쓰는 광부를 보았다. 이럴 때면 그는 강사료 전부를 이런 필요를 채우는 데 썼다.

스펄전은 아일랜드에 며칠 집회를 인도하러 갔다. 많은 사람들이 처음에는 스펄전을 위대한 전도자 그래턴 기네스Grattan Guinness, 1835-1910보다 못하다고 여겼다. 그러나 얼마 지나지 않아, 그들은 인간적인 비교를 잊고 그가 전하는 복음에 깊이 빠져들었다.

스펄전은 여러 곳을 다니며 설교하는 빡빡한 일정을 소화했는데, 금세 이러한 일정이 너무 버거워졌다. 아일랜드에서 돌아온 후 그는 너무 아파 일정을 계속하지 못했고, 결국 거의 한 달을 쉬었다. 그의 건강이 망가지는 첫 조짐이었고, 남은 평생 심한 육체적 어려움을 안고 사역할 때가 잦을 거라는 신호였다.

그런데도 그는 몸이 조금 낫기가 무섭게 예전처럼 사역에 전념했다. 1859년 8월 15일 오후, 메트로폴리탄 타버나클의 주춧돌이 놓였다. 주중(화요일)이었는데도 약 3천 명이 참석했다. 저명한 크리스천 준남작 모턴 피토Morton Peto 경이 사회를 보았고, 스펄전과 그의 아버지가 각각 축사했다. 리펀 박사의 찬송가집과 그날의 순서지를 주춧돌 아래 묻었다. 그날 저녁 또 다른 모임이 열렸고, 그날 모인 헌금이 4천 파운드가 넘었다.

스펄전은 설교지를 판매한 수입도 건축비에 보탰다. 그의 설교는 매주 인쇄되어 영국 제도, 캐나다, 호주, 뉴질랜드의 구독자들에게 발송되었고, 독일어, 네덜란드어, 프랑스어, 이탈리아어, 스웨덴어로 번역되었다. 그의 설교지는 미국에서도 매우 널리 읽혔다. 게다가 연말마다 설교 52편을 한 권으로 묶어 책으로 냈는데, 이 설교집도 세계적으로 수요가 엇비슷했다.

미국인들은 스펄전의 설교를 읽는 데서 만족하지 않았다. 스펄전의 설교를 직접 듣기 원했다. 그는 미국을 방문해 달라는 초청을 여러 차례 받았다. 첫 초청의 조건은 "뉴욕에 자리한 웅장하고 넓은 뮤직홀에서 네 차례 설교하는 대가로 1만 파운드를 주겠다"는 것이었다. 스펄전이 가기로 했는지는 알 수 없다. 그러나 런던의 어느 신문은 그가 가기로 했다고 보도하면서 이렇게 썼다. "그는 4월에 잉글랜드를 떠나 뉴욕뿐 아니라 로체스터, 보스턴, 필라델피아에서도 설교할 예정이다." 또 다른 언론은 스펄전이 1만 파운드를 받지 않을 것이며, 대신 집회마다 따로 강사비를 받을 것이라고 했다.

이 계획은 곧 양쪽에서 취소되었다. 사우스캐롤라이나의 주인에게서 탈출한 젊은 흑인 노예가 이 무렵 잉글랜드로 건너와 곳곳을 다니며 자신이 겪은 일을 얘기했다. 그는 진정한 그리스도인이었고, 스펄전은 어느 날 저녁 예배에 그를 초청해 그의 고통과 탈출에 얽힌 이야기를 들었다.

당시 미국은 노예 문제로 첨예하게 양분되어 내전(남북전쟁)으로 치닫고 있었다. 이런 상황에서 스펄전의 행동은 강한 비난을 불러일으켰다. 미국 북부와 남부 사람들 모두 그에게 노예 문제에 관한 입장을 분명하게 밝히라고 요구했고, 그는 이러한 요구에 답해 다음과 같은 글을 어느 미국 출판인에게 보냈다.

저는 뼛속까지 노예제를 혐오합니다.……저는 신조를 달리하는 모든 사람과 주님의 식탁을 함께 나누지만, 노예 소유자들과는 그 어떤 형태로도 교제하지 않습니다. 누가 제게 요청할 때마다 그들의 악함에 대한 혐오감을 표출하는 걸 제 의무라고 생각해 왔고……제 교회에……사람 도둑(노예 상인)을 받아들이느니 주저 없이 살인자를 받아들이겠습니다.[2]

물론 이런 발표는 강력한 반발을 불러왔고, 특히 남부 지역에서 반발이 거셌다. 여러 지역에서 그의 모형을 만들어 불태웠고, 미국에서 그의 출판을 대행하는 사람들이 설교 인쇄를 미뤘다. 또한 여러 신문이 독자들에게 그의 책이나 글을 갖고 있다면 모두 폐기하고 더는 구매하지 말라고 촉구했다. 따라서 스펄전은 미국에서 들어오는 수입이 크게 줄어들었다.

그는 자신의 발표가 격한 반발을 불러오리라는 것을 미리 알았기에, 이러한 반응에 조금도 놀라지 않았다. 노예제를 너무나 강하게 반대한 터라 달리 어쩔 수 없었기에 재정적 손실을 기꺼이 감수했다. 그런데 다른 지역에서 돈이 꾸준히 들어왔다. 복음을 전하고 예배당 건축비를 모으는 과정에서 스펄전은 웨일스에서 며칠을 보냈고, 브리스틀과 버밍엄에도 들렀으며, 스코틀랜드를 방문했고, 가는 길에 잉글랜드 여러 곳에서 설교를 했다. 그런가 하면 유럽도 방문했다. 파리에서 환대를 받았고 통역을 세워 설교했으며, 스위스 제네바에서는 칼뱅이 섰던 강단에서 설교했는데 평생에 더없이 멋진 경험이었다. 그는 이 모든 여정에서 생긴 수입을 예배당 건축비로 내놓았다.

감사하게도 교회 집사 가운데 윌리엄 힉스William Higgs라는 성공한 도급업자가 있었다. 그는 분명한 그리스도인의 성품을 지녔고 자기 일에도 탁월했기에, 메트로폴리탄 타버나클 건축을 책임지게 되었다. 웅장한 새 건물이 지어져 갈수록 힉스와 스펄전은 더없이 행복한 관계를 유지했다.

건축은 거의 2년간 계속되었고, 처음에 1만 3천 파운드로 추정했던 건축비는 3만 1천 파운드로 늘어났다. 그로 인해 건축이 거의 마무리 되었는데도 건축비를 다 지급하지 못했다. 그래서 남은 건축비를 모금하기 위해 대규모 바자회가 열렸다. 당시의 많은 복음주의 지성인들이 이런 행사에 의문을 품었는데, 지금도 마찬가지일 것이다. 그러나 스펄전은 이 일이 옳다고 믿었고, 바자회 수익금 덕분에 전혀 빚을 지지 않고 예배당을 완공할 수 있었다.

1861년 3월 31일 주일, 마침내 메트로폴리탄 타버나클에서 첫 예배를 드렸다. 물론 스펄전에게는 더없이 기쁜 날이었다. 그는 이제 겨우 스물여섯 살이었다. 그러나 그의 리더십을 통해 그가 처음 런던에서 설교했을 때 80명 남짓하던 교인이 6천여 명으로 늘었고, 예배 장소도 뉴 파크 스트리트 채플에서 웅장한 건물로 옮겨졌다. 당시로는 세계에서 가장 큰 비국교도 예배당이었다. 그러나 그의 기쁨은 특별히 이러한 성취에 있지 않았다. 오히려 그의 기쁨은 이제 자신에게 교회라는 집이, 자신이 섬기는 교인들의 다양한 활동의 중심이 되는 건물이, 이들이 하나님의 일에서 세워져 가는 건물이, 많은 외부인이 복음을 듣고 그리스도인의 삶을 시작하게 될 건물이 생겼다는 데 있었다.

메트로폴리탄 타버나클은 스펄전의 사역에 필요한 부분을 채우도록 훌륭하게 계획되었다. 바닥층(당시에는 "에어리어"the Area라고 불렀다) 외에 중층이 둘 있었다. 전체 좌석은 3,600석 정도였다. 여러 명이 앉는 긴 의자 옆에 접이식 좌석이 있었는데, 펼치면(쇠막대로 고정되었다) 천 명이 더 앉을 수 있었다. 이 외에도 천 명은 너끈히 들어가는 입석 공간이 있었다. 그러니 거의 6천 명이 빽빽이 들어섰다는 몇몇 보도는 십중팔구 사실이었다.

본당 앞쪽에는 첫째 중층 높이에 부속실이 셋 있었다. 가운데 부속실은 담임목사의 방이었고, 나머지 둘은 집사와 장로들을 위한 방이었다. 그 위쪽에 둘째 중층과 평행하게 여자들을 위한 방이 하나 있었고, 이어서 배포를 위해 준비해 둔 성경과 책을 보관

메트로폴리탄 타버나클. 1861년 3월 31일 주일, 2년간의 건축 끝에 메트로폴리탄 타버나클에서 첫 예배를 드렸다. 이곳은 당시 세계에서 가장 큰 비국교도 예배당이었다.

메트로폴리탄 타버나클 본당에서 설교하는 찰스 스펄전.

하는 방들이 있었다.

본당에는 실제로 강단이 없었다. 첫째 중층 앞쪽에 곡선 형태로 돌출된 연단이 있었다. 트인 난간이 있었고, 목사를 위해 탁자 하나와 편한 의자 하나가 있었으며, 그 뒤에 집사들을 위해 의자가 한 줄로 놓여 있었다. 설교 단상 아래는 같은 크기의 단상이 하나 더 있었다. 그곳에 대리석 침례통이 하나 있었는데, 스펄전의 바람대로 모두가 볼 수 있는 위치에 자리했다. 성찬식을 할 때는 침례통 위에 임시 바닥을 깔아 성찬 탁자와 의자를 놓았다.

오르간도 없고 찬양대도 없었다. 선창자가 소리굽쇠로 각 찬송의 음정을 맞추고 목소리로 찬송을 인도했다. 정기적으로 출석하려는 사람들은 3개월 단위로 돈을 내고 표를 받아 좌석을 배정받았다. 나머지 사람들은 예배 시작 5분 전까지 밖에서 기다리다가 제한이 풀리면 급히 들어와 빈자리를 채웠다.

좌석을 배정받은 사람은 3천 명이 넘었고, 이렇게 받은 돈이 메트로폴리탄 타버나클의 주된 수입이었다. 헌금함이 따로 없었고, 예배 중에 헌금 시간도 없었다. 스펄전은 책과 설교지가 널리 팔리기 시작한 후로 사례비를 따로 받지 않았다. 그러나 예배당 입구 근처에는 목회자 대학을 위해 헌금할 수 있게 상자가 하나 비치되어 있었다. 그 외에도 여러 목적을 위한 헌금함들이 있었을 것이다.

스펄전은 서리 가든의 뮤직홀 참사를 늘 의식했고, 따라서 메트로폴리탄 타버나클을 아주 튼튼하게 지었다. 더욱이 사람들을 서둘러 건물 밖으로 내보내야 할 상황에 대비해, 안전하고 신속하게 이동할 수 있도록 충층마다 계단을 여럿 두었다. 계단은 널찍했고, 각 계단을 내려가면 각 출구와 곧바로 연결되었다. 본당 아래는 전체가 지하실이었다. 지하실에는 큰 강연 홀이 하나 있었고, 널찍한 주일학교 시설이 여럿 있었으며, 잘 꾸며진 부엌이 하나 있었다.

메트로폴리탄 타버나클의 입당 집회가 2주 동안 계속되었다. 스펄전은 새 예배당에서 했던 첫 설교에서 자신의 교리적 입장과 전반적인 목적을 분명하게 밝혔다.

감히 말하건대, 이 연단이 여기 있는 한, 이곳에 예배자들의 발길이 끊이지 않는 한, 이곳에서 이뤄지는 사역의 주체는 예수 그리스도이십니다.

저는 칼뱅주의자라고 공언하는 게 절대 부끄럽지 않습니다. 그러면서도 침례교인이라 불리기를 주저하지 않습니다. 그러나 제 신조가 무엇이냐고 묻는다면 저는 "예수 그리스도입니다"라고 답하겠습니다.……예수님, 예수님은 복음의 총체요 본질이며, 그분 자신이 모든 신학이고, 모든 귀중한 진리의 화육化肉이며, 길과 진리와 생명의 더없이 영광스러운 인격적 체현이십니다.[3]

여러 목사들이 스펄전을 비롯해 그의 사람들과 그 웅장한 몇 주를 함께했다. 어느 날은 '칼뱅주의 5대 교리'를 강해했는데, 이러한 가르침과 선포의 날에 스펄전은 다섯 목사와 함께 설교했다. 그는 칼뱅주의를 반대하는 잦은 주장에 대해 직접 답했으며, 위대한 하나님의 사람들은 대부분 이러한 형태의 교리를 견지했고 이것이 하나님께서 역사적으로 부흥을 일으키실 때 사용하신 진리의 중심이었다고 단언했다.[4]

교회가 새 타버나클에서 주님을 섬기는 긴 역사에 돌입했을 때, 가장 눈에 띄는 특징은 많은 사람들이 침례를 받고 교인이 되었다는 점이다. 침례통 한쪽 끝에는 좌우에 하나씩 붙박이 상자가 둘 있었는데, 집사 둘이 그 곁에 서서 침례자가 침례통에 들어갈 준비를 하도록 도왔다. 그 외에 몇몇 집사는 침례자가 침례통에 들어가고 나오는 과정을 도왔고, 여자들이 침례 받을 때는 스펄전 부인도 같이 도왔다. 스펄전은 침례식을 참으로 정중하게 거행했는데, 전체 과정이 "침례로 그리스도와 함께 장사되고" 또 "그리스도와 함께 다시 살아나 새 생명으로 살아가게 되는" 아름다운 그림이었다(롬 6:4 참조).

메트로폴리탄 타버나클에 입당한 지 한 달 후, 77명이 침례를 받고 교인이 되었다. 그다음 달에는 72명이 침례를 받았고, 또 그다음 달에는 121명이 침례를 받았다. 스펄전이 요구한 진정한 회심의 증거를 염두에 두고 볼 때, 요즘 자주 사용하는 방식과는 대조적으로 이 숫자는 더욱 가치가 있다. 그가 런던에 부임해 왔을 때 313명이던 교인이(그 가운데 활동 교인은 100명에도 못 미쳤다) 2천여 명으로 늘었는데, 이제 자신들만의 터전까지 갖춰졌으니 교회가 더 빠르게 성장하리라는 전망이 곧바로 나왔다.

메트로폴리탄 타버나클이 완공되었기에, 스펄전은 넉넉한 사역 공간이 생겼을 뿐 아니라 견고한 사역 터전까지 마련하게 되었다. 뉴 파크 스트리트 채플은 안타깝게도 늘 공간이 부족했고, 엑시터 홀과 서리 가든의 뮤직홀은 남의 소유였다. 그동안 영구적인 모임 장소가 없었기에, 스펄전의 사역이 영구적이지 못할 테고 곧 시들해질 거라는 주장이 힘을 얻었었다. 그러나 이제 누구라도 스펄전의 자리가 견고해지리라고 인정하지 않을 수 없었다. 결국 수개월 동안 조금씩 약해지던 반대가 더욱 약해지더니, 그를 받아들이고 칭송까지 하는 분위기가 점차 고조되었다.

메트로폴리탄 타버나클에서 스펄전의 사역은 무난하게 자리를 잡았다. 타버나클은 스펄전이 설교하는 현장이었고, 그가 살아가는 삶의 중심이었으며, 31년 후 지친 용사요 충성스러운 종이 자신을 본향으로 부르는 음성을 들을 때까지 숱한 은혜의 기적이 일어나는 자리였다.

원석 같은 사람들이 단순하고 기초적인 교육으로 훈련받아 설교하고, 목회자의 의무를 감당하기에 적합한 일꾼이 되도록 돕는 기관이 필요했습니다.

처음부터 우리의 주된 목적은 돈이 없어 교육을 받지 못한 사람들을 돕는 것이었습니다. 이들은 지금껏 학비를 면제받고 책을 거저 받았으며 숙식도 무료로 제공받았습니다. 몇몇 경우에는 의복과 용돈까지 받았습니다. (…)

우리는 결코 학문 그 자체를 추구하지 않았습니다.……사람들이 훌륭한 설교자가 되도록 돕는 일이야말로 이 기관과 관련된 모든 사람들의 유일한 목표였고, 유일한 목표이며, 유일한 목표일 것입니다. 우리의 위신을 높이려고 가난한 사람들이나 초기 교육을 제대로 받지 못한 열정적인 젊은 그리스도인들의 입학을 거부하는 일은 절대로 없을 것입니다. 교만은 '더 나은 사람들'을 뽑으라고 말하지만, 경험은……남달리 성공한 사람들은 모든 계층에서 배출되며, 진흙 구덩이에서 진주를 캐낼 수 있다고 말합니다.

찰스 스펄전

10. 젊은 설교자 양성

런던 목회 첫해에 스펄전은 토머스 메드허스트Thomas Medhurst라는 청년을 알게 되었다. 메드허스트는 제임스 웰스가 목회하는 교회에서 자랐으나 전혀 거듭나지 않았고, 최근에 연기를 조금 했으며 무대 연기로 생계를 꾸려 가려고 했다.

그러나 그는 스펄전의 설교를 듣고 회심했으며, 얼마 지나지 않아 엄청난 열정으로 복음을 전했다. 런던에서 험악하기로 소문난 동네들을 다니며 야외에서 설교하기 시작했고, 오래지 않아 두 회심자를 스펄전에게 데려와 침례를 부탁했다. 메드허스트는 아주 진지하게 하나님께서 그분의 일을 하라고 자신을 부르셨다는 확신을 표현했으며, 평생을 설교하고 영혼을 구원하는 일에 바치겠다는 결심을 내비쳤다.

당시의 숱한 젊은이들처럼 메드허스트도 거의 배우지 못했고 세련되지 못했다. 그런데도 스펄전은 그가 하나님의 부르심을 받왔다고 믿었고, 그에게 진정한 열정과 타고난 말재주가 있음을 알아보고서 그를 도와야겠다는 책임감을 느꼈다. 스펄전은 메드허스트가 어느 목사가 벡슬리Bexley에서 운영하는 기숙 학교에 들어가도록 주선해 주었고 모든 비용을 떠맡았다. 매주 한 차례 메드허스트는 오후에 스펄전을 찾아와 신학과 목회에 관해 전반적인 가르침을 받아야 했다.

얼마 지나지 않아 스펄전의 설교에서 느껴지는 영적 열정에 감동한 다른 젊은이들도 똑같은 훈련을 받고 싶다는 간절한 바람을 표했다. 이들도 하나님을 향한 열정이 뜨거웠고, 미션 홀이나 빈민 학교 또는 길모퉁이에서 설교하느라 바빴다. 그러나 이들에게도 교육은 절실히 필요했다. 이들의 호소에 스펄전은 하나님께서 자신에게 무거운 책임을 맡기고 계심을 깨달았다. 그는 이것을 구한 적이 없었지만, 이제 그가 목회자 훈련 학교를 세우고 운영해야 한다는 사실이 분명해졌다. 이 엄청난 일에 따르는 짐과 기쁨도 고스란히 그의 몫이었다.

스펄전은 이 계획을 마음에 품은 채, 이런 기관을 이끌 만한 인물을 물색했다. 신앙이 견고하고 신학 지식뿐 아니라 전도의 열정까지 갖춘 인물이어야 했다. 그래서 이런 사람을 세워 달라고 기도했다. 그가 기도했을 때, 이런 자질을 갖춘 한 사람도 하나님께서 자신을 불러 맡기신 일을 시작할 길을 열어 달라고 기도하고 있었다. 그 사람은 조지 로저스George Rogers였고, 그가 하려는 일은 목회할 사람들을 훈련하는 것이었다.

로저스는 회중교회 소속이었으며, 스펄전이 견지하는 신자들의 침례believers' baptism(유아세례를 인정하지 않고 스스로 신앙을 고백한 사람만이 침례를 받을 수 있다고 보는 견해—옮긴이)를 받아들이지 않았다. 그러나 두 사람은 나머지 모든 교리에서 입장이 같았고, 둘 사이에 합의가 이뤄졌다. 스펄전은 "목회자 대학"the Pastors' College이라 이름 붙인 기관을 세웠고, 조지 로저스를 학장에 임명했다.

처음 몇 년 동안은 로저스의 집에서 수업했고, 그 집에서 8명의 학생이 기숙했다. 스펄전은 재정을 혼자 떠안았는데, 주로 설교지와 책 판매 수입금으로 충당했다. 그러나 목회자 대학이 문을 연지 얼마 후, 미국에서 판매가 부진해 수입이 크게 줄었다. 스펄전 부부는 최대한 아끼고 또 아끼며 살았으나 자주 어려움에 부닥쳤다. 한번은 스펄전이 말과 마차를 팔겠다고 했다. 그러나 이동 수단이 없으면 도저히 사역을 할 수 없었기에, 로저스가 그를 설득해 단념시켰다. 바로 그 무렵, 어느 은행가에게서 편지가 왔다. 익명의 기부자가 목회자 대학 앞으로 200파운드를 맡겼다는 내용이었다. 얼마 후, 같은 은행에 또 다른 사람이 100파운드를 목회자 대학 앞으로 맡겼다. 기적 같은 공급을 보면서 스펄전은 믿음이 꾸준히 강해졌고 주님이 채우시리라고 믿을 수 있었다.

목회자 대학이 커지면서 학생들은 뉴 파크 스트리트 채플에서 수업했고 교인들의 집에서 기숙했다. 그러나 메트로폴리탄 타버나클이 완공된 후, 목회자 대학은 그곳 지하 강연 홀을 비롯해 여러 방으로 옮겼고, 그래서 시설이 훨씬 좋아졌다. 더욱이 타버나클의

목회자 대학. 스펄전은 목회에 부름을 받고 이미 설교 사역을 하는 설교
자들을 훈련시키기 위해 목회자 대학을 설립했다.

집사들을 비롯한 교인들은 담임목사 혼자 지기에는 짐이 너무 무겁다고 느꼈다. 이제 학생은 15명이었고 입학 지원자들도 더 있었기 때문이다. 그래서 목회자 대학을 위한 헌금함을 두기로 했다.

스펄전이 목회자 대학을 시작한 데는 몇 가지 분명한 목적이 있었다. 잉글랜드에는 침례교 목회자 학교가 세 개 더 있었다. 그러나 이 학교는 나머지 학교들이 하지 못하는 여러 필요를 충족시켜야 했다.

목회자 대학의 학생 중에는 좋은 환경에서 자랐고 학교 교육을 적잖게 받은 사람들도 더러 있었다. 그렇더라도 대대수는 가난한 환경에서 자랐는데, 스펄전은 바로 이들에게 특별한 관심을 기울였다. 스펄전은 (1) 진정으로 거듭난 사람들, (2) 목회를 하라는 하나님의 부르심을 경험한 사람들, (3) 이 두 경험에 영향을 받아 이미 설교 사역을 시작했고, 한동안—되도록 2년 정도—활발하게 설교해 온 사람들을 원했다. 그는 "설교자를 만들려는" 것이 아니라 이미 설교하는 사람들이 "더 나은 설교자가 되도록" 도우려고 한다는 점을 강조했다.

많은 학교들과는 달리, 스펄전의 목적은 학자일 뿐 다른 일은 거의 또는 전혀 하지 않는 사람들을 길러 내는 것이 아니었다. 목회자 대학에서 배움은 목적을 위한 수단이었다. 다시 말해, 힘 있는 설교자가 되고 열정적으로 영혼을 구원하는 사람이 되도록 돕는 도구였다.

목회자 대학은 분명한 교리도 강조했다. 스펄전은 이렇게 말했다. "칼뱅주의 신학을 교조적으로 가르칩니다.……여기서 교조적으로 가르친다는 말은 나쁜 의미가 아니라, 하나님의 말씀을 의심할 여지 없이 분명하게 가르친다는 뜻입니다."[1] 리젠트 파크 대학 Regent's Park College도 그 학교의 신학이 칼뱅주의라고 주장했다. 그러나 스펄전은 거기서 가르치는 교리적 개념이 학생들에게 얼마나 전도의 열정을 불러일으키고 그들이 선포하는 메시지에 강한 설득력을 부여하는지 의심했다.

목회자 대학은 겨우 2년 과정이었다. 여유가 되는 몇몇 학생 외에는 학비에 식사와 잠자리까지 모두 무료였으며, 의복과 책, 심지어 용돈까지 받았다. 시험도 없었고 졸업식도 없었으며 학위도 없었다. 목회자 대학은 이러한 특징과 함께 짧은 과정 때문에 외부로부터 많은 비판을 받았다.

그러나 목회자 대학은 다른 대학들에 없는 장점이 있었다. 그 대학은 메트로폴리탄 타버나클 생활의 일부인 터라 크고 활발한 교회와 연계되어 있었으며, 그래서 어느 곳에서도 찾아볼 수 없는 풍성한 가르침과 강한 영감이 있었다.

더욱이 스펄전은 모든 학생들과 친밀한 관계를 유지했다. 그는 입학 지원자들을 직접 면담했다. 비록 많은 지원자의 입학을 거부하기는 했으나, 받아들인 학생들을 따뜻하게 격려해 주었고 자신이 그들의 친구라는 것을 곧 알게 해주었다. 이러한 관계는 학생들이 목회자 대학에 있는 내내 계속되었다. 학생들은 스스럼없이 스펄전을 찾아가 조언을 구하고, 필요하면 따끔한 질책도 받아들였다. 그는 학생들의 필요에 늘 관심을 기울였다. 예를 들면 이런 일이 있었다. 언젠가 한 학생의 옷차림이 스펄전의 눈에 들어왔다. 옷이 심하게 낡아 있었다. 스펄전은 그를 불러 심부름을 시켰다. 그에게 메모를 주고 주소를 알려 주면서, 가서 기다렸다가 답장을 받아 오라고 했다. 알고 보니 그 주소는 양복점이었고, 답장은 재단사가 그 학생에게 주는 새 양복과 코트 한 벌이었다. 이러한 스펄전의 장난기 섞인 행동은 그가 학생들을 위해 했던 비슷한 많은 행동의 전형이었다.

목회자 대학이 메트로폴리탄 타버나클로 옮긴 지 얼마 지나지 않았을 때, 스펄전은 금요일 오후 강의를 시작했다. 이 강의 가운데 일부는 나중에 『목회자 후보생들에게』*Lectures to My Students*라는 책으로 출판되어 오랫동안 널리 읽혔다. 그가 목회자 대학에서 가르치는 방식은 "정형적이거나 강압적이지 않고 가족적이고 화기애애했으며", 이런 모습은 금요일 오후 모임에서 가장 잘 드러났다. 그때는 학생들이 한 주 동안의 힘든 공부를 마무리하는 시간이었고, 대부분 주일 설교도 준비하고 있었다. 그래서 스펄전은 목회에 관해 진지하게 가르치면서 일부러 타고난 유머 감각을 곁들였다. 어느 학생은 이렇게 회상했다.

당시 총장님President(이 학교의 실제 책임자인 조지 로저스는 학장이라 불렸고 스펄전은 총장이라 불렸다—옮긴이)은 한창때이셨지요. 그분의 발걸음은 흔들림이 없었고, 그분의 눈은 빛났으며,

그분의 검은 머리카락은 숱이 많았고, 그분의 목소리는 더없이 감미로운 음악이자 거룩한 흥겨움이었거든요. 그분 앞에 영국 곳곳에서 100명이 모였고, 바다를 건너온 학생들도 적지 않았습니다. 이들은 스펄전이라는 이름의 마법과 그분의 영향력에 끌려 그곳에 모였습니다.……그분 앞에 앉은 많은 학생들은 그분이 믿음으로 낳은 아들이었습니다. 그분은 학생들을 아주 편하게 대했고, 마치 자녀를 대하는 아버지 같았습니다. 형제들은 그분을 사랑했고, 그분도 그들을 사랑하셨습니다.

잠시 후, 눌렸던 그분의 지혜가 솟구쳤고, 흉내도 못 낼 그분의 번득이는 재치에 모두 얼굴이 환해졌으며, 그분의 정념에 왈칵 눈물을 쏟았습니다. '목회자 후보생들에게'라는 그분의 강의를 듣는 것은 학생들의 삶에서 하나의 신기원이었습니다.

그분은 설교에 관해 얼마나 중요하고 지혜로운 강의를 해주셨는지 모릅니다. 그분은 잘못을 부드럽게 바로잡아 주셨고, 진짜 소심한 학생들에게 용기를 주셨습니다. 겉멋을 부리고 젠체하는 학생들에게는 아주 신랄한 풍자를 아끼지 않으셨습니다.

다음으로, 그분은 사랑하는 형제들의 특이한 버릇을 멋들어지게 흉내 내셨습니다. 뜨거운 덤플링dumpling(서양식 만두—옮긴이)을 입에 넣고 말을 하려는 학생, 말을 할 때면 한 손으로 코와 무릎을 매만지는 학생, 두 손을 웃옷 뒷자락 안에 넣고 마치 흰 할미새 모양을 하는 학생들을 흉내 내셨고, 양쪽 엄지를 조끼의 진동에 넣고 펭귄 스타일로 말을 하는 학생도 흉내 내셨습니다. 그분이 우리 앞에 거울을 디밀어, 우리가 각자의 잘못된 점을 볼 수 있게 해주셨다는 뜻입니다. 하지만 우리는 하나같이 배꼽이 빠지게 웃었습니다. 그분은 아주 적절한 때에 정곡을 찌르셨지요.

그다음은 지혜로운 조언이 이어졌습니다. 더없이 친절하고, 더없이 진지하며, 더없이 자애롭게 마치 아버지가 들려주는 얘기 같았습니다. 그런 다음 기도가 이어졌습니다. 그분의 기도는 우리를 은혜의 보좌로 끌어올렸고, 거기서 우리는 영광을 언뜻 보았으며, 주님과 얼굴을 마주하고 얘기를 나눴습니다.

그러고 나면 각자 그 주일에 잡힌 일정을 나누었습니다. 다시 말해, 수업이 끝나고 모여서 차를 마셨고, 그 후에 조언이 필요한 학생들은 그분에게 갔습니다. 어떤 학생은 문제에 빠져 있었고, 어떤 학생은 기쁨에 젖어 있었습니다. 총장님은 이들의 이야기를 끝까지 귀 기울여 들으면서 웃다가 울다가 하셨습니다. 마침내 다 끝나고 나면, 그분은 일에 진저리가 난 게 아니라 일에 지치셨습니다. 그분은 계단을 따라 자신의 '성소'에 올라가셨고, 그분의 유쾌한 목소리는 점점 멀어져 갔습니다.[2]

이 책의 많은 독자가 스펄전의 『목회자 후보생들에게』를 읽었을 테고, '목회자의 자기 감시', '목회 소명', '설교의 재료', '즉흥 설교' 같은 주제를 즐겁게 떠올릴 것이다. 이 강의는 목회자 대학의 수준을 보여주는 증거다. 이 강의를 할 때 스펄전은 겨우 서른네 살이었다.

목회자 대학은 로저스 외에 강사가 셋 더 늘었다. 알렉산더 퍼거슨Alexander Ferguson, 데이비드 그레이시David Gracey, W. R. 셀웨이Selway였다. 학생들은 주로 신학을 공부했으나 전체 과정이 다른 신학교와 비슷했고, 로저스는 "수학, 논리학, 히브리어, 헬라어 성경, 설교학, 목회 신학, 영작문" 같은 주요 과목을 목록에 포함했다.[3] 스펄전은 천문학도 자연 과학의 일부라고 했으며, 몇몇 학생들은 스펄전처럼 별에, 천체를 지배하는 법칙에 특별한 관심을 보였다.

스펄전은 목회자 대학을 주간에만 열지 않고, 낮에 오기 어려운 사람들을 위해 야간반을 개설해 정규 목회자 과정으로 운영했다. 그러나 더 기본적인 과정도 있었다. 당시 잉글랜드에는 국가적인 교육 체계가 없었고, 그래서 가난한 집안의 아이들은 학교 교육을 거의 못 받고 자랐다. 많은 젊은이들이 직장이 없었고, 있다 해도 오랜 시간 일하고 적은 임금을 받았기에 진드기 같은 가난에서 벗어나기 어려웠다. 이들은 배우지 못했기 때문에, 사실상 이들의 삶이 좋아지리라는 희망이 없었다. 스펄전은 이런 사람들이, 특히 메트로폴리탄 타버나클 교인들이 기본적인 교육을 받을 수 있게 해주었다. 주간반처럼 야간반도 수업료는 없었다. 저녁마다 약 200명이 수업을 들었고, 수업을 아주 열심히 들은 많은 젊은이들이 정신력이 강해지고 지식이 늘었을 뿐만 아니라 전체적인 시각도 높아졌다. 의심할 여지 없이 많은 사람들이 저녁 수업을 들은 덕에 생활 환경이 나아졌는데, 이 일이 남부 런던 전역에 사회적 영향을 미쳤다고 해도 좋을 것이다.

목회자 대학에는 시험이 없었다. 하지만 많은 학생들이 스펄 전의 인정을 받기 원했고, 이런 바람은 이들이 현장에 나갈 때 훨 씬 강했다. 다른 대학의 졸업생들은 실제로 설교를 거의 또는 전 혀 해보지 못한 채 목회 현장에 나갔다. 그러나 스펄전의 사람들 은 달랐다. 이들은 목회자 대학에 들어오기 전부터 설교했고, 목회 자 대학에 다니는 동안에도 거의 매 주일 설교했다. 따라서 이들 이 전임 사역을 시작할 때는 이미 설교 경험이 상당했다. 게다가 이들은 영적 열정이 있었고, 활기차고 희생적이며 영혼을 구원하 는 목회를 하겠다는 결심이 서 있었다.

여러 교회가 스펄전의 사람들을 원했다. 어떤 교회들은 꽤 컸 고, 어떤 교회들은 조금 작았으며, 어떤 교회들은 어려움을 겪고 있었다. 이런저런 상황을 알기에, 스펄전은 각 상황에 가장 적절하 다고 생각되는 사람을 직접 선택했다.

많은 사람들이 교회가 없는 지역에 교회를 세웠다. 어떤 사람 은 괜찮은 주거 지역에 들어갔고, 어떤 사람은 가난한 지역에 들 어갔다. 그런가 하면 어떤 사람은 빈민가에 들어가 주님을 증언하 고, 길모퉁이에서 설교하며, 집집마다 찾아다니고, 전도책자를 건 네주었다. 그리고 나면 일종의 모임 장소를 확보하고, 사람들을 불 러 모으며, 그들을 주님께로 인도하고, 그들에게 침례를 베풀며, 그들을 조직해 교회를 만들었다.

1866년, 스펄전의 사람들은 런던에서만 18개의 교회를 개척했 다. 그 가운데 여덟 곳은 예배당을 건축했고, 열 곳은 곧 건축을 시작할 예정이었다. 이 외에 일곱 곳에서 설교 사역이 이뤄졌고, 하나하나가 조만간 교회가 될 예정이었다. 오래되어 무너져 가는 일곱 교회가 되살아났고, 이 외에 영국 각지에서 사역하는 목회자 대학 졸업생에게 축복이 끊이지 않았다.[4]

한 사람은 교인이 18명으로 줄어든 어느 교회에 부임했다. 그러나 몇 년 사이에 약 800명에게 침례를 베풀었다. 목회자 대학 출신들은 거듭났다는 분명한 증거가 있을 때만 침례를 베풀었는데, 스펄전의 학생들은 영혼을 그리스도께로 인도하고 신자로 받아들일 때 대부분 그의 방식을 따랐다.

목회자 대학 때문에, 안 그래도 무거운 스펄전의 어깨가 더 무거워졌다. 목회자 대학 운영비는 매주 100파운드에 달했다. 운영비는 영국 각지는 물론이고 호주와 캐나다를 비롯한 해외 여러 곳에서 스펄전의 설교지와 책을 판매해 얻는 수입과 타버나클 교인들의 기부금으로 충당되었다. 그런데도 재정이 여러 차례 거의 바닥을 드러냈다. 스펄전은 무거운 짐 때문에 힘들었으나 필요를 기적적으로 채워 주시는 하나님의 손을 보았다. 자신도 모르게 어디에선가 돈이 들어올 때가 적지 않았기 때문이다.

런던에서 목회를 시작하고 몇 달 동안, 스펄전은 교인들에게 기도로 하나님과 씨름하라고 가르쳤다. 이런 진정한 기도는 줄곧 이들의 삶을 특징지었다. 그는 대개 새해 첫 주를 기도 주간으로 삼았는데, 이런 특징은 기도 주간에 특히 분명하게 나타났다. 1856년 첫 주에 어느 목사가 방문했는데, 그는 무엇보다도 목사들이 실패를 고백했던 순간을 떠올렸다.

태만omission(하라고 명한 바를 하지 않은 것―옮긴이)과 위반 commission(하지 말라고 명한 바를 하는 것―옮긴이)의 죄, 게으름 neglect과 못 미침shortcomings의 죄를 인정했습니다. 마음을 감찰하시는 하나님 앞에 엄숙하고 단순하며 진지하게 호소했습니다. 그분의 종들이 그분의 불꽃 같은 눈앞에서 아무것도 감추려 하지 않게 해달라고 간구했습니다.……"주님, 접니까? 접니까?"라는 말이 터져 나왔을 때, 많은 사람이 "접니다! 접니다!"라고 자복했습니다. 타버나클 교회의 사랑받는 목사님은 마치 어린아이처럼 울고 소리 내어 흐느끼셨고, 형제들도 하나님 앞에서 울음과 탄식을 억누를 수 없었습니다.[5]

그런 후에 모인 사람들 전체를 위한 기도가 있었고, "많은 사람들이 보기에, 그들이 느끼는 그처럼 생생하고 무서우며 전체적인 슬픔은 일찍이 없었습니다. 성령 하나님께서 그곳에 계셨고, 그분의 백성이 그분의 거룩한 빛 아래서 자신을, 자신의 길을 보았습니다.……참으로 큰 안도와 고요 그리고 평화가 임했고, 스펄전의 감미로운 음성이 뒤따랐습니다. '샘물과 같은 보혈은…….'"[6]

그다음으로 회심하지 않은 사람들을 위한 기도가 이어졌다. "뜨거운 간구는 스캇 목사님과 스펄전 목사님이, 그 자리에 참석했으나 염려하고 부주의한 영혼들을 위해 하나님께 간구하면서 끝이 났습니다.…… 몇몇 그리스도인들이 염려 가운데 있는 많은 사람들과 함께 아래층 방으로 갔고, 이 가운데 여럿이 귀한 구주를 믿어 하나님과 화평하게 되었습니다. 그중 많은 사람이 나중에 스펄전 목사님을 만났는데, 목사님이 그날 모임 이후 하루에 적어도 75명의 신청자와 직접 대화를 나누었다고 합니다."[7]

이 보도는 원래 기록된 웅장한 기사를 많이 축약한 것이지만, 스펄전의 사람들이 가졌던 강렬한 열정과 살아 있는 믿음을 보여줄 뿐만 아니라 스펄전이 영혼을 그리스도께로 인도했던 여러 가지 방법도 보여준다. 더욱이 이 기도는 목회자 대학 외에 여러 사역 곧 월간 잡지, 할머니들을 위한 보금자리, 불쌍한 아이들을 위한 고아원을 향한 문을 열었다.

십중팔구 그간 메트로폴리탄 타버나클이 했던 모든 큰 사역과 스펄전이 후원했던 모든 자선은 「검과 삽」에 실린 글에서 시작되었거나 무엇보다도 이 잡지의 발행에 힘입어 지속적인 지원을 받았다.……
고아원은 힐야드 부인이 이 잡지에서 읽은 글 덕분에 세워졌고, 목회자 대학 건축을 위한 첫 기부금과 소녀 고아원을 위한 첫 기부금은 여기에 실린 사설에 대한 직접적인 반응으로 들어왔다.

러셀 콘웰, 『찰스 스펄전의 생애』(1892)

11. 스펄전 사역의 성장

1865년, 스펄전은 사역에서 역사적인 걸음을 한 발 더 내디뎠다. 월간 잡지 「검과 삽」을 발행하기 시작했기 때문이다. 잡지 제목 밑에는 "죄와 벌이는 싸움과 주님을 위한 수고에 관한 기록"이라고 적혀 있었다.

창간호에서 그는 잡지의 목적을 이렇게 밝혔다.

우리 잡지는 메트로폴리탄 타버나클에서 이뤄지는 주님의 일과 다소 긴밀하게 연결된 여러 교회와 단체의 노력을 알리고, 우리가 가장 확실히 받아들이는 교리 및 교회 질서에 관한 견해를 주창하는 데 목적이 있습니다. (…)

우리는 하나님을 영화롭게 하려는 우리의 많은 계획을 신자들에게 알리고 도움을 구하는 소통 수단이 필요하다고 느낍니다. 우리 친구들이 잡지 한 권쯤은 지속해서 발행해 낼 만큼 많을뿐더러

「검과 삽」 표지.

잡지 발행을 요구할 만큼 열성적이기도 합니다. (…)

우리는 분파적이지 않은 척하지 않겠습니다. 이것이 뚜렷한 원칙이라고는 없고, 견해가 다른 진영을 다 만족하게 하려고 한다는 뜻이라면 말입니다. 우리는 믿으며, 그래서 말합니다. 우리는 사랑으로 말하지만, 부드러운 단어와 매끄러운 문장으로 말하지는 않습니다. 우리는 논쟁을 꾀하지 않을 테지만, 하나님의 뜻이라면 논쟁을 피하지도 않을 것입니다. (…)

우리는 일반적인 주제와 관련한 재미있는 읽을거리를 제공할 것입니다. 그러나 우리의 주목적은 신자들로 행동하게 하고, 신자들에게 하나님 나라를 확장하는 계획을 제시하는 것입니다.…… 우리는 나팔을 불며 전우들을 싸움터로 이끌 것입니다. 우리는 예루살렘의 무너진 성벽을 다시 쌓기 위해 지치지 않는 손으로 삽을 부지런히 움직일 테고, 진리의 대적에 맞서 용감하게 힘껏 검을 휘두를 것입니다.[1]

이 잡지는 스펄전의 생각이 얼마나 넓고 깊은지 보여주었다. 매달 스펄전은 영적이고 성경적인 깊은 핵심을 다루는 글을 실었다. 종교계 상황을 자주 언급했고, 여러 교단의 성장과 쇠퇴를 보여주는 사실과 숫자를 제시했다. 거기다가 국내외에서 이뤄지는 주님의 일에 관한 소식과 선교사들이 들어오거나 나가는 소식까지 전했다. 잡지에는 매달 서평이 실렸는데, 대부분은 스펄전이 직접 썼다. 이따금 그가 쓴 시와 위대한 신앙의 선조들, 곧 초기 교부들,

종교개혁자들, 청교도들에 관한 글도 실렸다.

잡지 때문에 그의 어깨는 더 무거워졌다. 그는 이미 매주 설교 지를 발행하고 있었다. 1865년 그는 『아침 묵상』*Morning by Morning* 을 내놓았고, 얼마 후 『우리의 찬송가』*Our Own Hymn Book*도 내놓았다. 그뿐만이 아니라 이 무렵 일생의 역작 『다윗의 보고』*The Treasury of David*(시편 강해 시리즈—옮긴이)를 쓰기 시작했는데, 무려 7권에 달하는 이 시리즈는 한 권씩 차례로 나왔으며, 모두 나오기까지 20년이 걸렸다.

이 무렵 메트로폴리탄 타버나클은 스펄전의 지도와 보살핌이 필요한 여러 활동을 펼치는 다면적인 기관이 되어 있었다. 목회자 대학은 1865년에 학생이 93명이었고, 야간반은 230명 정도였다. 주일학교는 출석 인원이 900명가량에 교사가 75명이었는데, 스 펄전의 보고에 따르면 "여러 주일학교와 빈민 학교가 메트로폴리 탄 타버나클과 연계되어 여러 지역에서 운영되었다.""소외 지역 에 수많은 설교장preaching station을 두고 있었으며……야간반 학생들 이 중심을 이룬 전도자 모임이 있었다." 그뿐만이 아니었다.

메트로폴리탄 타버나클과 연결된 성경공부반이 무수합니다. 하나 는 매주 월요일 저녁, 기도회 후에 모입니다.……성경공부반은 스 티프Stiff, 행크스Hanks, 존 올니가 인도합니다. 모든 성경공부반은 효율적이고 참석자도 많습니다. 자매반은 바틀릿 부인이 인도하 는데, 인원이 가장 많을뿐더러 제일 주목할 만한 결과를 내고 있습니다. 바틀릿 부인의 자매반은 인원이 거의 700명에 이르는데, 이 반 출신 63명이 지난해 교회에 등록했습니다.

타버나클에는 성서공회 창고가 있는데 성경을 원가에 판매합니다. 전도책자회는 활동이 아주 활발합니다. 유대인회는 매달 모임을 합니다. 자매 자선회, 어머니회, 선교 사역회, 주일학교 사역회도 아주 활발하게 운영되고 있습니다. 목회자회는 최근에 생겼습니다.……도시 선교회는 둘인데 교회와 교인들이 운영합니다. 이 외에 독일에 선교사가 두 명 나가 있으며, 해외 선교사들에게 상당한 지원을 하고 있습니다.[2]

스펄전은 다양한 사역에서 사람들을 적재적소에 놀랄 만큼 능숙하게 배치했다. 여러 활동들은 충돌 없이 매끈하게 이뤄졌고, 스펄전의 지시가 아니라 주님의 일을 수행하려는 사람들의 바람이 이러한 화목을 유지했다. 그래도 기관들이 커지고 많아질수록 결국 그의 짐도 늘어났고, 이따금 그는 자신이 감당하기에 짐이 너무 무겁다고 느꼈다.

「검과 삽」이라는 제목은 스펄전 사역의 그림을 제대로 보여주었다. 그는 잘못된 믿음, 잘못된 행위와 싸우고 하나님의 일을 힘써 하면서 늘 "죄와 벌이는 싸움"에 참여했고, "주님을 위한 수고"를 아끼지 않았다.

1864년 스펄전은 평생에 가장 큰 논쟁에 참여했다. 이른바 '침례 중생 논쟁'Baptismal Regeneration Controversy이었다. 1830년대, 존 헨리 뉴먼이 이끄는 소책자 운동Tractarian Movement(이 운동을 전개한 사람들이 『시대에 응답하는 소책자』라는 소논문집을 유포한 데서 비롯되었으며, 옥스퍼드 운동이라고도 한다—옮긴이)이 옥스퍼드에서 시작되었다. 이 운동은 이렇게 주장했다. 영국 국교회 사제들이 자신들의 성직 수임 권한은 영국 국교회가 로마 가톨릭 교회의 후예라는 사실에서 왔다고 인정했으므로, 이들은 실제 로마 가톨릭의 지체이고 따라서 로마 가톨릭으로 돌아가야 한다고 했다. 이를 토대로 뉴먼을 비롯한 여러 사제가 수많은 사람을 이끌고 로마 가톨릭으로 넘어갔다. 그러자 영국 국교회 내에서 로마 가톨릭의 예전을 사용하고 그 신앙을 받아들이는 데 호감을 느끼는 정서가 퍼지기 시작했고, 영국 국교회가 로마 교회로 완전히 기울 가능성이 커졌다고 생각하는 사람들도 생겨났다.

그러나 영국 국교회 내부에 이런 로마화 경향을 강하게 반대하는 복음주의 사제들이 얼마간 있었다. 스펄전은 이들을 지지했고, 특히 이들의 지도자 J. C. 라일Ryle, 1816-1900 주교를 크게 존경했다. 그러나 스펄전은 그들이 '유아세례'를 받아들임으로써 복음주의 운동을 거스르고 있다고 느꼈다. 왜냐하면 그가 말했듯이, 성공회 신자들은 유아세례가 '중생'을 뜻한다고 믿었기 때문이다. 그는 유아세례가 '행위 구원'을 가르치며, 따라서 '이신칭의' 교리나 "너희가 다시 태어나야 한다"(요 3:7, 새번역)라는 주님의 선언과 직접 상충된다고 보았다.

1864년에 이르자 스펄전은 이 문제에 관해 생각을 분명히 밝혀야겠다고 느꼈다. 그래서 자신의 설교지와 책을 출판하는 사람들에게 알렸다. 이제 자신이 취할 행동 때문에 설교지와 책 판매가 뚝 떨어질 테지만, 이런 이유로 자신이 믿기에 수많은 사람을 오도하는 가르침에 맞서는 설교를 삼가지 않을 거라고 했다.

그는 '침례 중생'이라는 제목으로 설교했다. 확신하며 힘 있게 말했고, 기도서Prayer Book(영국 국교회에서 사용하는 공동기도서—옮긴이)는 유아에게 물을 뿌리는 행위로 어린아이가 중생하게 된다고 가르친다면서, 이러한 가르침은 거짓이라고 강하게 비난했다. 그는 특히 복음주의 사제들을 직접 겨냥해, 이들이 유아가 중생했다고 했다가 나중에 성인이 되면 중생하지 않았으므로 반드시 회심해야 한다며 앞뒤가 안 맞는 주장을 한다고 공격했다. 그의 말에서 열정이 느껴진다. "우리는 존 녹스John Knox, 1514-1572가 되살아나기를 원합니다. 제게 온화하고 점잖은 사람들에 대해, 부드러운 태도와 깨끗한 말에 대해 말하지 마십시오. 우리는 불같은 녹스를 원합니다. 그의 맹렬함에 '우리의 강대상이 판자 조각이 되더라도' 그가 우리의 가슴을 뛰게만 한다면 괜찮습니다."[3]

스펄전이 이런 설교를 했다는 소문이 영국 전역에 빠르게 퍼졌다. 그러나 그의 설교지 판매가 줄기는커녕 오히려 늘었다. 이 설교의 경우, 설교지는 곧 18만 부가 배포되었고, 얼마 지나지 않아 35만 부로 늘었다. 이 설교는 엄청난 반응을 불러일으켰으며, 대부분 스펄전을 반대하는 쪽이었으나 찬성하는 쪽도 있었다. 그는 몇몇 반대자들에게 답했고, 추가로 세 편의 설교를 통해 싸움을 확대하면서 모든 진정한 신자들에게 "그의 치욕을 짊어지고 영문 밖으로 그에게 나아가자"(히 13:13)고 촉구했다.

스펄전은 이 일로 많은 친구를 잃었다. 그의 자선 사역을 후원했던 새프츠베리Shaftesbury 경은 그를 가리켜 "아주 뻔뻔한 사람이군요!"라고 했다. 여러 사제가 모금에 앞장서서 메트로폴리탄 건축을 도왔었는데, 이제 그가 자신들의 신뢰를 배신했다고 믿었다. 이들 중에는 스펄전이 속한 복음주의 연맹Evangelical Alliance의 회원이 많았는데, 그는 여기서 중요한 인물이었다. 스펄전은 이들과 더는 이런 식으로 연결될 수 없다고 믿었고, 그래서 복음주의 연맹을 탈퇴했다. 그에 대한 반감이 강했다. 그러나 그에게 반감을 품는 사람들도 누구나 그가 깊은 확신에서 악의 없이 말했음을 알았고, 나중에 그들이 많은 행동으로 보여주듯 여전히 그를 존경했다.

스펄전은 이렇게 검을 휘둘렀으나 삽을 훨씬 더 적극적으로 사용했다. 그의 모든 사역은 성장하고 있었고 새로운 사역들도 시작될 참이었다. 특히 유익한 새 기관이 생겼는데, 명칭은 권서인회 Colporteurs' Association였다.

권서인은 도붓장수를 뜻하는 프랑스어였다. 종교개혁 시대에 이 단어는 이곳저곳을 다니며 소책자를 배포하고 성경을 파는 사람들을 가리키는 데 사용되었고, 좀 더 최근에는 스코틀랜드에서 비슷한 일을 하는 사람들에게 적용되었다. 스펄전은 스코틀랜드를 방문했을 때 이러한 수고와 그 열매를 보았으며, 이미 많은 활동을 맡고 있는데도 이 일을 잉글랜드에서도 시작하기로 했다.

스펄전이 이런 생각을 말하자마자 이 일을 시작하라며 한 사람이 상당한 금액을 기부했다. 성경, 책, 소책자(전도책자)를 적잖게 구매하기에 충분한 금액이었다. 그는 이 단체의 목적을 밝혔고, 이 단체를 감독할 위원회를 만들었다.

권서인으로 자원하는 사람들이 생겨났다. 스펄전은 한 사람당 매년 40파운드를 모금해 주겠다고 약속했으나, 한 사람이 성경과 책을 팔아 최소한 40파운드를 추가로 벌어야 했다. 권서인회는 겨우 두 사람으로 시작했다. 그러나 숫자는 빠르게 늘었고 3년 후에는 열다섯 명을 고용했다. 각 사람에게 구역이 분명하게 배분되었다. 어떤 사람은 가난한 지역을 맡았고 어떤 사람은 런던을 비롯한 여러 도시의 빈민가를 맡았으나, 대부분은 마을과 시골 지역에 배치되었다. 계획은 성경의 메시지를 들고 다른 방법으로는 닿지 않은 잉글랜드 각지로 들어가는 것이었다.

권서인은 그저 성경과 책을 팔기만 한 게 아니었다.

권서인은 재소자들과 함께 그들의 영혼에 관해 대화를 나누고, 병든 자들과 함께 기도하며, 오두막마다 전도책자를 전해 줍니다. 권서인은 자주 기도회를 열기도 하고, 야외에서 예배와 성경 읽기를 주관하기도 합니다. 또한 가능하면 방[모임 장소]을 구하고 설교를 합니다. 금주 모임Bands of Hope을 만들고, 종교 운동과 금주 운동을 돕습니다. 사실, 권서인은 무엇보다도 선교사이고, 그다음으로 설교자이며, 더 나아가 가장 진정한 의미의 목사입니다. 이 일을 하는 사람 중에 귀족도 더러 있습니다.[4]

탁월한 위원회가 돕는 데도 이 일에는 어려움이 따랐다. 시간이 지나자 권서인은 거의 100명으로 늘었고, 각자에게 처음 약속한 40파운드를 줄 만큼 재정이 넉넉지 못할 때가 많았다. 이런 이유로 어느 권서인을 어느 지역에 배치해야 할지 결정해야 하는 경우, 그리고 한 권서인에게 이 일이 그에게 맞지 않는다고 말해야 하는 경우 스펄전이 도맡아 처리했다. 스펄전은 자기 주머니를 털어 이 사역을 지원했고, 이 사역을 위해 간절히 기도했다. 언젠가 그는 의기소침해 이렇게 말했다. "권서인회는 제게 너무 버거운 아이예요! 누군가에게 맡길 수 있으면 좋겠어요." 그러나 누군가 맡겠다고 나서자, 그는 거절하며 그 짐을 계속 졌다.

그렇다 해도 다른 기관들처럼 권서인회도 스펄전에게 많은 기쁨을 안겨 주었다. 그는 권서인회 연례 모임을 열었고, 이때 모든 권서인이 런던으로 돌아와 메트로폴리탄 타버나클에서 마음이 담긴 식사를 하고 사역을 보고했다. 권서인들은 대개 자신이 맡은 지역의 사투리로 말함으로써 모임에 특색을 더했으며, 스펄전은 "사람들이 자신의 설교를 비롯해 인쇄된 글을 읽고 회심했다는 얘기를 들을 때 특히 기뻐했다."

다음은 권서인들이 전해 준 이야기 가운데 하나다. 어느 타락한 여인이 하나님 앞에 죄인이라는 사실을 깨달은 후 "절망"에 빠졌다. 권서인은 그다음 상황을 이렇게 들려주었다.

저는 그 여인이 복음의 수많은 약속과 초대에 주의를 집중하게 하고, 그 여인에게 스펄전 목사님의 '예수님의 부드러움'이라는 설교지를 팔았습니다. 그리고 이것을 읽은 것이 그 여인의 영혼에 복이 되게 해달라고 주님께 기도했습니다.

제가 이튿날 그 여인을 다시 찾아갔을 때, 정말이지 말로 표현하지 못할 광경이 펼쳐졌습니다. 그 여인은 설교지를 손에 든 채, 행복에 겨워 빛나는 얼굴과 감정에 복받쳐 떨리는 목소리로 다음 부분을 읽고 있었습니다. "조용히 죄를 깨달아 양심이 죄를 의식하지 않을 수 없게 되고, 우리 죄를 사하려고 구속자께서 우리를 위해 놀라운 대속 제물이 되신 그 사랑 때문에, 우리는 마음을 예수님께 드리게 됩니다."

그런 다음 여전히 설교지를 손에 든 채 그 여인은 제게 이렇게 말했습니다. "주님의 이름이 영원히 찬양을 받으소서. 저는 주님을 찾았습니다. 아니, 그분이 저를 찾으셨습니다. 저는 구원받고, 용서받았으며, 받아들여졌고, 복을 받았습니다. 그리스도 때문에 말입니다! 이제 이 찬송이 무슨 뜻인지 압니다.

빈손 들고 앞에 가
십자가를 붙드네.

그래요, 그렇고말고요! 예수님이 저를 위해 돌아가셨고, 저는 그분을 통해 살아났습니다."[5]

이런 일도 있었다. 연례 모임에서 스펄전은 어느 권서인에게 등에 짐을 진 채 강단으로 올라와 어떻게 책을 파는지 보여 달라고 부탁했다. 권서인은 강단에 올라오자마자 짐을 탁자에 내려놓고 책을 한 권 꺼내더니 스펄전을 향해 말했다. "신사분에게 이 책을 꼭 사 보라고 권해 드립니다. 아주아주 좋은 책입니다. 제가 이 책을 읽고 큰 유익을 얻었거든요. 저자는 저의 특별한 친구인데, 권서인들이 자기 책을 판 얘기를 들을 때마다 기뻐서 어쩔 줄 모른답니다. 자기 책이 복음으로 가득하다는 걸 알기 때문이죠. 이 책의 제목은 『그리스도인의 열정을 깨워라』*Trumpet Calls to Christian Energy*(주일 저녁과 화요일 저녁에 했던 설교를 모아 놓은 설교집이다―옮긴이)입니다. 사시겠습니까?"[6] 청중은 폭소를 터트렸다. 스펄전은 누구 못지않게 진심으로 받아들이고 주머니에서 돈을 꺼내 그 책을 샀다.

권서인 사역의 가치를 평가하기란 불가능하다. 당시에 부도덕하고 무신론적인 문학이 널리 퍼지고 있었고, 이런 책만 파는 가게들이 생겨나고 있었다. 이런 종류의 책은 한적한 시골까지, 흔히 그리스도인의 목소리가 매우 약한 지역까지 들어가고 있었다. 권서인은 이런 물결에 맞서 집집마다 다니며 하나님의 말씀과 그 말씀의 메시지를 풀어 놓은 책을 전해 주었는데, 그것을 읽고 그리스도께 돌아오는 경우가 무수히 많았다.

1878년은 우리가 통계 숫자를 알 수 있는 몇 안 되는 해 가운데 하나다. 이 해에 권서인이 94명이었고, 이들은 무려 926,290회를 방문했다. 이 사역은 해가 갈수록 더욱 커졌다.

1866년 1월 스펄전은 「검과 삽」에 모든 교인들에게 전하는 편지로 특별 기도 주간을 선포했다.

주일. 목사가 하나님의 은혜를 힘입어, 성도든 죄인이든 간에 잠자는 자들을 깨우는 주제로 설교합니다. (…)

월요일. 교회 직원들이 5시에 모여 자신의 영혼을 축복하는 시간을 갖습니다. 이것은 이들이 내린다고 굳게 믿는 은혜의 소나기를 맞고자 준비하기 위함입니다.

7시에 기도회가 있습니다. 우리 교인들만으로도 자리가 찰 것 같습니다.……여러분의 친구들이 꼭 참석하기를 원한다면 표를 발부하겠습니다. (…)

화요일. 7시에 집사와 장로들이 회심하지 않은 사람들을 초청해 만납니다. 여러분이 영혼에 관심이 있든 없든 간에 꼭 오시기를 기도합니다. 오시면 여러분에게 평안을 주는 것들에 관해 들려 드리겠습니다.

수요일. 5시에 목사와 직원들이 젊은이들을 초청해 차를 함께 나눕니다. 이들이 나중에 주 예수를 보라는 사랑의 초대를 듣고 구원받게 하기 위함입니다. 젊은 교인들을 위한 모임이 아니라 구원받지 못한 젊은이들을 위한 모임입니다.

주일. 교회 직원들 가운데 몇 사람이 대표로 오후에 각각 바틀릿 부인, 드랜스필드Dransfield 형제, 크로커Croker 형제가 인도하는 성경공부반을 차례로 방문합니다. 주님께서 사랑이 가득한 이들의 사역을 번성케 하셨습니다. (…)

월요일. 7시에 교회가 본당 1층에서 모여 감사를 드리고, 빵을 떼며, 기도합니다. 그리고 교인 중에 우리가 특별히 보살피는 사람들을 초청해 중층을 채울 것입니다. 우리가 교회로서 하나 되어 외치는 간구가 하늘에 이르기를 바랍니다.

화요일. 집사와 장로들이 회심하지 않은 사람들을 두 번째로 초청합니다. 이들이 다시금 주 예수 그리스도를 높이게 하기 위함입니다. 모임은 7시 정각에 시작합니다.

수요일. 목사와 직원들이 주일학교 교사들을 초청해 차를 함께 나눕니다. 교인 중에 안식일 학교나 빈민 학교 사역에 참여하는 사람은 모두 해당합니다. 모임이 끝나면 기도와 권면으로 교제하는 시간이 있습니다.

금요일. 목사와 직원들이 목회자 대학의 강사들과 학생들을 만나 차를 나눕니다. 이 중요한 기관이 우리의 방문으로 힘을 얻도록 많이 기도해 주십시오.

월요일. 7시에 회심하지 않은 사람들을 위한 기도회가 열리며, 목사, 집사, 장로들의 짧은 권면이 있습니다.

화요일. 5시 30분에 전도책자 배부자들, 전도자들, 선교사들, 전도부인들을 비롯한 사역자들을 위해 다과회가 있습니다.

수요일. 대략 7시에 여러 교우의 집에서 기도회가 열립니다.……
이번 가정 모임에 큰 축복이 임하기를 기도합니다.

이번 일정은 [다음] 월요일에, 지금은 믿음으로 고대하고 있으
나 그때는 실제로 받게 될 자비를 찬양하는 모임으로 끝이 납니다.
주님, 우리로 번성케 하소서.[7]

기도 주간에 대한 알림은 메트로폴리탄 타버나클에서 잃어버린
영혼을 구원하는 사역이 어떻게 이뤄졌는지 좀 더 잘 보여준다.
이런 방식들은 많은 열매를 맺었는데, 특별히 열심을 내는 기간에
만 그런 게 아니었다. 죄를 깊이 깨닫고 삶이 변화되는 회심이 일
어나도록 성령께서 늘 역사하셨다. 매주 적지 않은 사람들이 교회
에 나와 자신이 체험한 하나님의 은혜를 이야기했으며 침례를 받
고 교인이 되었다.

타버나클이 스펄전의 목회를 통해 성장했듯이 다른 여러 교회
도 성장했다. 목회자 대학 학생들이 이곳저곳에 교회를 개척했다.
스펄전은 이 모든 노력에 깊은 관심을 기울였다. 직접 나서서 이
들을 지원했고, 이들을 위해 타버나클에서 모금을 했으며, 교인 중
에 학생들을 도울 사람들을 확보했다. 1867년 스펄전은 다음 지
역에 새 예배당이 건축되었다고 보고했다: 일링Ealing, 라이언셜
Lyonshall, 레드 힐Red Hill, 사우샘프턴Southampton, 윈즐로Winslow, 버몬
지Bermondsey. 이를 비롯한 여러 곳에서 스펄전은 첫 삽을 떠 달라는
요청을 받았다.

그가 이런 부탁을 얼마나 자주 받았던지, 어떤 사람은 은색 삽을, 어떤 사람은 단단한 나무망치를 그에게 선물했다. 또한 삽과 나무망치를 어찌나 능숙하게 다루게 되었던지, 사람들은 "그가 삽과 나무망치를 마치 장인처럼 다룬다고 말하기 시작했다." 스펄전은 혀와 펜으로 주님의 일을 하면서 늘 삽을 비유로 사용했지만, 새 예배당 건축을 주도할 때는 문자적 의미로 사용하기도 했다.

얼마 지나지 않아 메트로폴리탄 타버나클은 보수가 필요하게 되었다. 내부는 가스램프로 밝혔으나 연료가 말끔히 연소하지 않아 벽과 천정에 얼룩이 졌다. 예배당은 쓰임새가 아주 많았다. 주중에 매일 아침 7시부터 밤 11시까지 문을 열었고, 그때껏 6년간 사용한 터라 색이 바래고 닳아 보이기 시작했다. 스펄전은 주님의 일은 모든 것이 최상의 상태로 유지되기를 원했다. 그래서 1867년, 전면 보수에 들어갔다.

타버나클 수리는 거의 한 달간 계속되었다. 그동안 예배는 크기가 엄청난 농업 회관Agricultural Hall에서 드렸다. 농업 회관은 집회를 위해 지은 건물이 아니라 농작물 전시를 위해 지은 건물이었기에, 목소리 전달에 필수적인 음향 장치가 없었다. 몇몇 사람들이 이곳을 집회 용도로 사용해 보았으나, 목소리가 강단에서 겨우 몇 미터 밖에 전달되지 않았다. 그런데도 스펄전은 이 건물을 사용하기로 했고, 1만 5천 명이 넉넉히 앉도록 좌석을 배치했다. 좌석을 빼고도 입석으로 2-3천 명이 더 들어올 만한 공간이 있었다.

농업 회관은 런던 북부에 자리했고, 타버나클에서 수 킬로미터나 떨어져 있었다. 그래서 스펄전의 설교를 늘 들으러 오는 사람 중에 많은 사람이 이곳에서 드려지는 예배에 참석하지 못했다. 그가 이번에는 지나치게 과분한 일을 한다고 생각하는 사람들이 많았다.

그러나 예상은 완전히 빗나갔다. 예배 때마다 약 2만 명이 참석했기 때문이다. 더욱이 소리가 들리지 않는다고 불평하는 사람은 전혀 없었고, 타버나클 예배에 전혀 참석해 본 적이 없는 사람들도 많이 와서 복음을 들었다. 나중에 무디도 이 건물을 전도 집회 장소로 사용했는데, 이곳이 스펄전에게 적합하다고 입증되었기 때문이다.

스펄전은 3,500여 명의 교인과 다양한 기관을 가진 메트로폴리탄 타버나클의 담임목사로서 숱한 의무를 이행했을 뿐 아니라 다른 교회의 설교 요청에도 줄곧 응했다. 주일을 제외하고 거의 매일 그는 다급히 런던의 다른 교회로 향했다. 그런가 하면 마차나 기차를 타고 더 먼 곳으로 가는 일이 잦았다. 그는 대륙(유럽 본토)에도 갔다. 1865년에는 이탈리아를 방문해 침례교인들과 오래 계속될 우애를 다졌다. 1866년에는 다시 스코틀랜드를 방문해 스코틀랜드 교회Scottish National Church(장로교의 일종으로 1707년 스코틀랜드의 국교로 인정되었다—옮긴이) 총회에서 설교했다. 1867년에는 독일을 방문해 통역을 세워 설교했으며, 최근 함부르크에 건축된 예배당의 빚을 갚기 위해 모금도 했다. 스펄전은 온켄Onken 목사에게 많이 끌렸으며, 그가 남다른 열정으로 기도할 줄 아는 사람이라고 했다.

세월이 흐르면서 스펄전이 보기에도 그의 사역은 하나같이 꾸준한 성공을 거두었다. 타버나클은 늘 꽉 들어찼고, 회심과 침례가 끊이지 않았다. 목회자 대학은 학생이 넘쳐나 더는 받지 못할 정도였고, 인쇄된 스펄전의 설교도 여러 나라에 배포되었다. 「검과 삽」 구독자도 꾸준히 들었고, 권서인도 매년 늘었다. 아무것도 실패하지 않았고, 잠시도 쇠퇴하지 않았다.

그러나 스펄전 자신의 상황은 그다지 밝지 않았다. 이 무렵까지 그는 청년의 건강과 활력을 한껏 누렸고, 거의 무제한으로 여러 활동을 소화할 수 있었다. 그러나 이제 그의 육체는 쇠하기 시작했다. 1867년 10월 스펄전은 34세에 과로와 신경 쇠약으로 한동안 몸져누웠다. 회복되자마자 여느 때처럼 전력으로 일에 몰두했으나, 발과 다리의 통증 때문에 고통을 겪기 시작했다. 할아버지가 류머티스성 통풍으로 오래 고생했는데, 이제 스펄전도 똑같은 질병으로 고통받고 있었다. 그가 남은 평생을 때로는 심한 통증과 함께 살아야 하는 고통이었다.

런던만 해도 10만 명에 이르는 아이들이 극심한 가난 가운데 방황하고 있습니다. 이 아이들은 장차 감옥에 가거나 일찍 죽을 것입니다. 시궁창의 아이들을 보십시오. 먹을 게 턱없이 부족하고, 잠자리는 불결하기 이를 데 없으며, 옷은 누더기입니다.

제임스 그린우드 작가가 작은 단칸방에서 살아가는 여섯 식구를 발견합니다. 여섯 식구 중에 셋은 어린데, 세 살에서 여덟 살까지고 옷이 없어 알몸으로 지냅니다. 아이들이 얼마나 더러운지 작은 몸의 갈빗대 하나하나가 선명하게 보일 정도입니다. 피부는 마호가니처럼 적갈색입니다. 그린우드가 문에 머리를 넣자, 아이들은 곧바로 '침대'로 숨습니다. 침대라야 냄새가 고약한 양털을 낡은 감자 부대에 대충 넣은 것입니다.

집 없는 아이들이 코벤트 가든 시장의 쓰레기 더미에 모여, 대부분 더위에 썩어 버려진 자두와 오렌지, 사과를 주워 마치 오리나 돼지처럼 게걸스럽게 먹습니다.

제임스 그린우드의 『런던의 일곱 가지 저주』에 대한 스펄전의 서평에서

12. 구빈원과 고아원

뉴 파크 스트리트 채플의 전임前任 목사인 존 리펀 박사는 형편이 어려운 미망인들을 돕기 시작했다. 구빈원Almshouse을 지어 미망인들이 거저 살게 했고 매주 얼마간의 돈도 주었다.

스펄전이 런던에 왔을 때도 이 사역은 계속되고 있었다. 그는 이 사역을 기쁜 마음으로 계속했다. 그러나 메트로폴리탄 타버나클이 문을 연 후, 연로한 미망인들을 더 가깝고 좋은 시설로 옮겨야 했다. 그래서 그는 이들을 위해 새 건물을 짓기 시작했다.

새 건물은 작은 집 열일곱 채로 이뤄졌는데, 당시 유행하는 방식대로 따로 떨어지지 않고 하나로 이어져 있었다. 이곳에 입주한 할머니들—모두 나이가 많았다—은 살 집은 물론이고 양식과 의복을 비롯해 생필품까지 공급받았다.

이 건물 옆에 건물이 한 채 더 들어섰다. 스펄전은 교육을 거의 또는 전혀 못 받고 자라는 수많은 아이들에게 배움의 기회를 마련해 주어야겠다는 마음이 늘 있던 터라, 마침내 구빈원 옆에 학교를 세웠다. 학교는 학생을 거의 400명이나 소화할 수 있는 규모였다. 구빈원의 다른 쪽 끝에는 교장 사택이 들어섰다.

구빈원에 상당한 비용이 들어갔다. 스펄전은 그 비용을 기부로 충당할 수 있기를 바랐다. 그러나 돈은 들어오지 않았고, 여러 해 자신의 주머니를 털어 난방비와 조명비를 비롯해 각종 운영비를 대야 했다. 여러 해 후, 타버나클 교인들이 부임 25주년 기념으로 스펄전에게 상당한 돈을 주며, 그 자신을 위해 쓰라고 신신당부를 했다. 그런데도 그는 그 돈을 자선 사역에 모두 썼는데, 그 가운데 절반은 구빈원에 돌아갔다.

구빈원을 짓던 그 무렵, 스펄전은 훨씬 큰 건물을 또 하나 짓고 있었다. 바로 고아원이었다. 고아원을 지은 데는 사연이 있었다. 1866년 여름 스펄전은 어느 기도회에서 설교 중에 이렇게 말했다. "사랑하는 여러분, 우리는 이제 큰 교회입니다. 따라서 이 큰 도시에서 주님을 위해 더 많은 일을 해야 합니다. 오늘 밤, 새 일을 보내 달라고 함께 기도하기를 원합니다. 그 일을 하는 데 돈이 필요하다면, 그 일을 할 수단도 보내 달라고 기도합시다."[1]

며칠 후 그는 힐야드 부인Mrs. Hillyard에게서 편지를 받았다. 고아 소년들을 훈련하고 교육하는 데 2만 파운드를 기부하고 싶다는 내용이었다. 인간적인 시각으로 보면 있을 법한 제안이 아니었다. 힐야드 부인은 영국 국교회 사제의 미망인이었다. 그런데 친구에게—그 친구도 스펄전을 특별히 좋아하는 사람이 아니었다—자신의 돈을 맡아 고아 소년들을 위해 사용할 사람을 찾고 있으며, 온전히 믿을 만한 사람이 있으면 추천해 달라고 했다. 그 친구는 곧바로 "스펄전"을 추천했다. 힐야드 부인은 이 유명한 설교자를 전혀 만난 적이 없었으나, 친구의 추천을 받자마자 그에게 편지를 썼다.

편지가 오간 후, 스펄전은 힐야드 부인의 요청대로 부인을 찾아갔다. 그는 윌리엄 힉스 집사와 함께 갔다. 두 사람이 받은 주소 근처에 이르렀을 때, 그들은 돈이 많은 사람이 사는 동네라고 하기에는 집들이 너무나 평범하다고 느꼈다. 그래서 힐야드 부인을 만났을 때 스펄전은 이렇게 말했다.

"부인께서 편지로 말씀하신 200파운드 때문에 찾아왔습니다."

"200파운드라고요?" 부인이 답했다. "저는 2만 파운드라고 썼는데요."

"예, 맞습니다. 2만 파운드라고 쓰셨습니다." 스펄전이 말했다. "하지만 실수로 동그라미를 한두 개 더 치신 게 아닌가 하는 마음에 신중하게 말씀드린 겁니다."

스펄전은 그 돈을 받지 않으려 했다. 첫째, 그는 힐야드 부인의 가족 중에 부인의 자선이 필요한 사람들이 틀림없이 있을 거라고 했다. 그러나 부인은 한 사람도 소홀히 하지 않았다고 못을 박았다. 스펄전은 그 돈을 조지 밀러George Müller, 1805-1898에게 주는 게 좋겠다며, 밀러가 브리스틀에서 고아들을 위해 하는 큰일을 들려주었다. 그러나 힐야드 부인은 스펄전이 그 돈을 맡아 아버지 없는 소년들을 위해 써야 한다는 자신의 결정에 오금을 박았고, 다른 많은 그리스도인도 틀림없이 도울 거라고 확신했다.

스펄전과 윌리엄 힉스는 힐야드 부인의 집을 나서면서 며칠 전에 기도회에서 드렸던 기도를 떠올렸다. 그때 교회는 타버나클에 새 일과 그 일을 할 수단을 달라고 하나님께 기도했었다. 하나님께서 이들의 기도에 둘 다 응답해 주셨다.

한 달 후 스펄전은 고아원을 지을 땅을 샀다. 타버나클에서 멀지 않은 스톡웰Stockwell에 자리한 땅으로 넓이는 2.5에이커(약 3,060평)였다. 곧바로 돈이 더 들어오기 시작했다. 나중에 그는 교인들 앞에서 그때 일을 떠올리며 이렇게 말했다.

우리는 어느 월요일 밤에 함께 모여……고아원 문제를 두고 기도 했습니다. 그런데 놀랍게도, 그 주 토요일에 주님께서 우리의 기도를 전혀 모르는 한 친구를 움직여 이 일에 500파운드를 기부하게 하셨습니다. 더 놀랍게도, 그다음 주 월요일에 하나님께서 또 다른 사람을 움직여 600파운드를 보내 주셨습니다. 제가 그다음 기도 모임에서 이 이야기를 했을 때, 여러분은 주님께서 더 준비해 두셨다고 생각하지 않았을 것입니다. 그런데 그다음 화요일에 또 다른 친구가 500파운드를 들고 찾아왔습니다.[2]

스펄전은 뒤이어 이렇게 주님을 의지하고 주님께서 이런 방식으로 공급하시리라고 믿는 태도와 기독교 진영들이 일반적으로 쓰는 방식을 대비시켰다. 만약 스펄전과 그의 사람들이 기독교 관습

스톡웰 고아원. 스톡웰 고아원은 여러 가정으로 구성된 형태로서, 훈련과 교육
및 기독교적인 가르침을 받았다.

을 따랐다면, 그의 말처럼 이들은 "먼저 고정 수입을 계산하고, 후원자들을 확보하며, 사람들을 보내 모금을 하고, 우리의 몫을 낼 것입니다. 그러나 이것은 하나님을 신뢰하는 게 아니라 우리의 후원자들을 신뢰하는 것입니다."

스펄전은 자신과 블룸즈베리 침례교회의 목사인 윌리엄 브록 William Brock 박사가 어느 친구를 방문했던 이야기를 들려주었다. 스펄전은 하나님께서 고아원의 필요를 채워 주시리라 확신한다고 했다. 브록 박사도 같은 생각이라고 했다. 이들이 대화를 나누고 있을 때 전보가 왔다. 익명의 기부자가 이 일에 써 달라며 스펄전 앞으로 1천 파운드를 보냈다는 내용이었다. 브록 박사는 놀라면서도 기쁨에 겨워 기도하기 시작했다. 스펄전은 나중에 이렇게 말했다. "그때 그분이 쏟아 내는 기도와 찬양을 결코 잊지 못할 것입니다. 그분은 마치 시편 저자 같았습니다. 벅찬 가슴과 장엄한 단어와 소리로……언제나 신실하신 분을 노래했으니까요."

고아원은 스펄전이 밝힌 몇 가지 뜻에 맞게 계획되었다. 고아원은 어려운 아이들을 위한 여느 시설과 같아서는 안 되었다. 이를테면 아이들을 마치 군대 막사 같은 곳에 몰아넣고, 하나같이 똑같은 옷을 입히며, 자신이 자선의 대상이라고 느끼게 해서는 안 되었다. 고아원은 여러 가정으로 구성된 형태여야 했다. 그래서 집도 연이어 하나로 붙어 있었다. 한 집에 열네 명이 함께 살면서 엄마 역할을 하는 교사의 보살핌을 받아야 했다. 훈련과 교육과 기독교적 가르침이 있어야 했고, 이와 더불어 친절과 운동과 개성도 있어야 했다.

집들은 모두 기부자의 후원으로 지었다. 한 채는 "은혼식의 집"이었는데, 어느 부인이 남편에게 결혼 25주년 기념으로 받아 기부한 500파운드로 지었다. 또 한 채는 "상인의 집"이었는데, 어느 사업가가 지어 주었다. 윌리엄 힉스와 그의 일꾼들이 한 채를 기부했는데, "일꾼들의 집"이라 불렸다. 또 한 채는 "유니티의 집"이라 불렸는데, 윌리엄 올니와 그의 아들들이 최근에 세상을 떠난 유니티 올니Unity Olney를 기억하며 지었다. "증언의 집들"은 영국 전역의 침례교회들이 기부한 기금으로 지었다. 타버나클 주일학교는 "주일학교의 집"을 지었고, 목회자 대학 사람들은 "대학의 집"을 기부했다.

원장 사택과 식당뿐 아니라 큰 놀이 홀(체육관)도 건축되었다. 얼마 지나지 않아 개인 병원도 문을 열었는데 "의무실"이라 불렸다. 전형적인 스펄전식 형태로 모든 건물은 견고하게 지었으며, 스펄전이 수영장까지 만든 것에 모두 놀라지 않을 수 없었다. 그는 "모든 소년이 수영을 배웠습니다"라고 말할 수 있어서 기뻤다.

스펄전은 고아원 회의실에 자신과 윌리엄 힉스가 힐야드 부인을 만나는 장면이 담긴 기념창memorial window을 설치했다. 어려운 아이들을 돕기 원했던 부인에게 합당한 감사의 표현이었다. 그 부인의 간절한 바람이 있었기에 멋진 고아원이 설립될 수 있었다.

고아원 원장 자리도 기도 응답으로 채워졌다. 몇 달 동안 적절한 인물을 찾지 못했다. 마침내 스펄전은 어느 회중교회의 부목사인 버넌 찰스워스Vernon Charlesworth에게 관심을 가졌다. 목회자 대학의 로저스처럼 찰스워스도 침례교인이 아니었지만, 스펄전은 그를 고아원 원장으로 선택했다. 알고 보니 찰스워스는 이 일에 안성맞춤이었다. 그는 고아원을 따뜻하고 효율적으로 운영했고, 훈련도 잊지 않았다. 몇 년 후, 찰스워스는 침례를 받아야겠다는 강한 확신이 들었고, 스펄전은 그가 이렇게 주님께 순종하는 모습에 크게 기뻐했다. 찰스워스의 훌륭한 성품은 그가 보살피는 남녀 아이들의 삶에 영향을 미쳤을 뿐 아니라 고아원의 숱한 친구들에게서 기도와 물질적인 후원도 끌어냈다.

10년 후, 고아원의 소년 지역 옆에 소녀들을 위한 비슷한 건물이 세워졌다. 두 건물은 의무실과 함께 큰 사각형을 이루었고 두 건물 사이에 잔디 깔린 운동장이 있었는데, 운동장 가장자리와 건물 주변은 각종 꽃과 키 작은 나무들이 있었다. 많은 아이들이 아버지도 없고 가난에 찌든 돼지우리 같은 집을 떠나 이곳에, 곧 주변이 공원 같은 곳에 자리한 그리스도인의 가정에 들어와 배불리 먹고 온기를 느끼며 사랑의 보살핌을 받으면서 참으로 놀랍게 변했다.

스펄전은 고아원에 갈 때면 아이들에게 에워싸였다. 그는 사실상 아이들의 이름을 다 알았고, 언제나 1페니 동전—당시로는 꽤 가치가 있었던 동전—을 아이들 수만큼 가져왔다. 그는 특히 의무실에 있는 아이들을 잊지 않고 찾아가 기도해 주었고 더없이 특별한 관심을 보였다.

아이들의 배경이 되는 교파는 아주 다양했다. 백인도 있었고 흑인도 있었으며, 이방인도 있었고 유대인도 있었다. 성공회 신자, 장로교인, 회중교인, 가톨릭교인, 퀘이커교도, 침례교인도 있었다. 이따금 몇몇 청소년들이 회심하고 침례를 받겠다고 했으며, 자라서 하나님의 부르심을 경험하고 목회자 대학에 들어가 목회자의 길로 들어서는 소년도 있었다.

고아원은 스펄전의 믿음이 단지 이론에 그치지 않고 선한 일로 이어졌다는 사실을 지속해서 증명했다. 고아원 사역은 널리 좋은 평판을 받았고, 많은 사람들이 감동해서 기도와 물질로 후원했다.

물론 구빈원과 고아원은 기독교의 열매였고, 불신자들이 운영하는 비슷한 기관들과는 극명하게 대조되었다. 당시 잉글랜드에는 자유사상가들의 모임Free Thinkers' Societies과 이에 속한 불가지론자 연합Agnostic Associations이 있었는데, 이러한 조직은 가난한 자들과 고통받는 자들을 돕는 일을 전혀 하지 않았다. 이들은 기독교를 비난하는 데 열을 올렸으나, 어려운 자들을 위한 자기희생을 전혀 알지 못했다. 예수님의 비유에 나오는 레위인처럼 이들은 "다른 길로 지나갔다"(눅 10:32, 옮긴이 사역).

그러나 복음주의 그리스도인들은 노인과 고아의 보금자리를 짓는 일을 오랫동안 해왔다. 아우구스트 헤르만 프랑케August Hermann Francke, 1663-1727(독일의 경건주의 신학자이자 교육자—옮긴이) 교수는 독일에 큰 고아원을 세워 운영했고, 조지 윗필드는 아메리카 식민지(영국령)의 조지아에서 고아원 사역을 중심으로 삼고 살았다(윗필드는 1740년에 조지아에 고아원을 설립했다—옮긴이). 조지 뮐러는 잉글랜드에서 고아원을 세워 2천 명이 넘는 아이들을 돌보고 있었다. 토머스 존 바르나도Thomas John Barnardo, 1845-1905 박사는 의사 직업을 포기하고 집 없는 아이들을 돕는 일에 헌신했으며, 그 외에 덜 알려진 그리스도인들도 비슷한 노력을 시작하고 있었다.

어느 날 한 불가지론자가 스펄전에게 말을 걸어 기독교 신앙을 공격했을 때, 스펄전은 불신자의 조직들이 주변의 숱한 어려운 사람을 돕는 확실한 프로그램을 하나라도 만들어 운영하지 못하고 있다는 점을 지적했다. 그는 복음주의 기독교가 대조적으로 펼치는 사역들을 언급했으며, 승리에 찬 엘리야의 외침을 변형하면서 대화를 마무리했다. 그 자신도 이를 아주 당당하게 외쳤을 터이다. "고아들로 응답하는 신 그가 하나님이니라"(왕상 18:24 참조).

사람들이 수년 전에 제게, 이를테면 이렇게 말했습니다. "목사님, 매주 설교를 열 번씩 하시다가는 몸이 망가질 거예요."

맞습니다. 저는 지금껏 그렇게 했고, 그래서 기쁩니다. 다시 태어나도 그렇게 할 겁니다. 제 몸이 쉰 개라면, 그 모두가 주 예수 그리스도를 섬기느라 망가져도 기쁠 것입니다.

튼튼한 젊은이들이여, 할 수 있을 때 악한 자를 이기고 주님을 위해 싸우십시오. 우리의 복된 주님과 주인을 위해 여러분의 모든 것을 바쳐 그렇게 하더라도 절대 후회하지 않을 것입니다.

찰스 스펄전, '병자들과 고통받는 자들을 위해'(1876)

13. 햇빛과 그림자

1860년대 말부터 스펄전 부부의 삶에는 주님의 기쁨과 질병의 고통이 섞여 있었다. 스펄전의 건강이 좋지 못했던 까닭은 무엇보다도 그의 엄청난 업무와 그가 지속해서 져야 했던 무거운 책임 때문이었다.

제가 감당해야 하는 일과 보살핌이 어느 정도인지는 아무도 모릅니다.……고아원을 돌봐야 하고, 교인이 4천 명에 이르는 교회를 책임져야 하며, 때로는 결혼식과 장례식을 집례해야 하고, 매주 설교를 교정해야 하며, 「검과 삽」을 편집해야 합니다. 이 모든 일 외에도 매주 평균적으로 500통의 편지에 답장합니다.

그러나 이것은 제 의무의 절반에 지나지 않습니다. 친구들이 세운 교회가 숱하게 많은데, 그 교회들이 저와 밀접하게 연결되어 있어 어려움이 생길 때마다 저에게 도움을 청합니다.[1]

스펄전은 이 외에도 여러 의무를 감당했다. 글을 써야 했고, 매주 본 교회나 외부에서 열 번 정도 설교해야 했으며, 구빈원과 학교와 목회자 대학도 책임졌다.

마침내 집사들은 스펄전이 엄청난 짐을 더는 혼자 감당하지 못한다고 느꼈고, 그래서 그에게 부목사를 두라고 조언했다. 그는 자신의 동생 제임스를 추천했다. 집사들은 곧 교인들의 동의를 얻어 제임스에게 부목사 자리를 제의했다.

제임스는 부목사로 제격이었다. 그는 리젠트 대학Regent's College을 졸업하고 8년간 목회를 해온 터였다. 제임스는 교리적 신념과 전도 방식이 찰스와 일치했고, 찰스가 없을 때 강단을 매우 훌륭하게 지킬 만큼 설교 역량도 충분히 갖춘 인물이었다. 무엇보다도 제임스는 영적 열정이 강하고 영혼 구원에 앞장서는 사람이었다.

부목사와 담임목사 간에 흔하게 일어나는 문제를 고려해, 찰스는 매우 지혜롭게도 집사들이 제임스와 타버나클의 관계를 문서로 작성하게 했다. 제임스는 동사목사co-pastor여야 했으나 형의 지시를 받아야 했다. 집사들은 찰스가 죽으면 제임스가 반드시 담임목사직을 승계하는 것은 아니라고 못 박았다.

제임스는 이런 조건을 흔쾌히 받아들였고, 1868년부터 새로운 직무를 수행했다. 제임스는 뛰어난 사업가였고, 사실상 스펄전의 사역을 총괄하게 되었다. 타버나클과 거기 속한 다양한 기관들을 운영하는 일과 관련한 세세한 부분과 무수한 결정이 이제 제임스의 몫이었다. 찰스는 이런 일에서 벗어난 게 기뻤다.

제임스 스펄전과 찰스 스펄전. 뛰어난 사업가였던 제임스는 타버
나클의 부목사로 청빙되어 형 찰스의 사역을 총괄하게 되었다.

그는 다른 부분에서도 조력자들을 두었다. 한동안 J. L. 키스Keys 혼자 스펄전의 비서로 일했는데, 이제 한 사람이 늘어 J. W. 해럴드Harrald도 스펄전을 도왔다. 얼마 후, 스펄전은 「검과 삽」을 더는 혼자 감당할 수 없음을 알았고, 그래서 홀든 파이크를 부편집자로 두고 도움을 받았다.

스펄전은 집사와 장로들의 도움을 크게 받았다. 처음에 교회의 주요 직원은 집사들뿐이었다. 그러나 교회가 커지면서 장로직도 두었는데, 1860년대 말에 집사가 10명, 장로가 20명이었다. 집사들은 물질적인 부분, 즉 타버나클의 재정과 육체적인 부분을 담당했다. 장로들은 특히 영적인 부분을 담당했는데, 장로마다 맡은 교인들이 있어 이들을 심방하고 이들의 영적 상태를 꾸준히 살펴야 했다. 스펄전은 교인이 적을 때는 직접 부지런히 심방했다. 그러나 교인이 2-3천 명으로 늘어나자 도저히 이렇게 할 수 없었다. 그래서 모든 심방은 사실상 장로들의 몫이 되었다.

이제 스펄전은 점점 자주 아프기 시작했고, 그가 아플 때라도 타버나클의 사역은 물 흐르듯 진행되었다. 동사목사와 집사들과 장로들이 아름답고 조화롭게 동역했다. 스펄전은 자신을 향한 이들의 변함없는 사랑과 주님을 향한 이들의 한결같은 열정을 알았기에, 언제라도 마음 놓고 쉴 수 있었다.

1860년대에 이르자 미국 전역에서 스펄전에 대한 호감이 회복되었다. 스펄전은 노예제도를 반대했고, 이 때문에 미국에서 그를 반대하는 기류가 강하게 일어났었다. 그런데 이제 이런 기류가 크게 사그라졌고, 여러 주州에서 무수한 사람들이 영국을 방문하는 동안 스펄전의 설교를 들으러 왔다. 그와 가까운 미국인 친구 중에 피클을 제조하는 H. J. 하인즈Heinz라는 사람이 있었다. 하인즈는 진실한 그리스도인으로서 잉글랜드에 올 때마다 타버나클을 찾았다. 그는 스펄전과 개인적인 우정을 나누었고, 스펄전을 가리켜 "내가 아는 가장 겸손한 사람"이라고 했다.

미국 사람들은 그저 멀리서 스펄전을 칭송하는 것으로 만족하지 않았다. 많은 미국인이 그의 설교를 직접 듣기를 원했고, 그래서 1860년대 말에 그를 다시 미국으로 초청했다. 그를 초청한 주체는 보스턴에 자리하고 강연 투어를 중재하는 라이시엄 뷰로Lyceum Bureau라는 단체였다. 이 단체는 스펄전에게, 미국에 와서 최소 25회만 강연해 주면 되고, 그 이상은 그가 원하면 얼마든지 더 해도 좋으며, 강연료는 1회당 1천 달러를 지급하겠다고 제안했다.[2] 당시에 1천 달러는 200파운드에 해당했다. 제안은 아주 후했으며, 미국인들이 스펄전의 강연을 얼마나 듣고 싶어 했는지를 잘 보여준다.

의심할 여지 없이 스펄전은 미국에 가고 싶었다. 그러나 초청 형식이 그에게 맞지 않았다. 이를테면, 제시받은 강연료가 너무 높았다. 스펄전이 돈 때문에 움직인다는 인상을 주기 쉬웠다. 게다가 이 초청은 그가 늘 하던 일과 무관했다. 초청자는 그에게 설교가 아니라 강연을 부탁했기 때문이다. 더욱이 그는 건강이 좋지 않았다. 그러나 그 제안에 강하게 끌렸고, 교인들에게 "제가 4만 파운

드쯤 들고 돌아올 수 있었을 것입니다"라고 했다. 어떤 사람은 초
청을 수락하라고 그를 재우쳤다. 그러나 그는 정중한 답장으로 초
청을 거절했다.

스펄전이 이때 미국에 안 간 것은 잘한 일이었다. 스펄전 부인
의 건강이 아주 나빠졌기 때문이다.

그 무렵은 우리 부부 모두에게 어두운 나날이었습니다. 심각한 질
병이 제 몸에 침입해 진을 빼는 고통이 조금도 수그러들지 않고
계속되었기 때문입니다. 사랑하는 남편은 언제나 자기 주인의 일
에 깊이 매진했지만, 어떻게든 귀한 시간을 되도록 많이 내어 제
곁을 지키면서 주님의 일이 자신의 손에서 어떻게 번성해 가는지
들려주었고, 우리 부부는 서로 마음을 나누었습니다. 남편은 고통
받는 저를 위로했고, 저는 수고하는 남편을 응원했습니다.[3]

스펄전이 살던 헬렌스버그 하우스는 스펄전이나 스펄전 부인 어
느 쪽에도 건강에 도움이 되지 않았다. 이 집은 낡아서 적절한 편
의 시설이 없었다. 몇몇 친구들이 이를 안타깝게 여겨 새 집을 마
련할 돈을 모아 주었다. 힉스 집사가 집 짓는 일을 맡았고, 건축가
인 힉스의 아들이 멋진 집을 설계했다. 낡은 헬렌스버그 하우스를
철거하고 그 자리에 새 집을 지었다.

새 집을 짓는 동안 스펄전 부인은 브라이턴Brighton에 살았다. 스
펄전은 기차를 이용해 최대한 자주 그곳을 오갔다. 그러나 스펄전

나이팅게일 레인에 자리한 스펄전의 집 "헬렌스버그 하우스."

부인은 브라이턴에 머무는 동안 상태가 더 나빠졌다. 신실한 그리스도인이요 저명한 내과 의사이자 클로로폼을 발견한 제임스 심프슨James Simpson 경이 전에 전문 진료를 무료로 해주겠다고 했는데, 이제 스펄전은 이 제안을 받아들였다. 제임스 경은 꼭 필요한 수술을 했고, 수술은 매우 성공적이었다. 그러나 당시에 의학 지식이 부족해서였는지 몰라도, 회복은 매우 더뎠고 스펄전 부인은 반환자 상태로 지냈다.

여러 주 후 스펄전 부인은 헬렌스버그 하우스로 돌아왔다. 기쁘고 놀랍게도 부인은 이제 새 집에서 살게 되었다. 그뿐 아니라 남편은 아내를 위해 집안 곳곳을 특별하게 꾸몄다. 스펄전은 아내를 위해 특별한 가구를 샀다고 말했으며, 스펄전 부인은 그의 서재 옆에 자신에게 꼭 맞은 작은 방이 있었다고 말했다. 스펄전 부인은 섬세하게 만든 모서리장을 특히 좋아했는데, 양쪽 문을 열면 찬물과 더운물이 나오는 앙증맞은 수도꼭지가 나왔다. 당시에 이런 시설은 전혀 일반적이지 않았고, 몸이 아픈 부인에게는 아주 만족스러운 시설이었다.

새 집은 스펄전에게도 요긴했다. 새 집에는 그가 여러 가지 일을 하기에 적합한 서재가 있었고, 수많은 책을 보관할 널찍한 방도 있었다. 집 주변은 온통 나무를 다시 심은 듯 보였는데, "스펄전의 사람" 조지 러브조이George Lovejoy가 관리했다. 잔디 볼링을 위해 매끈한 장소도 마련되었다. 스펄전은 잔디 볼링을 크게 즐겼는데, 잔디 볼링은 특히 청교도들이 가장 좋아하는 놀이였기 때문이다.

아내가 아픈데도 그는 엄청난 일정을 그대로 유지하려고 노력했다. 그러나 이것은 불가능했고 그는 곧 심하게 몸져누웠다. 그뿐 아니라 강단을 비우고 글쓰기도 내려놓아야 했는데, 그는 「검과 삽」 1869년 10월호에 자신의 상태를 이렇게 썼다.

편집자는 고통스러운 병 때문에 매달 쓰던 글도 포기하고 시편 주석도 포기해야 했습니다. 일이 주는 지나친 압박 때문에 장애가 생겼는데, 그 뿌리는 육체적이기보다는 정신적입니다. 유한한 인간이 진저리나는 통증에다 그에 따른 고통과 자꾸 늘어나는 책임의 무게를 도저히 혼자 견디지 못해 무너지고 맙니다. 부족함이 없는 하나님만이 우리의 기쁨이고 즐거움입니다.[4]

스펄전은 여러 날을 앓은 후 일을 계속할 정도로 회복되었다. 그러나 두세 달 후, 이번에는 천연두에 걸렸고, 회복하는 과정에서 아주 심한 통풍을 앓았다. 그는 이 통풍에 대해 아무 말도 하지 않았다. 그러나 뒤이은 다른 통풍에 대해, 그리고 1871년에 겪었던 통풍에 대해 교인들에게 쓴 편지에서 자세히 밝혔다. 다음 편지는 스펄전이 겪은 고통을 잘 보여준다.

사랑하는 여러분에게,
제 주변에 아직도 용광로가 이글거립니다. 저는 마지막으로 여러분에게 설교한 후, 지금껏 매우 가라앉아 있습니다. 제 육체는 통증으로 고통당하고, 제 영혼은 우울함을 가누지 못합니다. 그러나 이런 가운데서도 아버지의 손을 보며 그 앞에 엎드립니다.……지금 이 편지도 침대에서, 통증으로 신음하나 소망의 노래를 담아 힘겹게 쓰고 있습니다.

상황이 아주 좋아지더라도 여러분을 다시 뵈려면 오래 걸릴 것 같습니다. 가장 권위 있는 의사들이 하나같이 제가 회복되려면 오래 쉬어야 한다고 했기 때문입니다. 그러지 않기를 바랄 뿐입니다. 제 마음은 제 일터에 있고 여러분과 함께 있습니다.……저는 움직일 수 있으면 가야 합니다. 제 모든 염려를 하나님께 맡깁니다. 하지만 이따금 여러분이 흩어질까 두렵습니다. 사랑하는 여러분, 방황하지 마십시오. 그러면 제 마음이 찢어질 것입니다.……지난 2년간에 비해 지금 고아원 운영 기금이 부족합니다. 하나님께서 채우실 것입니다. 그러나 여러분도 알듯이 여러분은 그분의 청지기입니다.

여러분이 저를 위해 기도하시는 것을 압니다.……저는 토기장이의 질그릇 같습니다. 박살 나면 쓸모없어 버려집니다. 저는 밤이면 잠을 못 이루고 낮이면 눈물로 보냅니다. 그러나 구름이 걷히고 있다고 소망합니다. 슬프게도 저 자신의 가벼운 고통에 대해서만 이렇게 말할 수 있습니다. 이런 소망으로는 없어지지 않는 슬픔을 가진 사람이 온통 제 마음을 차지하고 있기 때문입니다.[5]

"우울함을 가누지 못합니다"라는 스펄전의 말이 눈에 들어온다.

어떤 사람은 통풍에 걸리면 화를 잘 낸다. 그러나 스펄전에게는 매우 심한 우울증이 동반되었다.

스펄전은 7주 동안 강단을 비웠다. 그는 돌아와 자신이 겪은 일을 얘기했다. 그는 자신의 잡지에 실은 어느 글에서 이렇게 말했다.

> 침대에서 돌아누울 수 있다는 건 고마운 일입니다.……한 주 내내 한 방향으로만 누워 보셨나요? 돌아누우려고 해봤지만 전혀 소용없던 적이 있었습니까? 다른 사람들이 친절하게도 여러분을 들어 반대쪽으로 눕혔는데, 다시 들어 이전 방향으로 돌려놓아야 했던 적이 있었나요? 이전 자세가 불편하기는 했지만 그래도 다른 어느 자세보다 더 나았기 때문에 말입니다.……우리 가운데 밤마다 간절히 잠을 청하지만 잠을 이루지 못하는 게 무엇인지 아는 사람들이 있습니다.……한 번에 무릎이 한쪽만 아픈 게 얼마나 다행으로 느껴지는지 모릅니다. 잠시만이라도 다시 땅을 밟고 설 수 있다면 얼마나 큰 축복이겠는지요![6]

강단에서 스펄전은 고통이 극심할 때 하나님께 어떻게 간구했는지 들려주었다.

> 저는 극한 통증에 더는 견디지 못해 울었고, 혼자 있고 싶으니 모두 방에서 나가 달라고 했습니다. 그때 하나님께 이 말밖에 할 수

없었습니다. "당신은 제 아버지요, 저는 당신의 자녀입니다. 아버지로서 당신은 다정하고 낙낙하며 자비로우십니다. 만약 당신이 저로 겪게 하시는 고통을 제 자녀가 겪는다면, 저로서는 도저히 참고 보지 못할 것입니다. 만약 제 자녀가 저처럼 괴로워한다면, 저는 그를 돕기 위해 무엇이든 할 것입니다.……나의 아버지여, 당신의 얼굴을 제게 숨기시렵니까? 당신의 무거운 손을 여전히 제게 얹으시고, 당신의 미소를 제게서 숨기시렵니까?"……저는 그분의 부성애에 진정으로 간절히 애원했습니다. "아버지가 자식을 긍휼히 여김같이 여호와께서는 자기를 경외하는 자를 긍휼히 여기시나니"(시 103:13). 그분이 아버지라면, 그분이 아버지로서 자신을 나타내셔야 합니다. 그래서 저는 간구했고, 저를 돌보는 사람들이 돌아왔을 때 감히 이렇게 말했습니다. "이런 고통을 다시는 겪지 않을 것입니다.……하나님께서 제 기도를 들으셨거든요." 저는 고통이 수그러들게 하신 하나님을 찬양했고, 극한 고통은 다시 찾아오지 않았습니다. 계시된 하나님의 성품을, 우리가 더없이 캄캄한 순간에도 가장 잘 의지할 수 있는 성품을 붙잡았기에, 믿음이 극한 고통을 이겨 냈습니다.……우리는 지금도 "우리 아버지"를 부를 수 있고, 매우 어두울 때, 매우 약할 때, 아이처럼 일어나 "아버지, 도와주세요! 아버지, 구해 주세요!"라고 외칠 수 있습니다.[7]

스펄전은 여전히 매우 약했고 상당 기간 휴식이 필요했다. 그러나 그가 잉글랜드에 남아 있는 한 이런 휴식은 불가능했다. 그래서 겨울이 오기 전에(1871년 11월) 그는 이탈리아로 떠났다. 이탈리아에서는 언어 장벽 때문에 자주 설교할 수 없었고, 영국의 습기와 추위는 남쪽의 햇살과 온기로 바뀌었다. 그는 6주간의 휴가를 보낸 후 집으로 돌아왔고, 더 나은 건강과 새로운 활력으로 일을 다시 시작할 준비가 되어 있었다.

스펄전 부인은 건강이 너무 안 좋아 남편과 함께 떠나지 못했다. 그녀는 이렇게 썼다. "이렇게 떨어져 지내는 일은 우리처럼 마음이 아주 다정하게 하나 된 사람들에게는 매우 고통스러웠습니다. 그러나 우리는 각자에게 닥친 슬픔을 최대한 용감하게 견뎌 냈고, 계속 편지를 주고받으면서 슬픔을 최대한 누그러뜨렸습니다."[8] 스펄전은 매일 편지를 썼고, 그림에도 상당한 소질이 있었기에 많은 편지 끝에 자신이 보았던 광경을, "사람, 관습, 풍경, 나무, 우물을 비롯해 그가 보기에 특이한 것은 무엇이든" 스케치해 넣었다.

스펄전은 자신의 글을 출판하는 조지프 패스모어Joseph Passmore를 비롯한 두 친구와 동행했다. 이들은 로마, 나폴리, 폼페이, 카프리 섬를 방문했고, 멋진 경치와 날씨를 즐겼다. 돌아오는 길에 프랑스 남부 해안에 자리한 망통Menton이라는 곳에서 며칠 머물렀는데, 스펄전은 이곳이 얼마나 마음에 들었던지 "아픈 사람도 건강해져 펄쩍 뛰게 하는" 곳이라고 했다. 그는 햇살 따사로운 이곳이 매우 마음에 들었고, 그래서 이듬해부터 겨울이면 거의 해마다 이곳을 찾았다. 1892년, 그가 세상에서 마지막 며칠을 보낸 곳도 망통이었다.

스펄전은 잉글랜드로 돌아오는 길에 다시 심한 통풍을 앓았고, 칸Cannes에서 주중의 절반 이상을 몸져누웠다. 그는 자신이 여행을 계속할 정도로 회복되었을 때, "어느 부인이 제가 역까지 타고 가도록 바퀴 의자Bath-chair(지붕이 달린 환자용 휠체어—옮긴이)를 빌려주었고, 짐꾼들이 저를 들어서 객차에 실어 주었습니다. 객차에는 멋진 침대 겸용 소파가 있어 아주 편안했습니다"라고 했다.[9] 여전히 잠을 자기는 어려웠다. 그러나 프랑스를 지나는 여정이 끝나고 영국 해협을 건널 준비가 되었을 때, 스펄전은 아내에게 편지를 썼다. "이제 조금 걸을 수 있는데, 주일까지는 완전히 회복되기를 바란답니다.……선하신 하나님께 진심으로 감사드려요. 그래도 '집만한 곳이 없어요.' 집을 생각하니 사랑의 불을 놓은 듯 가슴이 벅차네요. 하나님께서 당신에게 늘 복을 주시기를!"[10]

스펄전이 오래 아팠고 아내 또한 오래 아팠다는 사실로 미뤄 볼 때, 많은 사람들이 그에게 '치유 은사'가 있었다고 믿기란 쉽지 않다. 이와 관련된 최고의 정보는 러셀 콘웰이 쓴 『스펄전의 생애』 Life of Charles Haddon Spurgeon, 특히 '놀라운 치유'라는 장에 나온다.

스펄전에게 치유의 은사가 있다고 생각하기 시작한 것은 콜레라가 만연하던 때였다. 앞서 보았듯이, 그는 콜레라 창궐 지역의 무수한 가정을 찾아 환자들의 회복을 위해 기도했다. 많은 경우 죽음을 코앞에 둔 듯이 보이는 사람이 병세가 그치고 얼마 후 건강을 회복했다. 사람들은 이것을 기도의 결과로 확신했다.

이후 여러 해 동안 스펄전은 다양한 환자들을 위해 기도했다. 많은 경우 병세가 호전되지 않았으나, 병세가 기적같이 호전되는 경우도 더러 있었다. 콘웰 박사는 이런 경우를 여럿 살폈는데, 1892년 스펄전이 죽던 해에 이렇게 말했다.

이제 메트로폴리탄 타버나클에서 예배하는 사람 중에 스펄전의 직접적인 기도로 자신의 생명이 연장되었다고 여기는 사람들이 수백 명에 이른다. 이들은 중병을 앓아 죽음의 문턱까지 갔었다. 그때 스펄전이 찾아와 이들의 침상 곁에 무릎을 꿇고 이들의 회복을 위해 기도했다. 곧바로 건강의 기운이 되돌아왔고, 맥박이 안정되었으며, 체온이 내려갔고, 예상치도 못한 짧은 기간에 신체 활동이 모두 정상으로 돌아왔다. 자신의 회복이 스펄전의 기도 때문이라고 여기는 사람들을 한 자리에 모은다면, 그를 기억하는 아주 귀한 시간이 되지 않을까 싶다.[11]

콘웰은 더 나아가 스펄전의 기도로 병자가 나았다고 생각되는 구체적인 사례 일곱을 소개한다. "스펄전의 치유 은사에 대한 믿음이 몇몇 그룹에서는 미신에 가까울 정도였다. 그래서 스펄전은……이 문제를 강단에서 직접 언급하고 극단적인 열성주의자들의 이론을 꾸짖음으로써 매우 잘못되고 과장된 이러한 인상을 극복해야 했다. 그는 상황이 유럽 가톨릭의 성지들shrines(성인들의 유골이나 유물을 안치해 놓은 곳으로, 특별한 치유와 이적의 능력이 나타난

다고 여겨진다—옮긴이)과 비슷해져 간다고 느꼈다." [12]

스펄전은 하나님의 치유를 크나큰 신비라고 했다. 그는 여느 문제를 두고 기도하듯이 질병에 대해서도 그렇게 기도했는데, 하나님이 어떤 경우에는 치유로 응답하시고, 어떤 경우에는 우리가 알지 못하는 이유로 고통이 계속되게 허용하신다고 했다.

1870년대 스펄전은 숱한 시련뿐 아니라 많은 기쁨도 겪었다.

가장 행복했던 경험 중 하나는 두 아들에게 침례를 준 일이었다. 스펄전의 두 아들 토머스와 찰스가 언제 회심했는지는 모른다. 그러나 스펄전은 어느 설교에서 이렇게 말했다. "자녀들이 주님을 찾는 모습을 처음 보았을 때, 부모로서 마음에 기쁨이 넘치지 않던가요?……자녀들의 눈물겨운 이야기를 듣고 위로의 말을 건넸던 때를 기억해 보십시오. 자녀들이 거듭났을 때, 우리는 그들이 태어났을 때보다 배는 기뻤습니다." [13]

1874년 9월 21일 주일, 토머스와 찰스는 침례를 받았다. 스펄전은 건강이 안 좋아 여러 달 침례식을 동생에게 맡겼다. 그런 그가 침례통에 직접 들어가 두 아들에게 침례를 준 일은 특별한 의미가 있었다. 당시에 토머스와 찰스는 열여덟 살이었는데, 한두 달 후 주일마다 원즈워스 침례교회Wandsworth Baptist Chapel에서 한 사람은 오전 예배 때, 또 한 사람은 저녁 예배 때 설교하기 시작했다. 2년 후, 토머스는 예술적 달란트를 살려 어느 조각가의 제자가 되었다. 찰스는 그리니치에 자리한 교회에 청빙되었는데, 그곳에서 목회를 시작하는 예배 때 아버지가 설교했다. 찰스는 그때를 이렇게 회상

찰스 스펄전의 쌍둥이 아들 찰스와 토머스.

했다. "[아버지는] 강단 난간에 기대어 아래 강단에 있는 저를 내려다보면서 부드럽지만 떨리는 목소리로 말씀하셨습니다. '아들아, 그리스도를 힘써 전해라! 그분을 힘써 전해라!'"[14]

두 아들은 이따금 메트로폴리탄 타버나클 강단에 섰다. 둘 다 유능한 설교자였고 아버지의 목소리를 적잖게 닮았으나, 아버지 같은 남다른 은사는 없었다. 더욱이 두 아들은 결코 건강 체질이 아니었다. 어릴 때 아버지가 운동 기구를 마련해 주었지만, 제대로 활용하지 못했던 것 같다.

1870년대에 스펄전에게 특별히 기뻤던 일이 또 있었다. 바로 목회자 대학의 새 캠퍼스가 문을 연 일이다. 타버나클 바로 뒤쪽에 자리했는데, 적어도 150명을 너끈히 수용할 만큼 널찍했다. 강의실도 여럿이었다. 문을 여는 날, 총장은 강의실마다 다니며 기도했고 강의실을 주님께 엄숙히 봉헌했다.

하지만 새 건물에는 기숙사가 없었다. 학생들은 여전히 타버나클 교인들의 집에서 기거했다. 스펄전은 학생들이 공동생활을 하면, 다른 대학들이 대개 그렇듯이 농담과 실없는 소리를 많이 하게 되리라고 믿었다. 그는 이렇게 말했다. "학생들의 경솔한 행동 때문에 마음이 아주 무겁습니다.……죄인들이 죽어 가고 있는데 어떻게 목회자들이……실없는 소리나 하며 시시덕거릴 수 있겠습니까? 우리는 절대 그러면 안 됩니다."

목회자 대학 건축에 1만 5천 파운드가 들었다. 그중 많은 금액을 스펄전이 직접 내거나 다른 교회에서 설교하고 받은 사례비로 충당했다. 이 건물은 권서인회 본부가 되었고, 스펄전이 관리하는 거의 모든 기관이 이곳에서 연례 모임을 했다.

목회자 대학 건물이 세워져 스펄전의 큰 꿈이 하나 더 이루어 졌으나, 그의 어깨가 더 무거워진 것도 사실이었다. 건강이 썩 좋 았다면 무거운 짐이라도 너끈히 질 수 있을 터였다. 하지만 이따 금 찾아오는 통풍과 그에 따른 통증과 우울증 때문에, 스펄전은 짐이 점점 더 버거워졌다. 그는 낙담에 빠졌던 어느 날을 회상하 며 이렇게 썼다. "마치 제가 큰 기계를 만들었는데, 그 기계가 저 를 부수고 또 부수는 것 같았습니다." 그러나 대부분 그는 주님을 기뻐하며 살았고 행복한 그리스도인의 본보기로 살았다.

제 삶의 기쁨 가운데 하나는 이것입니다. 사랑하는 아내가 목회자들의 서재에 큰 관심을 두게 되었고, 이 일에 전력을 다하고 있다는 점입니다.

여러분도 제 아내의 창고와 책방을 보고, 아내를 돕는 사람들이 책을 포장해 발송하는 날이 얼마나 바쁜지 보면 좋겠습니다. 2주일마다 마차가 와서 책을 잔뜩 싣고 갑니다. 어떤 때 우리 집은 도서 기금에 온통 신경이 쏠립니다. 이 기금의 관리자는 매일 생각과 마음이 온통 여기에 가 있습니다.

여러분은 책 보내기와 관련한 업무를 거의 모를 것입니다. 조금만 말씀드리겠습니다. 관리자가 작성한 명단에는 6천 명이 넘는 사람들이 있습니다. 그런데도 아내는 첫날부터 지금까지 누구에게 무슨 책을 보냈는지 다 압니다. 작업은 일정에 딱딱 맞춰 질서 정연하게 이뤄집니다. 그러나 책을 받는 모든 사람에게 기쁨을 주면서도, 불필요하게 요청한 사람들의 마음을 상하지 않게 하려는 진심 어린 배려 가운데서 이뤄집니다.

1882년

찰스 스펄전

14. 스펄전 부인과 그 사역

스펄전 부인은 결혼 생활의 많은 부분을 반 환자로 지냈다. 오랜 기간 외출하지 못했고 타버나클 예배에도 참석하지 못할 만큼 건강이 좋지 않았다. 그러나 부인은 이러한 상황에서도 훌륭하게 견뎠다. 잦은 고통에 힘들어하는 남편을 격려했고, 자신의 처지를 조금도 불평하지 않았다. 그런데도 스펄전 부인은 주님을 위해 바쁘게 살기를 바랐다. 부인이 썼고 우리에게 전해 내려온 문장들 하나하나, 사람들이 전해 준 부인의 말 한 마디 한 마디가 매우 자애롭고 영적인 한 여자를 보여준다.

1875년, 주님이 스펄전 부인을 매우 유용하게 사용하실 길이 열렸다. 남편이 쓴 『목회자 후보생들에게』라는 책이 최근에 출간되었는데, 이 책을 읽은 스펄전 부인이 남편에게 말했다. "제가 잉글랜드의 모든 목사님에게 한 권씩 보낼 수 있으면 좋겠어요." "그렇게 해보는 게 어때요?" 스펄전이 답했다. "얼마나 보낼 건데

수재나 스펄전. 스펄전 부인은 결혼 생활 동안 자주 병약했으나, 사역으로 힘들어
하는 스펄전을 위로하고 그의 사역을 돕는 일을 계속했다.

요?" 부인은 속으로 셈을 했고, 생활비를 아끼면 얼마나 저축할 수 있을지 계산했다. 그러고는 5실링짜리 동전을 받을 때마다 따로 보관해 둔 것을 기억해 냈다. 이래저래 『목회자 후보생들에게』를 100권 정도 보낼 수 있을 것 같았다.

스펄전 부인은 곧 형편이 어려운 목회자 100명에게 이 책을 한 권씩 보냈다. 부인은 이것으로 끝이라고 생각했다. 그녀는 남편에게 자신이 한 일을 알리지 말라고 신신당부했다. 그런데도 소문은 널리 퍼졌고, 친구들이 책을 더 보내라며 돈을 보내오기 시작했다. 책을 받은 목사들이 꼭 필요한 책을 보내 줘서 고맙다고 편지를 보냈다.

스펄전 부인은 이 사역이 꼭 필요할 뿐만 아니라 하나님께서 이 사역이 계속되기를 원하신다고 느꼈다. 그래서 『다윗의 보고』를 여러 질 주문해(당시 스펄전은 이 책을 4권까지 냈다) 형편이 어려운 목회자들에게 보냈다. 이번에도 감사 편지가 많이 왔다. 이것이 꼭 필요한 사역이라는 게 더 분명해졌다. 많은 목사들이 빈약한 수입으로 힘겹게 가족을 부양하고 있었기 때문이다.

이때까지 스펄전 부인이 하는 일은 공식적으로 언급되지 않았다. 그런데도 책 보내기를 계속해 달라며 사방에서 후원금이 계속 들어왔다. 예를 들면, 어떤 사람은 북웨일스의 칼뱅주의 감리교회 Calvinistic Methodist Church 소속 목사들 거의 500명에게 『목회자 후보생들에게』를 한 권씩 보내 달라며 50파운드를 보냈다. 어떤 사람은 이 일에 보태라며 50파운드를 보냈다. 뒤이어 어떤 사람은 이 책을 남웨일스의 같은 교단에 속한 목사들에게 보내 달라며 100파운드를 보냈다.

책 보내기에 관한 소문이 더 멀리 퍼졌고, 여러 교단 목사들이 『목회자 후보생들에게』와 『다윗의 보고』를 비롯한 스펄전의 저서가 있으면 큰 도움이 되겠지만 너무 가난한 나머지 도저히 살 수 없다는 편지를 보냈다. 이런 편지가 많이 올수록 돈도 더 많이 들어왔다. 스펄전 부인은 꾸준히 해야 할 일, 하나님께서 맡기신 일이 생겼다는 사실을 알았다.

이 일을 다섯 달 정도 했을 때 스펄전 부인은 이렇게 썼다.

지금까지 보낸 책이 3,058권인데, 모든 교단의 목사님들이 골고루 책을 받으셨습니다. 그러나 사랑하는 여러분, 목록에 적힌 명단을 보니 도서 기금에 늘 슬픈 그림자가 드리운 게 보일 뿐입니다. 이러한 사랑의 섬김이 절실하게 필요하다는 사실을, 이러한 도움이 없었다면……책을 받은 가난한 목사님들이 영적 양식에 주릴 수밖에 없었으리라는 사실을 알게 되어 마음이 아픕니다. 이들은 수입이 너무나 적어서, 자신과 가족을 위해 "선한 일을 도모하"고(롬 12:17) 책을 사 보는 게 절대적으로 불가능하기 때문입니다.

어떤 사람은 책 선물이 자신에게 미친 영향을 아주 자세히 말해 주었는데 가슴이 뭉클합니다. 어떤 사람은 책을 "기쁨의 눈물"로 받았다고 "부끄러움 없이 말하면서" 아내와 아이들이 둘러서서 함께 기뻐했다고 합니다. 또 어떤 사람은 귀한 책을 싼 포장지를 뜯자마자 하나님을 찬양하고 힘을 다해 영광송Doxology을 불렀다고 합니다. 그런가 하면, 어떤 이는 오랫동안 눈독 들였던 『다윗의 보고』를 보는 순간, "하나님 앞에 마음을 쏟아 놓으려고" 혼자만의 한적한 곳을 향해 "방에서 달려 나갔다"고 합니다.[1]

책을 얼마나 고맙게 받았는지 강조하기 위해, 많은 목사들이나 그 아내들이 늘 겪는 경제적 어려움을 이야기했다. 어떤 목사는 사례비 80파운드로 생활했고, 어떤 목사는 60파운드로 생활했으며, 적게는 40파운드로 생활하는 목사도 있었다. 식구가 많은 목사도 여럿 있었다. 어떤 목사는 아내의 치료비가 많이 든다고 했다. 거의 모든 목사가 자녀 교육에 큰 부담을 느꼈다. 더 나은, 더 따뜻한 의복이나 더 많은 침구나 개인적인 물품이 필요한 가정이 많았다.

스펄전 부인은 이러한 필요를 힘껏 채워 주기로 했다. 그래서 도서 기금 외에 목회자 후원 기금Pastors' Aid Fund을 만들었다. 「검과 삽」은 무수한 목사들에게 무엇이 꼭 필요한지 알렸고, 스펄전 부인은 돈, 의복, 담요 등을 기부해 달라고 호소했다. 이러한 호소는 엄청난 호응을 얻었고, 부인은 물품을 메트로폴리탄 타버나클로 보내 달라고 부탁했다. 이렇게 답지한 물품은 타버나클의 자원 봉사자들이 필요한 사람들에게 보냈다. 책은 스펄전의 집에서 포장했고, 2주마다 마차에 가득 실려 기차역으로 향했다.

스펄전 부인은 수입과 지출을 아주 꼼꼼하게 기록했고, 자신을 두 기금의 "회계 담당자, 총책임자, 연락 비서"라고 했다. 스펄전 부인은 때로 몸이 약하고 아픈 중에도 책임을 다했으나, 너무 아파서 전혀 일을 못 할 때도 있었다.

책과 물품 보내기는 받는 사람에게도 귀한 일이었지만, 무엇보다도 스펄전 부인 자신에게 특히 귀한 일이었다. 이 일을 통해 스펄전 부인은 아무리 연약해도 섬길 수 있다고 느꼈다. 스펄전은 이 사역을 가리켜 하나님이 명하신 일이라고 했고, 아내가 이 사역을 통해 어떻게 변했는지 들려주었다.

사랑하는 아내에게 말로 표현하지 못할 만큼 행복하고 열매가 가득한 일을 맡기신 하늘에 계신 우리 아버지께 감사하며 그분의 선하심을 찬양합니다. 이 일이 아내에게 표현하기 어려울 정도로 큰 아픔을 준 것은 분명한 사실입니다. 그러나 이 일이 아내에게 한없는 기쁨을 준 것도 똑같이 분명한 사실입니다. 자애로운 주님께서 고통당하는 그분의 자녀를 더없이 효과적으로 보살피셔서, 감사하게도 그분을 섬기는 데 꼭 필요한 일을 맡기셨습니다.

제 말은, 주님께서 제 아내를 개인적인 슬픔에서 불러내어, 아내의 삶에 가락tone과 집중력을 주셨고, 아내가 지속해서 그분과 교제하게 하셨으며, 아내를 한 영역의 중심에 더 가까운 곳으로, 곧 세상의 기쁨과 슬픔이 아니라 다른 것이 최고의 자리를 차지하는 곳으로 이끄셨다는 뜻입니다. 대부분 인간이 겪는 질병의 경우, 최선의 치료제와 해독제는 주 예수를 위해 자신을 희생하는 일에서 찾아야 합니다. 부디, 모든 신자가 이것을 간접 경험으로 받아

들이기를 바랍니다.[2]

스펄전 부인은 이렇게 증언했다.

저는 귀한 친구들에게 개인적으로 빚을 졌는데, 이들이 다른 사람
들을 행복하게 할 방법을 제게 가르쳐 주었기 때문입니다. 저는 배
나 복을 받았습니다.……이 사역과 관련한 즐거운 의무 때문에 하
루하루가 말할 수 없이 밝고 행복해졌습니다.……마치 제가 축복
과 사랑의 대기 중에 사는 것 같고, 진심으로 시편 기자처럼 "내
잔이 넘치나이다"(시 23:5)라고 말할 수 있습니다.[3]

한 달 또 한 달이 가면서, 스펄전 부인은 갈수록 많은 책을 보낼
수 있었다. 남편의 설교집을 자주 보냈으며 여섯 권을 한꺼번에
보내기도 했다. 그런가 하면 남편의 다른 저작들도 여럿 보냈고,
다른 사람들의 저작을 추가해서 보낼 때도 잦았다. "견고하고, 오
래되었으며, 성경적이고, 청교도적인 신학을 담은 책을 보냈다."

이 사역은 곧 영국 해안 너머로까지 확대되었다. 스펄전 부인
은 책을 파트나, 벵골, 실론, 트란스발, 사모아, 중국, 오리건, 자메
이카, 커르 모아브, 인도, 트리니다드, 적도 아프리카, 러시아, 나
탈, 캐나다, 콩고, 부에노스아이레스, 케이맨, 다마스쿠스, 마드리
드, 라고스, 팀벅투를 비롯해 멀리 파송된 선교사들에게도 책을
보냈다. 이 모든 곳을 비롯해 많은 곳에서 편지가 왔고, 스펄전 부

인은 일일이 직접 답장했다.

> 도서 기금은 지금껏 왕의 보물 창고King's Treasury(하나님의 보물 창
> 고)에서 공급되었습니다. 그렇기에 저로서는 이 일에 필요한 모
> 든 보급품에 하나님 나라 은행의 도장이 선명히 찍혀 있다는 것을
> "주 안에서 자랑하지" 않을 수 없습니다. 제가 이렇게 말하는 까닭
> 은, 저는 그분 외에 그 누구에게도 도움을 구하지 않았고 그 누구
> 에게도 기부를 간청하지 않았지만, 지금까지 후원금이 늘 들어왔
> 고 필요에 비례해 공급이 끊이지 않았기 때문입니다.[4]

1885년 스펄전 부인은 이 사역에 얽힌 이야기를 엮어 『도서 기금
으로 섬긴 내 인생 10년』Ten Years of My Life in the Service of the Book Fund이
라는 책을 냈다. 부인은 매년 수입이 얼마였고, 책을 몇 권 보냈으
며, 책을 받은 목사들이 속한 교단은 어디였는지 명시했다. 곳곳에
하나님을 찬양하는 간증이 들어갔다.

스펄전 부인은 이 책으로 적잖은 인세를 벌었는데, 인세로 더
많은 책을 사서 보낼 수 있었기에 더 기뻤다. 부인은 목사와 그 아
내들의 편지를 폭넓게 인용했고, 물론 이름을 밝히지 않은 채 이들
이 겪는 어려움을 알렸다. 부인은 어려운 목회자 부부들에게 깊은
연민을 느꼈으며, 이들을 돕기 위해 무엇이든 하려고 마음먹었다.

1895년 스펄전 부인은 『10년 후』Ten Years After라는 책을 냈는데,
이 책에서도 도서 기금과 목회자 후원 기금에 얽힌 이야기를 풀어

놓았다. 하지만 이곳저곳에서, 행간에서, 비록 스펄전 부인이 병약했고 자주 아픈 가운데 일하기는 했어도, 사역이 갈수록 확대된 것을 볼 수 있다. 예를 들면 부인은 1889년을 요약하며 이렇게 썼다. "책 보내기: 6,916권. 단편 설교 보내기: 13,565편. 받은 사람들: 침례교 148명, 독립교단 81명, 감리교 118명, 영국 국교회 152명, 선교사 48명, 장로교 6명, 왈도파 2명, 플리머스 형제단 3명, 모라비안 1명, 모리소니언파Morrisonian 1명—전체 560명."

『10년 후』가 나오기 4년 전 스펄전이 세상을 떠났다. 스펄전 부인의 말에서 슬픔과 외로움이 자주 분명하게 드러난다. 그러나 부인은 오직 그리스도인만이 아는 승리를 가슴에 품고 이렇게 썼다.

지금껏 인생길을 달려왔고, 이제 땅과 하늘 사이에 남은 몇 안 되는 언덕에 올라 주님의 인도로 지나온 길을 되돌아봅니다. (…)

손을 잡고 한마음으로 인생길을 함께 걷는 두 순례자가 보입니다. 사실 둘은 함께 강을 건넜고, 함께 산을 넘었으며, 함께 사나운 적들과 싸웠고, 함께 많은 위험을 헤쳐 나왔습니다. 그러나 이들의 인도자께서는 졸지도 않으셨고 이들의 구원자께서는 실패라고는 모르셨으니, 이들에 대해 진정으로 이렇게 말할 수 있겠습니다. "이들이 고통받을 때마다 그분이 고통받으셨고, 그분의 천사가 이들을 구원했습니다. 그분은 사랑과 긍휼로 이들을 구속하셨습니다. 지난 모든 날 동안 그분이 이들을 안아 옮기셨습니다."

무엇보다도 이들은 길을 가는 내내 찬양했습니다. 적어도 한 사람에게 그야말로 가장 큰 기쁨은 복된 왕의 은혜와 영광을 널리 전하는 것이었습니다. 자신이 그분의 영토를 확장하고 있었으니까요. 그가 전할 때 주님의 능력이 나타났고 회개하는 죄인들로 인해 천사들이 기뻐했습니다.

그러나 마침내 두 사람은 길이 갈라지는 지점에 이르렀습니다. 여기서 전에 전혀 겪지 못한 폭풍 같은 두려움 속에서 두 사람은 헤어졌습니다. 한 사람은 보이지 않는 영광에 사로잡혔고, 한 사람은 무서운 폭풍에 맞아 멍이 든 채 혼자 쓸쓸히 길을 갔습니다.

그러나 그때껏 오랫동안 두 순례자를 따랐던 "선하심과 인자하심"이 이제 혼자된 외로운 순례자를 떠나지 않았습니다. 오히려 주님의 따뜻한 손길이 그 여인을 푸른 초장과 잔잔한 물가로 "부드럽게 인도해" 그분의 피곤한 자녀가 지친 발을 쉬고 위안과 새 힘을 얻게 하셨습니다.

그분은 또한 그 여인에게 엄숙한 책임을 맡겨, 길을 가는 동안 동료 순례자들을 돕게 하셨습니다. 그와 더불어 그 여인의 삶에 복된 관심을 채우셨고, 그 여인에게 다른 사람들을 돕고 위로할 힘을 주심으로 그 여인의 깊은 슬픔을 치유하셨습니다.[5]

사람들의 외침 내 귀에 들리니 나는 참 기쁘고 복이 있었네.
"오라, 오늘 우리가 하나님의 얼굴을 구하자!"
흥겨운 열정으로 서둘러 시온의 언덕에 올라
거기서 외치며 경배하자.

시온, 세 배나 행복한 곳, 놀라운 은혜로 꾸며졌으니
튼튼한 성벽이 그대를 두르도다.
그대 안에 우리의 지파들이 나타나 기도하고 찬양하니
거룩한 복음의 기쁜 소리 들리도다.

거기서 다윗의 위대한 아들이 왕좌에 앉으셨으니
은혜와 심판을 위해 앉으셨도다.
그분께서 성도들에게 기뻐하라 하시고 죄인을 슬프게 하시니
겸손한 영혼들이 경외하며 기뻐하도다.

내 혀가 거듭 외치니, 이 거룩한 집에 평화가 있으리라!
거기에 나의 친구와 친지들이 거하도다.
나의 영광스러운 하나님께서 그대를 당신의 복된 거처로 삼으시니
내 영혼 늘 그대를 사랑하리로다.

아이작 왓츠

15. 메트로폴리탄 타버나클의 일상

메트로폴리탄 타버나클은 어떤 사람들이 추정하듯이 단순히 인기 높은 설교 센터가 아니었다. 사람들이 주로 주변의 수 킬로미터 떨어진 거리에서 와서 멋진 기독교 연설을 들은 후 집으로 돌아가, 다음 주일 아침까지 거의 까맣게 잊어버리는 그런 교회가 아니었다.

타버나클은 일하는 대형 교회였다. 수많은 교인의 절대다수는 템스 강 남쪽의 인구 밀집 지역에 살았고, 많은 교인들이 걸어서 예배에 참석할 만큼 가까운 거리에 살았다. 매우 많은 젊은이들이─도제나 젊은 사업가들이─스펄전의 사역을 통해 회심했다. 이제 이들은 정기적으로 모임에 참석했고, 아내와 자녀들도 데리고 왔다. 환자와 노약자를 제외하면 주일에만 참석하는 사람은 매우 적었다. 활동과 사역이 많았기에 주중에도 많은 교인들이 교회에 나왔다.

타버나클 자체 외에도—인간적인 의미로 말하자면—스펄전의 사역으로 생겨난 조직과 기관이 많았다. 물론 이 가운데 목회자 대학, 구빈원, 고아원, 권서인회가 가장 중요했다. 그러나 덜 두드러진 기관들도 적지 않았다. 전도자 모임, 시골 선교회, 국내외 선교사역회, 소책자 보급회, 설교자 파송회, 어머니회, 경찰 선교회, 커피하우스 선교회, 건물 임대 기금, 기독 형제 자선회, 꽃 선교회, 복음 금주회, 자매 가정 모임, 시각 장애인회, 자매 자선회, 타버나클 전도회, 스펄전 설교 소책자 보급회 등 이름만 봐도 놀랍다. 그러나 이게 전부가 아니다. 사실 스펄전이 희년(런던 목회 25주년)을 맞았을 때, 그의 비서 해럴드가 교회에 속한 기관의 명단을 읽었는데 놀랍게도 모두 66개였다.

이 기관들 외에 스펄전은 런던 각지에 약 40개에 이르는 선교지(지교회)를 개척하는 데 한몫했고, 그의 사람들이 여러 주일학교와 빈민 학교를 운영하고 있었다. 인쇄물도 엄청나게 활용되었다. 이를테면 매주 발행되는 설교지, 매달 발행되는 「검과 삽」, 스펄전의 책(1875년까지 44권이 출간되었다) 등이 전 세계에 수천 부씩 배부되었다.

타버나클은 해외 선교에도 열심이었다. 목회자 대학 졸업자들 가운데 여럿이 먼 외국에 나갔고, 우리는 이들이 특히 인도, 중국, 실론을 비롯해 아프리카 여러 나라에서 펼치는 사역에 대해 읽었다. 타버나클은 선교사들을 거의 도맡아 후원했다.

스펄전이 이 모든 사역을 이끌었다. 앞서 말했듯이, 스펄전은 전반적인 사역 관리를 동생에게 맡겼으나, 사역이 활발히 진행되게 하고 필요한 재정을 지원하는 기본적인 책임은 여전히 그의 몫이었다. 학생들은 그를 "총독"the Gov'nor이라고 불렀으며, 어떤 사람들은 이 용어를 구약의 형태로 바꿔 "티르샤타"the Tirshatha(에스라와 느헤미아에 5회 나오는 칭호로 주로 "총독"으로 번역된다—옮긴이)라고 불렀다. 이 별명은 스펄전의 위치를 잘 보여주었다. 구빈원을 제외하고 각 기관은 스펄전의 영향으로 시작되었고, 그가 그 형태를 계획하고 성장을 감독했다. 따라서 기관의 모든 일에서 그의 말이 가장 위에 있었다.

그렇더라도 사역 전반에서 권위 문제는 전혀 고려되지 않았다. 모두 자발적으로 스펄전을 인정했고, 이 둘의 관계는 교인들을 향한 그의 사랑과 그를 향한 교인들의 사랑이 어우러진 관계였다. 그의 본을 따라 교인들은 사랑과 열정으로 사역을 감당했다. 그는 절대로 권위를 휘두르지 않았고, 그럴 필요도 없었다. 그의 강력한 지도력 아래 전체 조직이 조화를 이루며 꾸준히 발전했다.

타버나클에서는 행사가 거의 끊이지 않았다. 일주일 내내 아침 7시에 교회 문이 열리면 밤 11시까지 닫힐 줄 몰랐고, 그 시간 내내 사람들이 드나들었다.

12년 동안 목회자 대학은 강연 홀을 비롯해 인접한 지하실의 여러 방에서 수업을 진행했고, 새 건물이 완공된 후에도 학생들은 여전히 타버나클을 자주 드나들었다. 목회자 대학은 일주일에 두 번씩 야간반도 운영했는데 참석자가 200명 정도였으며, 얼마 후

커리큘럼에 속기速記가 추가되자 참석자가 300명으로 늘었다.

타버나클은 여러 기관의 연례 모임 장소이기도 했다. 연례 모임은 거의 매주 열릴 만큼 많았다. 자매 자선회는 타버나클에 모여 고아원 아이들, 가난한 교인들, 지역의 어려운 이웃들이 입을 옷을 만들었다. 어머니회는 모여서 출산을 앞둔 임산부를 위한 선물을 준비했고, 산모가 출산하면 직접 가서 도왔다. 꽃 선교회는 타버나클에서 꽃을 모아 멋진 꽃바구니와 꽃다발을 만들어 집과 병원의 환자들에게 가져다주었다. 스펄전 부인은 자비로 성경 간호사Bible nurse(엘렌 랜야드 부인이 1857년에 설립한 선교회 소속 분과로, 이들은 병원에서 위탁 교육을 받은 후 가난한 집을 다니며 가정 문제에 대해 조언하고 성경을 판매하면서 환자들을 돌보았다─옮긴이) 한 사람을 후원했는데, 타버나클 교인 중에 이런 간호사 역할을 하는 사람들이 더 있었다.

외부 단체들도 이따금 타버나클을 이용했다. 성서공회Bible Society와 침례교 연맹Baptist Union을 비롯해 여러 선교회와 단체들이 이 큰 건물에서 특별 행사를 자주 열었다.

타버나클에서는 숱한 음식이 준비되었다. 목회자 대학 건물이 문을 열기까지 학생들은 타버나클에서 식사를 했다. 각종 목회자 콘퍼런스와 다양한 단체의 연례 모임 때도 음식을 준비했다. 때로는 하루에 세 차례 준비하기도 했다. 식재료를 실은 마차가 수시로 들어왔고, 음식 준비와 나르기, 식사 시중과 설거지까지 일손이 엄청나게 필요했다. 일 년에 한 차례 기독 정육인 협회도 타버나클에서 연례 모임을 했다. 이들이 저녁에 구운 쇠고기를 먹었다는 글을 읽을 때, 이 엄청난 양의 고기를 구워서 가져왔는지 아니면 즉석에서 구웠는지 궁금하다. 어쨌든 이들은 식사를 마친 후 뜨거운 간증 집회를 열고 설교를 들었다.

1898년 타버나클이 화재로 무너졌을 때 불길은 부엌 굴뚝에서 시작되었다. 콘퍼런스를 위해 음식을 조리하는 중에 굴뚝이 과열되어 불이 난 것이다.

타버나클 기록에는 없지만, 건물을 깨끗하고 단정하게 유지하려면 많은 일손이 필요했다. 스펄전은 주님의 일은 무엇이든 잘해야 한다고 했고, 그 무엇이라도 대충 하게 두지 않았다. 그는 가능할 때마다 학생들에게 시간제 근무로 일을 맡겼고, 따라서 이러한 관리 업무에 적잖은 인력이 투입되었을 것이다.

그러나 타버나클은 무엇보다도 영적인 일을 했다. 많은 교인들이 오전 예배에 참석한 후, 주님을 위한 일로 남은 하루를 채웠다. 주일학교는 오후에 모였다. 주일학교는 아주 잘 운영되었고, 학생이 1천여 명에 교사가 100명에 가까웠다. 교사들 가운데 자기 일에 진정으로 헌신한 사람이 많았으나, 한 사람이 특히 두드러졌다.

스펄전이 처음 런던에 왔던 때로 돌아가 보자. 그때 라비니아 바틀릿 부인이 뉴 파크 스트리트 채플에서 한 반을 맡았는데, 소녀 셋이 전부였다. 바틀릿 부인의 지도로 반은 점점 커졌고, 10년 후에는 평균 출석이 500명에 이르렀으며 이따금 700명을 넘기도 했다. 집사나 장로들은("메신저들") 구원의 길을 제대로 모르는 자

매를 상담할 때면, 으레 "바틀릿 부인의 반에 들어가세요"라고 조
언했다. 바틀릿 부인이 1875년에 본향으로 돌아갈 때까지 그동안
맡아 가르쳤던 900-1,000명이 주님을 알게 되었다. 스펄전은 바
틀릿 부인에 대해 이렇게 말했다.

> 바틀릿 부인은 주일학교에서 가르칠 때마다 영혼 구원에 목표를
> 두었습니다.……이 목표를 좇으면서 부인은 매우 솔직했고, 조금
> 도 꾸미지 않고 말했습니다. 여성의 어리석음과 연약함과 유혹을
> 매우 날카롭게 다루었고, 자신이 가르치는 사람들의 슬픔과 어려
> 움과 죄를 자기 가슴에 담았습니다.……부인은 절대로 이야기꾼
> 이나 시를 인용하는 사람으로 전락하지 않았고……오히려 주님의
> 이름으로 듣는 이들에게 다가갔으며, 그들에게 주님께 복종하라
> 고 가르쳤습니다.[1]

주일학교의 다른 반들은 바틀릿 부인의 반만큼 성장하지는 않았
으나, 하나같이 바틀릿 부인의 반과 같은 목적을 띄었다.

주일 오후와 저녁이면 타버나클의 많은 교인들이 교회 밖에서
주님의 일을 하느라 바빴다. 여러 교인들이 목회자 대학 학생들을
도왔는데, 어떤 학생은 잘사는 동네에서 사역했고 어떤 학생은 평
범한 동네에서 사역했다. 그런가 하면 빈민가에서 사역하는 학생
도 있었는데, 이런 동네는 대체로 상황이 비참했다. 예를 들면, 목
회자 대학의 어느 학생은 자신을 돕는 타버나클 교인들과 함께 정

기적으로 셋방촌, 곧 지지리도 가난하고 추악하며 서글픈 동네의 주민들을 찾아가거나, 공기가 더럽고 해충이 들끓는 방에서 모임을 했다. 이런 동네에서 나올 때면 불쾌한 냄새가 옷에 뱄지만, 이들의 마음은 불쌍한 영혼에게 그리스도를 전하는 특권을 누렸다는 생각에 기쁨이 넘쳤다.

스펄전은 주일마다 복음을 들고 나가라고 독려했다. 목회하는 내내 그는 교인들에게 타버나클을 떠나 새 교회를 개척하라는 말을 자주 했는데, 빼어난 사람이 함께 나가 리더 역할을 할 때가 많았다. J. T. 던Dunn이 이러한 선교 사역에 앞장선 사람들 가운데 하나였다. 한동안 던은 스펄전의 조력자로서 심방도 하고 비서 역할도 했다. 그러나 1869년에 그는 스펄전의 축복 아래 가난한 동네에서 교회를 시작했다.

건물은 다 낡아 빠진 헛간이었다. 그는 길거리에서 불러 모은 사내아이 넷을, 닦아 낸 나무의자 둘에 앉혀 놓았다. 조명이라고는 주전자 주둥이에 꽂힌 촛불 하나가 전부였다.……그 동네는 생선 훈제를 만드는 사람들이 아주 많았고, 아이들도 이 일을 도왔다. 지붕 물매가 워낙 낮아 스펄전은 자주 이곳을 캘커타의 블랙홀Black Hole of Calcutta(인도 병사들이 1756년 6월 20일 포트 윌리엄에서 사로잡은 영국 포로들을 감금했던 아주 작은 감옥이다―옮긴이)이라 불렀다. 많은 아이들이 깨끗함과는 거리가 멀었고, 공기가 너무 탁해 여선생들은 기절하지 않으려고 밖으로 나가 맑은 공기를

들이마셔야 할 때가 많았다.[2]

그러나 던은 노력을 멈추지 않았다. 모임 장소를 다른 건물로 옮겼으나, "지붕으로 비가 들이쳤고 쥐들이 바닥을 활보했다." 그런데도 그는 "몇몇 학자들이 회심하고 메트로폴리탄 타버나클에서 침례를 받은 후에 자원해서 주일학교 교사가 되는 것을 보았다. 어떤 사람들은 야외에서 설교하는 법을 배웠고, 어떤 사람들은 정규 목회를 위해 목회자 대학에서 훈련을 받았다.……1874년, 주일이면 500명에 이르는 아이들과 청년들 그리고 50명에 이르는 교사들이 출석했다."[3]

던은 이러한 선교 사역을 하는 내내 타버나클의 장로로 남아 있었다. 화요일과 목요일 저녁 모임, 주일 오전 예배는 어김없이 타버나클에 출석했다. 그러면서 주중 저녁에 적어도 한두 번, 주일 오후와 저녁에 선교 활동에 참여했다. 생계를 꾸려야 했고 이런 의무까지 졌으니, 틀림없이 아주 바빴을 것이다.

이것이 타버나클의 집사와 장로들에게는 일반적인 패턴이었다. 여러 집사와 장로들이 이런 활동에 참여했다. 스펄전이 "올니 아버지"Father Olney라 불렀던 윌리엄 올니는 1870년에 세상을 떠날 때까지 스펄전의 핵심 조력자였고, 그가 죽은 후에는 네 아들이 아버지의 책임을 이어받았다. 윌리엄 2세는 버몬지에 있는 어느 남성 클럽에서 모임을 시작했는데, 버몬지는 아버지가 사역했던 지역보다 훨씬 부유했다. 이곳에서 그는 자신이 타버나클에서

인도하는 남성 성경공부반 회원들을 도우미로 활용했다. 주일 저녁마다 설교했고, 야외 사역을 했으며, 소책자(전도책자)를 나눠 주었고, 매주 기도회를 인도했다. 10년 후 이 사역이 크게 확대되어 멋진 새 건물을 지었는데, 스펄전의 가운데 이름을 따서 해돈 홀 Haddon Hall이라고 불렀다. 던처럼 올니도 남다른 사역을 하는 동안 타버나클의 집사로 남았고 그곳에서 자신의 역할을 다했다.

타버나클의 직원은 거의 모두 두 가지 일을 병행했던 것 같다. 목회자 대학의 강사는 모두 교회를 담임하는 목사였고, 시간을 아껴 두 가지 의무를 수행했다. 제임스 스펄전은 타버나클의 동사목사 역할을 계속했으나 런던 교외의 크로이던Croydon 지역에서 사역을 시작했는데, 사역이 점점 커져 수백 명이 모이는 교회가 되었다.

타버나클 교인들이 수행한 의무와 이중 의무에 관해 할 말이 많다. 스펄전이 말했듯이 타버나클은 "벌집 같았고", 교인들의 절대다수에게 교인이라는 말은 매우 바쁘게 산다는 뜻이었다.

이 모든 사역에서 스펄전은 동기를 부여하는 사람이었다. 그의 하루는 너무나 빡빡해 과연 그가 얼마나 많은 일을 하는지 헤아리기 어려웠다. 그의 조직을 특징짓는 질서와 풍성한 활동이 어느 미국 기자의 보도에 잘 드러난다. 그 기자는 목회자 대학을 방문하고 이렇게 썼다.

사뭇 뜻하지 않게 방문했는데도 모두 제 자리를 지켰고, 복잡한 기계가 아주 부드럽게 돌아가고 있었다. 어느 방을 열었더니 젊은 남자 3-40명이 성찬식을 하고 있었다. 또 다른 방을 열었더니, 나이 지긋한 부인이 25명 정도 되는 아가씨들을 데리고 성경공부를 인도하고 있었다.

아래층의 널찍한 여러 방에는 1,600명을 위한 다과가 준비되고 있었다. 저녁에 연례 교회 총회가 열릴 예정이었기 때문이다. 비서 하나가 두 사무원과 함께 스태프진을 이뤄 연락 업무를 담당하고 있었다.

또 다른 방에는 한 남자가 책을 정리하고 있었는데, 권서 업무 관리가 그의 일이었다. 또 다른 방에는 일종의 지역 무디스 Mudie's(옛날 런던에 있었던 책 대여점―옮긴이)가 있었는데, 책 상자를 쌓아 두고 이전의 학생들, 외진 곳에서 사역하는 현직 목사들에게 책을 보내는 일을 했다. (…)

미로를 벗어나자, 온 짐을 두 어깨에 짊어진 아틀라스Atlas(그리스 신화에 나오는 거인으로, 제우스를 상대로 싸우다가 패배해 대지를 떠받드는 형벌을 받았다―옮긴이)가 더없이 반갑게 맞아 주었다. 그는 자칫 그저 주일에 설교하는 목사로 여기기 쉬운 사람이다. 나는 이렇게 말하지 않을 수 없었다. "스펄전, 당신은 붙박이 교황이군요!" 그러자 그는 이렇게 답했다. "맞습니다. 하지만 자신이 무오無誤하다고 주장하지는 않지요. 이게 진짜 민주주의지요. 그 속에 입헌 군주제가 매우 크게 들어가 있거든요."[4]

1884년 스펄전의 희년 행사 때, 올니 집사는 주일 저녁마다 외부에서 모임을 하는 타버나클 교인이 적어도 1천 명에 이른다고 했다. 놀라운 사실이다. 그러나 더욱 놀라운 사실이 있다. 1870년부터 스펄전은 3개월마다 모든 교인에게 다음 주일 저녁 예배에 참석하지 말라고 했다. 타버나클이 기존 교인들로 가득 차서, 정작 회심하지 못한 사람들이 들어와 복음을 들을 기회가 없었기 때문이다. 타버나클 교인들은 스펄전의 계획에 협력했고, 그들이 타버나클을 비운 주일이면 예배당이 평소보다 더욱 가득 들어찼다. 주님을 모르는 수천 명이 이번에는 들어갈 수 있겠다고 생각해 큰 열심을 품고 발걸음을 재촉했기 때문이다. 이처럼 스펄전은 영적으로 궁핍한 수많은 사람에게 복음을 전하는 일을 그 무엇보다 기뻐했고, 이때 많은 사람이 그리스도를 믿었고 나중에 침례를 받았다. 실제로 이런 일은 기독교 역사에서 드물었다.

많은 타버나클 교인들은 템스 강 남쪽 지역을 좀체 벗어나지 않았다. 교인 대다수가 이 지역에서 살고 일했다. 예를 들면, 여러 교인이 헨리 덜튼Henry Doulton 경이 운영하는 공장에서 일했는데, 그 공장이 이 지역에 있었고 로열 덜튼Royal Doulton이라는 상표를 붙인 도자기와 작은 조각상을 생산하는 유명한 곳이었다. 헨리 경은 신실한 그리스도인으로서 매일 스펄전의 사역에 참여했고, 타버나클 교인들을 많이 고용했다.

교인들은 타버나클과 그 활동에 애착이 깊었다. 많은 교회들이 예배가 지루했을지 몰라도 타버나클은 그렇지 않았다. 주일 아침과 주일 저녁, 주중에 적어도 이틀 저녁, 교인들은 고되고 단조로운 일상에서 벗어나 아주 기쁜 마음으로 주님의 집에 올랐고, 그곳에서 마음에는 활력을, 머리에는 지식을, 영혼에는 감동을 얻었다. 많은 여자 성도들이 낮이면 다양한 시간에 타버나클에 나와 음식을 준비하거나 고아들을 위해 옷을 만들었고, 많은 젊은 남자 성도들이 저녁에 타버나클에 모여 교육을 받거나 주님의 일을 좀 더 배웠다.

수백 명에게 타버나클은 존재의 중심이었다. 타버나클의 메시지는 이들의 삶을 변화시켰고, 이들의 가정을 바꿔 놓았으며, 이들을 죄에서 구원했고, 이들에게 새로운 정서와 기쁨을 주었다. 그래서 이들은 타버나클을 사랑했고, 특히 하나님께서 이 모든 일을 일으키시는 데 사용하신 사람을 사랑했다.

스펄전이 살던 당시, 런던의 가로등은 가스등이었으나 일일이 불을 붙여서 켜야 했다. 그는 이런 사실을 배경으로 다음 글을 썼다.

어느 늦가을의 화요일, 덜위치 너머에서 약속이 있어 갔다가 돌아오는 길에 헌 힐의 마루를 올라가고 있었습니다. 평평한 길이 끝나자 가파른 언덕이 나왔습니다.

제가 탄 이륜마차 택시가 낮은 쪽에서 언덕으로 가까이 다가가자, 언덕을 따라 빛이 위쪽으로 서서히 올라가는 게 보였습니다. 마치 뒤쪽으로 별들이 한 줄로 늘어선 것 같았습니다. 새로 태어난 별은 막 켜진 가로등이었는데, 그 수가 하나씩 늘어났습니다. 가로등은 언덕 아래에서 꼭대기까지 뻗어 있었습니다. 저는 가로등을 켜는 사람을 보지 못했습니다. 그의 이름도, 나이도, 주소도 모릅니다. 그러나 그가 밝힌 불을 보았고, 그 불은 그가 사라진 후에도 그대로 남았습니다. 저는 마차를 타고 가면서 생각했습니다. '내 삶이 영생의 거룩한 불로 한 영혼 한 영혼에 불을 붙이기를 얼마나 간절히 바랐던가! 내가 하는 일에서 나는 되도록 드러나지 않게 하고, 내 일이 끝나면 하늘의 영원한 광휘 속으로 사라지리라.'

찰스 스펄전, 『초기 시절』

16. 능력 목회 10년

1875년부터 1885년까지 스펄전의 사역은 전에 없던 절정에 이르렀다. 런던에 뿌린 씨앗은 이미 큰 수확으로 돌아왔고, 이 기간에 열매는 더욱 풍성했다. 열매는 스펄전의 사역처럼 하나님의 축복이 넘쳤던 사역에도 놀라울 만큼 풍성하고 꾸준했다.

이 무렵 스펄전의 설교는 어느 정도 달라져 있었다. 런던 목회를 시작하고 몇 년 동안 그는 영적 활력뿐 아니라 육체적 활력도 넘쳤는데, 이것은 그의 설교에서도 드러났다. 그는 강단에서 아주 활발하게 움직였고, 말하고자 하는 바를 극적으로 표현할 때가 잦았으며, 많은 부분을 웅변조로 표현했다. 이러한 태도는 매우 자연스러웠고, 그의 설교는 전체적으로 엄청나게 열정적이었다.

세월이 흐르면서 그런 스펄전의 스타일이 달라졌다. 스펄전은 인격적으로 성숙하면서 바울처럼 더 단호하게 말할 수 있었다. "우리는 우리를 전파하는 것이 아니라 오직 그리스도 예수의 주

되신……것을 전파함이라"(고후 4:5). 그는 웅변적인 몸짓이나 자극적인 말로 관심을 끌어 청중이 그리스도를 못 보는 일이 없게 하려고 훨씬 더 신경을 썼다. 1875년 무렵 그는 설교할 때 청중이 자신을 덜 주목하게 하기 위해 한결 더 대화체로 말했고, 설교 중에 거의 움직이지 않았으며, 인간의 웅변처럼 보일 만한 것은 무엇이든 피했다. 그는 설교할 때 자신은 십자가 뒤에 감춰지고 죄인들이 자신에게 주목하지 않고 구주를 바라보게 해달라고 기도했다. 그렇더라도 그의 메시지는 변하지 않았고, 그의 열정은 어느 때보다 뜨거웠다. 본문이 어디든 스펄전은 늘 믿음의 기본이 되는 큰 원리를 선포했다. 불타는 심정으로 하나님과 화해하라고 호소했다.

결과적으로 하나님의 진리가 사람들의 마음을 더 강하게 사로잡았다. 화요일마다 더 많은 사람들이 그를 찾아와 그리스도께 가는 길을 묻거나 최근에 어떻게 그분을 만났는지 들려주었다. 이들 중 대부분은 화요일 저녁이나 목요일 저녁에 교인들 앞에서 자신의 경험을 말했고 주일에 침례를 받았다. 이렇게 회심하고 침례를 받는 사람들이 끊이지 않았기에 타버나클은 교인 수가 5천 명이 넘었고, 세계에서 단연 가장 큰 침례교회가 되었다.

그러나 이 기간 내내 스펄전 부부는 건강이 안 좋을 때가 많았다. 스펄전 부인은 도서 기금 사역을 맡으면서 영적·육적 건강이 어느 정도 좋아졌다. 그러나 이따금 너무 아파 여러 날 또는 여러 주 동안 일을 하지 못하고 반 환자로 돌아갔다. 스펄전도 질병으로 자주 몸져누웠다. 이 기간 내내 스펄전은 자주 통풍으로 고생했는데, 그럴 때마다 끔찍한 통증과 우울증에 시달렸다. 1879년 그의 몸은 제대로 고장이 나고 말았다. 과도한 일과 책임 때문이었다. 결국 그는 다섯 달 동안 타버나클 강단을 비워야 했다.

이제 스펄전은 여느 때보다 건강에 더 주의했다. 여름마다 스코틀랜드에서 두 주를 지냈고, 그곳에서 벤모어 캐슬Benmore Castle 의 제임스 덩컨James Duncan이라는 부유하고 매우 신실한 그리스도인의 보살핌을 받았다. 그리고 거의 겨울마다 프랑스 남부의 망통에서 한 달이나 6주를 보냈다. 이렇게 습하고 냉한 잉글랜드의 겨울을 벗어나 보내는 동안, 스펄전은 한 해의 나머지 기간에 어느 정도 활발하게 사역하는 데 필요한 건강을 다소 회복했다.

따라서 이 기간의 스펄전을 생각할 때, 사실 그의 남은 생애 전체를 생각할 때, 그가 건강을 정상으로 유지했던 때가 드물었고, 질병 때문에 사역에 자주 방해를 받았으며, 몇 시간씩 통증에 시달렸다는 사실을 기억해야 한다.

이 10년 동안 스펄전은 여러 가지 특별한 일을 겪었다. 먼저 미국인 전도자 무디가 런던을 방문했다. 무디는 사역 초기에 스펄전의 성공에 크게 감동하여 그의 설교를 들으러 잉글랜드에 왔다. 1873년에는 찬양 인도자 아이라 생키Ira Sankey, 1840-1908와 함께 다시 와서 잉글랜드와 스코틀랜드를 돌며 전도 집회를 열었다. 무디가 글래스고Glasgow에 있을 때 스펄전은 편지를 보내 런던에 오면 자기를 대신해 설교해 달라고 부탁했고, 무디는 답장에서 이렇게 끝을 맺었다.

타버나클에 초대해 주시다니 큰 영광입니다. 사실 목사님의 구두만 닦아도 제게는 영광입니다. 그런데 목사님을 대신해 설교하라니 가당치 않습니다. 목사님의 설교에 하나님께로 돌아서지 않는 사람들이라면, "비록 죽은 자 가운데서 살아나는 자가 있을지라도 권함을 받지 아니"할 것입니다(눅 16:31).

큰 사랑을 담아

D. L. 무디[1]

1875년 무디는 런던에서 큰 집회를 열었다. 무디와 생키는 강한 비난을, 특히 광신주의라는 비난을 받았는데, 이때 스펄전이 이들의 방패가 되어 주었다. 캔터베리 대주교가 참석한 성서공회 모임에서, 스펄전은 두 전도자의 사역에 광신적인 요소가 있다는 주장을 강하게 반박했다. 또 다른 모임에서는 이렇게 말했다.

우리의 친구들이 이곳[런던]에 있어 행복합니다. 그들은 어떻게든 대중에게 다가가기 때문입니다. 우리의 형제들은 대중을 사로잡고 복음을 전합니다. 이들의 목소리는 숱한 목소리와 많이 다르지 않습니다. 그러나 저는 무디 목사님이 무엇을 말씀하려 하고, 생키 선생님이 무엇을 노래하려 하는지 압니다. 저는 자신이 전하려는 바를 이처럼 완전하게 입술로 담아내는 사람들을 본 적이 없습니다.[2]

무디는 런던에서 짐이 무거웠고, 그래서인지 스펄전이 그의 어느 집회에서 설교해 주었을 때 그에게 이렇게 편지했다.

존경하는 스펄전 목사님께,

지난밤에 도와주셔서 천 번 만 번 고맙습니다. 제게 큰 힘을 주셨습니다. 앞으로 60일 동안 가능할 때마다 우리에게 저녁 시간을 내주시면 더욱 고맙겠습니다. 주중 밤 집회를 맡을 사람이 없어, 제가 이스트 엔드East End와 웨스트West에서 동시에 집회를 인도해야 합니다. 저로서는 하룻저녁에 두 차례 설교하는 게 힘이 듭니다.……목사님이 맡아 주시면 참 복된 결과가 있으리라 믿습니다.

다급한 마음에

D. L. 무디[3]

1881년 무디는 잉글랜드로 돌아왔고, 그 무렵 망통에 머물던 스펄전은 무디에게 편지를 보내 타버나클에서 주일 설교를 해달라고 부탁했다. 무디는 이렇게 답장했다.

존경하는 스펄전 목사님께,

목사님이 9일 자로 보내신 편지는 잘 받았습니다. 그 편지에 답하면서, 목사님의 매우 친절한 배려에 감사드립니다. 저는 여러 해 동안 세상에서 복음을 전하는 그 누구보다 목사님을 더 많이 생각했습니다. 솔직히 말씀드리면, 목사님의 자리에 서는 게 꺼려집니다. 지금껏 세상 어느 교회의 강단도 목사님의 교회 강단만큼 꺼려지지는 않았습니다. 목사님이 섬기는 교인들이 제가 전하려는 복음에 공감하지 않는 것은 아니지만, 목사님이 저보다 훨씬 잘 전하시기 때문입니다.

목사님의 초대에 감사드립니다. 그리고 하나님이 원하시면 제가 11월 20일에 목사님의 참 좋은 성도들 앞에 서겠습니다. 생키도 저와 함께하기 원하시는지요, 아니면 목사님의 선창자가 찬송 인도를 맡기 원하시는지요? 저는 어느 쪽이든 좋습니다. 사모님께도 안부 전해 주십시오. 목사님의 응원 편지에 다시 한 번 감사드립니다.

진심을 담아
D. L. 무디[4]

무디와 스펄전 사이에는 신앙에서 완전히 일치하지는 않는 핵심 사항이 몇 가지 있었다. 그러나 두 사람은 기독교 신앙의 큰 원칙에서 일치했으며, 서로를 존중했고, 가능한 모든 방법으로 서로를 격려하고 도왔다.

1878년, 스펄전은 캐나다에 와 달라는 초청을 받았다. 그러나 미국을 방문해 달라는 초청을 수차례─적어도 다섯 차례─받았을 때처럼, 이번에도 시간이 없었을뿐더러 건강도 허락하지 않았기에 편지로 정중하게 거절했다. 스펄전이 북미 대륙으로 건너가 시카고에서 무디와 며칠 동안 전도 집회를 인도하고, 무디의 회중에게 설교를 하며, 가능하다면 무디 성경학교에서 '목회자 후보생들에게'라는 강연을 한 차례 더 했다면 좋았을 텐데 하는 아쉬움이 남는다.

비록 스펄전은 미국을 방문하지는 않았으나, 이듬해(1879년) 그의 동생 제임스가 거의 두 달을 미국과 캐나다에서 보냈다. 제임스 부부는 뉴욕과 버펄로를 방문했고, "대규모 민영 산업에 깊은 인상을 받았다." 캐나다로 건너가 짬을 내 나이아가라 폭포를 구경했고, 토론토와 몬트리올을 비롯해 작은 도시들을 방문했다. 제임스는 미국과 캐나다에서 자주 설교했고, 그의 설교는 어디서든 높이 평가되었다.

이 기간에 또 다른 특별한 일이 일어났다. 1879년에 스펄전의 런던 목회가 25주년을 맞았기 때문이다. 스펄전은 25주년을 조용히 보내려 했으나, 교인들은 그의 성취를 알아주고 그에게 고마움을 표하는 기회로 삼으려고 했다. 집사들이 준비해, 이틀 저녁 스펄전의 수고를 기리고 그의 목회에 대해 하나님을 찬양하는 행사가 열렸다. 교인들은 거금 6,476파운드를 그에게 건네면서 고마움을 표했고, 그 자신을 위해 쓰라고 신신당부했다. 그러나 그는 곧바로 그 돈을 자신이 돌보는 단체에 썼고, 교인들에게 이렇게 고마움을 표했다.

어떤 교회는 이런 면류관이, 또 어떤 교회는 저런 면류관이 있습니다. 하나님께서 우리 교회에 주신 면류관은 이것입니다. 가난한 사람에게 복음이 선포되고, 영혼이 구원을 얻으며, 그리스도께서 영광을 받으시는 것입니다. 사랑하는 성도 여러분, 여러분이 붙잡은 바를 굳게 붙잡으십시오.……제가 무엇보다도 바라고 늘 바라는 한 가지는 하나님의 도우심으로 사람들을 그리스도께 인도하는 것입니다. 저는 멋진 말이나 그럴싸한 예언이나 오만 가지 진미珍味에는 전혀 관심이 없습니다. 제가 사는 목적은 오직 사람들의 마음을 찢고 또 싸매어 그리스도의 양으로 남게 하며, 다시 우리에 들이는 것입니다.

우리는 지금껏 이 복된 면류관을 잘 간직했습니다. 추정하건대, 제가 여러분에게 온 이후로 9천 명이 넘게 우리 교회에 등록했습니다. 이들이 모두 살아 있다면, 혹은 이들이 모두 우리와 함께 있다면, 정말 어마어마할 것입니다. (…)

저는 지금까지 해온 일을 앞으로도 할 것입니다. 다시 말해, 주님이 제게 은혜를 베푸시는 한, 온 마음으로 여러분을 사랑하고 주님을 사랑할 것입니다. 예수님을 계속 전하고 그분의 복음을 계속 선포할 것입니다. 확신해도 좋습니다. 다른 것은 전혀 전하지 않겠습니다. 제게 그리스도가 아니면 아무것도 아니기 때문입니다. 저는 팔린 자로서 예수 그리스도가 없으면 아무것도 아니기 때문입니다. 그분은 제 사역의 전부이고, 저의 모든 것입니다.[5]

스펄전이 그리스도가 없으면 자신은 아무것도 아니라고 한 까닭은 분명하다. 당시에 수많은 강단에 스며드는 불신앙 때문이다. 몇 해 지나지 않아, 스펄전은 성경의 큰 진리를 굳건히 변호해야만 한다는 사실을 알게 될 터였다. 그는 그리스도의 신성을 믿지 않는 자들이 기독교를 포기했고 기독교에 아무것도 남겨 두지 않았다고 주장했다.

이듬해(1880년) 스펄전의 일상에 중요한 변화가 있었다. 스펄전 부부는 다른 집으로 이사했다. 사람들은 오래전부터 스펄전에게 런던의 습기와 안개를 피해 외곽으로 나가 좀 더 높은 지역에서 살라고 권했다. 그가 류머티즘을 앓았고 아내도 건강이 좋지 않았기 때문이다. 더욱이 이들이 23년을 살았던 나이팅게일 레인 Nightingale Lane 지역은 대부분 상업 지역이 되어 있었다. 이 때문에 비록 그곳에서 사는 즐거움이 줄기는 했으나, 이들이 사는 집의 재산 가치는 점점 올라갔다.

스펄전이 집을 옮기는 게 좋겠다는 조언을 숙고할 때였다. 그는 런던 남부의 교외에 자리한 베울라 힐Beulah Hill이라는 높은 지역에서 "집 팝니다"라는 팻말에 끌렸다. 한 친구가 스펄전 부부에게 딱 맞는 집이라고 했으나, 그는 즉시 자신들로서는 생각지도 못할 만큼 웅장하다고 답했다. 그런데 바로 그 무렵, 어느 개발업자가 나이팅게일 레인의 집을 사겠다며 아주 높은 가격을 제시했다. 그 정도 가격이면 베울라 힐의 집을 사기에 거의 충분했다. 스펄전은 주님이 길을 열어 주셨다고 믿고 그 집을 샀다.

새집은 터가 9에이커(약 1만 1천 평)에 달했고, 웨스트우드 Westwood라 불렸다. 오래된 나무들이 많았고, 꽃과 관목도 많았으며, 정원이 하나에 마구간이 여럿 있었고, 목초지도 있었다. 새집은 전형적인 빅토리아 신사의 집이었다. 스펄전은 즉시 응접실을 서재로 사용했고, 큰 창문이 있는 당구실을 연구실로 사용했다. 주변은 조용했고 평화로웠다. 남쪽 손턴 히스Thornton Heath 너머로 경치가 빼어났고, 허약한 사람이 지내기에 적합했으며, 몇 시간이든 지내는 동안 편안하게 휴식을 취할 수 있는 곳이었다.

물론 어떤 사람들은 강하게 비난했다. 집과 터에 관해 부풀려진 소문이 돌았다. 스펄전이 왕자에게나 어울리는 저택에 산다고 했다. 집에는 작은 조경용 연못이 있었는데 거대한 호수가 있다고 부풀려졌다. 어느 미국인 목사는 런던을 방문한 후, 스펄전의 집을 버킹엄 궁전에 비유했다.

그러나 스펄전에게 웨스트우드는 단순히 집에 불과한 게 아니라 많은 사역의 중심이기도 했다. 아침마다 두 비서가 이곳으로 출근했다. 키스는 매일 산더미처럼 쌓이는 우편물을 정리했다. 어떤 편지는 직접 답장을 했으나, 많은 경우 스펄전이 직접 읽도록 따로 정리해 놓았다. 해럴드는 스펄전의 글쓰기와 관련한 무수한 일을 처리했고, 그의 여행 일정을 짰으며, 그와의 만남을 요청한 사람들에게 만남을 허락할지 말지를 결정했다.

여기에서 인쇄할 설교 원고를 월요일마다 정리했다. 이것은 늘 어김없이 되풀이되는 일이었다. 또한 매달 「검과 삽」을 편집했는

웨스트우드. 스펄전은 건강 악화로 인해 런던 남부 교외에 자리한 웨스트우드로 이사했다. 이곳은 남은 생애 동안 그의 집이었고, 많은 사역의 중심이기도 했다.

웨스트우드의 스펄전 서재. 스펄전의 서재는 1만 2천 권의 책으로 가득했다.

데, 부편집자 홀든 파이크가 여러 날을 스펄전의 연구실에서 보내야 한다는 뜻이었다. 도서 기금도 웨스트우드에서 운영했는데, 스펄전 부인은 이곳에 방 하나 가득 책을 쌓아 두었고 편지에 답하느라 많은 시간을 보냈으며, 부인을 돕는 사람들은 어려운 목사들에게 보낼 소포를 이곳에서 포장했다.

무엇보다도 이곳은 스펄전이 하는 다양한 사역의 현장이었다. 그의 서재는 1만 2천 권에 이르는 책으로 들어찼고, 그는 매달 10-12편의 서평을 자신이 발행하는 잡지에 실었다. 그는 수많은 책을 썼을 뿐만 아니라 매주 편지를 500통가량 썼다. 그 모든 편지를 일일이 손으로, 그것도 계속 잉크를 찍어 가며 써야 했다는 사실을 고려할 때, 그의 수고가 어떠했을지 짐작이 간다. 의심할 여지 없이 당시에 전화가 있었다면 스펄전은 전화를 엄청나게 썼을 것이다. 그리고 스펄전이 다른 교회들을 방문하는 일정과 관련해, 자신이 관리하는 기관들과 관련해, 자신의 저작을 출간하는 일과 관련해 짧은 편지를 숱하게 써야 했던 수고를 크게 덜 수 있었을 것이다. 그러나 수많은 전화를 일일이 받고 과연 스펄전에게 연결해 주어야 할지를 결정하는 전담 교환원이 꼭 필요했을 것이다.

웨스트우드는 정말로 좋은 곳이었을 뿐 아니라 쓰임새도 많았다. 웨스트우드는 스펄전의 남은 생애 동안 그의 집이었고, 그의 짐을 조금 덜어 주었으며, 다른 곳이라면 불가능했을 많은 일을 가능하게 해주었다.

이 기간에 스펄전 부부의 삶을 특징짓는 또 하나의 특별한 일이 있었다. 바로 은혼식이었다. 결혼 25주년이 되는 날은 실제로 1881년 1월 8일이었다. 스펄전은 이때 너무 아파 집사들이 그렇게 바랐는데도 타버나클에 나가지 못했고, 결국 월요일 저녁에 하려고 계획했던 은혼식 행사는 취소되었다. 그러나 집사들과 몇몇 가까운 친구들이 저녁에 웨스트우드로 찾아와 스펄전 부부와 행복한 시간을 보냈다.

우리가 주목해야 할 또 하나의 행사는 3년 후에 있었다. 1884년 6월 19일은 스펄전의 50회 생일이었고, 사람들은 이날을 스펄전의 희년이라 불렀다.

1884년이 시작될 때 그는 망통에 있었다. 병세가 너무 심해 계획한 날짜에 잉글랜드로 돌아오지 못했고, 1월 10일에 교인들에게 이렇게 편지했다.

사랑하는 성도들에게,

저는 옴짝달싹도 못합니다. 침대를 벗어나지도 못하고, 침대에 누워도 편하지 않습니다. 류머티즘과 요통과 좌골 신경통 때문에 통증이 뒤섞여 너무나 고통스럽습니다. 어쩌다가 몸을 오른쪽이나 왼쪽으로 조금 틀면, 몸이 극심한 고통을 겪고 있다는 것을 금방 알게 됩니다.[6]

두 주가 더 지난 후 스펄전은 집으로 돌아왔고 타버나클의 주일 강단에 섰으나 또다시 몸져누웠다. 그는 이렇게 썼다. "말 그대로 두 다리에 다시 문제가 생겼습니다. 저는 불쌍한 피조물입니다. 마침내 제 육신은 극단적으로 약해졌습니다. 그렇더라도 주님께서 그분의 영적 능력이 제게서 나타나게 하실 수 있고, 그렇게 하시리라 믿습니다. 큰 사랑으로 저를 참아 주십시오. 다시 여러분 앞에 서서 주님의 신실하심을 증언하겠습니다."[7]

스펄전은 점차 회복되어 사역을 재개할 수 있었다. 6월에 이르렀을 때 그는 희년 행사에 참여할 정도로 회복되었다. 19일 오후 내내 그는 교회 집무실에 앉아 무수한 방문객을 맞았다. 저녁에 타버나클은 사람들로 가득 찼으며, 집사들이 교회를 대표해 스펄전과 그의 사역에 대해 하나님께 감사했다. 많은 목사들이 짧게 인사를 했고, 그중에는 스펄전의 아버지, 동생 제임스, 아들 찰스도 있었다. 스펄전 부인은 여러 해 함께하지 못했는데, 이제 건강이 어느 정도 회복되어 역사적인 모임에 함께할 수 있어서 남편과 교인들이 더욱더 기뻐했다.

무디도 그날 저녁에 축하 인사를 했는데, 다음은 그 가운데 일부다.

스펄전 목사님은 오늘 같은 밤에는 울고 싶다고 하셨습니다. 저도 눈물을 참으려 애를 썼지만, 그다지 소용이 없었습니다.

25년 전, 저는 회심한 후 런던에서 설교에 큰 능력이 있다는 어느 젊은이에 관한 기사를 읽고, 그분의 설교를 직접 듣고 싶다는 바람을 품었습니다. 그러나 제가 설교자가 되리라고는 꿈에도 생각하지 못했습니다. 저는 그분의 설교를 구할 수 있는 대로 다 구해 읽었습니다. (…)

1867년 제가 열나흘 내내 멀미를 하며 바다를 건넌 후 가장 먼저 찾은 곳이 바로 이곳 타버나클이었습니다. 그런데 표가 없으면 못 들어간다고 했습니다. 하지만 어떻게든 들어가기로 마음먹었고 결국 성공했습니다. 그때 중층에 앉았던 제 모습이 눈에 선합니다. 그때 앉았던 자리도 기억납니다. 그럴 수만 있다면, 그 자리를 미국으로 가져가고 싶습니다. 사랑하는 목사님이 강단으로 내려오실 때, 제 눈은 그에게 고정되었습니다. (…)

우연히도 그해에 스펄전 목사님은 농업 회관에서 설교하셨습니다. 저도 그분을 따라 그곳에 갔었는데, 목사님 덕분에 더 나은 사람이 되어 미국으로 돌아갔습니다.……저는 여기 있는 동안 어디든지 스펄전 목사님을 따라다녔습니다. 미국에 돌아갔을 때, 사람들은 제게 이 성당 저 성당에 가 봤느냐고 물었습니다. 그때 저는 "아뇨"라고 말하고 그런 곳은 모른다고 대답했습니다. 하지만 스펄전 목사님이 인도하셨던 집회에 관해서는 얘기해 줄 수 있었습니다.

1872년 저는 다시 와서 좀 더 배워야겠다고 생각했고, 다시 이 타버나클의 중층에 앉았습니다. 그 후 이곳에 숱하게 왔고, 그럴 때마다 제 영혼은 큰 복을 받았습니다.

오늘 밤 이곳에 여느 때와 다름없이 아주 훌륭한 분이 계십니다.……저는 고아들을 볼 때면, 목회자 대학을 졸업한 600명에 이르는 하나님의 종들을 생각할 때면, 이 강단에서 선포되었고 인쇄된 1,500-2,000편의 설교를 생각할 때면, 목사님이 펜으로 직접 쓰신 무수한 책을 생각할 때면……이 선한 사역들을 자세히 말씀드리고 싶습니다. (…)

그러나 이것만 말씀드리겠습니다. 하나님께서 스펄전 목사님을 사용하셨다면 나머지 우리를 사용하지 못하실 까닭이 어디 있고, 우리가 모두 주인의 발 앞에 엎드려 "나를 보내소서, 나를 사용하소서!"라고 말씀드리지 못할 까닭이 어디 있겠습니까? (…)

스펄전 목사님, 목사님에게 하나님의 축복이 임하기를 기원합니다! 목사님이 저를 사랑하신다는 것을 압니다. 그러나 목사님이 저를 사랑하시는 것보다 제가 천 배는 더 목사님을 사랑합니다. 목사님은 제게 너무나 큰 축복이기 때문입니다.……육신으로는 다시 만날 수 없을지 모르지만, 하나님의 축복으로 저 위에서 다시 만나 뵙겠습니다.[8]

스펄전의 정규 사역은 꾸준히 계속되었고, 어디서든 갈수록 번성했다.

스펄전은 타버나클과 그 기관들에 관해 "모든 것이 성장하고 갈수록 더 많은 관심이 필요합니다"라고 했다.[9] 어느 전기 작가는 이렇게 썼다. "교회의 영적 사역은 전에 없이 번성했다.……1880년 마지막 달에 백여 명을 교인으로 받아들였다."[10] 이 무렵의 어느 경우에 대해 스펄전은 이렇게 말했다. "저는 2시부터 7시까지 잠시도 쉬지 못하고 앉아서 교인이 되겠다고 신청한 33명을 면담했습니다. 그보다 기쁜 적이 없었습니다."[11] 그의 제안으로 250여 명이 타버나클을 떠나 페컴Peckham에서 교회를 시작했다. 타버나클 교인들이 이렇듯 새 교회를 시작하는 경우가 드물지 않았다. "[스펄전]목사는 이렇게 한 부대가 본대를 떠나 다른 곳에서 작전을 펼칠 때마다 기뻐했다."[12]

스펄전은 류머티즘을 앓으면서도 타버나클 외에 다른 곳에서도 설교를 자주 했다. 언젠가 런던에서 북쪽으로 한참 떨어진 리즈Leeds에서 "수백 명이 들어가지 못했다. 스펄전 목사가 설교한다는 소식이 알려지자……수백 명이 멀리서 달려왔고, 그의 인기가 여전하다는 게 증명되었다." 그가 브리스틀에서 설교할 때, "물론 표가 있어야 들어갈 수 있었다. 그러나 한번은 몰려든 사람들이 입구에 늘어선 경찰을 밀치고 안으로 들어갔다. 스펄전의 엄청난 인기를 알지 못하는 사람들은 표를 구하려는 열망을 좀체 이해하지 못했다.……표를 10파운드에 사겠다는 사람도 있었다고 한다."[13]

이것은 이 기간에 벌어진 스펄전의 순회 사역에 관한 무수한 보도 가운데 일부일 뿐이다. 오늘의 기준으로 볼 때, 당시의 기차 여행이나 마차 여행은 느리고 불편했다. 따라서 홀든 파이크가 말하듯이 스펄전은 다른 도시들을 매우 자주 방문했는데, 류머티즘을 앓은 사람이 이처럼 폭넓은 사역을 했다는 사실이 그저 놀라울 따름이다. 그는 스코틀랜드에서 여름휴가를 보낼 때도 설교를 거절하지 않았다. 스코틀랜드의 어느 산간 지역에서는 야외에서

1만-1만 5천 명에게 설교했는데, 그로서는 특별할 것도 없는 일이었다.

앞서 보았듯이 스펄전은 미국에 와 달라고 다섯 차례, 캐나다에 와 달라고 한 차례 초청을 받았다. 호주에서도 초청이 왔으나 이전 경우처럼 거절해야 했다. 그는 "훌쩍 갔다가 한 달 후에 돌아올 수 있다면 얼마나 좋을까"라고 썼다.[14] 그의 말은 지금 사람들이 비행기를 이용하며 누리는 자유를 고대하는 듯이 보인다.

매년 11월 무렵이면 스펄전은 매우 지쳤고 망통으로 떠나는 수밖에 없었다. 어느 해인가 그는 망통으로 떠나기 전에 이미 몸이 너무 약해져, 설교를 하다가 중단하고 교인들에게 찬송을 부르라고 하면서 몸을 추슬러야 했다. 그런 후에 설교를 계속했으나 너무 어렵게 설교를 이어 갔고, 이튿날 그가 죽어 간다는 소문이 런던에 돌았다. 이는 거짓말이었으나 그는 건강이 몹시 안 좋았고, 그래서 이튿날 남쪽(망통)으로 떠났다.

이 기간에 목회자 대학 출신들의 사역에도 특별한 축복이 임했다. 이들은 대체로 스펄전의 확인 방식을 인간적으로 최대한 사용했고, 따라서 이들이 침례를 주는 사람은 누구라도 진정으로 거듭난 사람이었다. 그런데도 1880년까지 12년 동안, 이들이 침례를 베푼 사람은 무려 3만 9천 명에 달했다. 따라서 사방에 교회가 세워지고 성장했다. 목회자 대학 출신의 두 사람, 클라크Clarke와 스미스Smith는 전도자였는데, 스펄전은 어느 해 이들이 예배를 1,100회 인도했다고 했다. 어느 해인가 스펄전이 6개월간 망통에 있는 동안 이들이 타버나클의 사역을 맡았는데, 그가 돌아왔을 때 그가 없는 동안 회심하고 침례를 기다리는 사람이 거의 400명에 달했다.

샤프츠베리 경은 스펄전의 50회 생일 축하 예배 사회를 맡았는데, 스펄전이 돌보는 66개 기관의 목록을 들은 후 이렇게 말했다.

목사님은 성공에 우쭐하지 않으셨고 오히려 겸손하셨으며……인류의 유익을 위해 자신의 선한 사역을 더 열심히 하셨습니다. (…)

우리 외부인들이 어떻게 생각하는지 말씀드리고 싶습니다. 목사님이 돌보는 기관들을 방금 들으셨습니다. 이것만 보더라도 목사님은 관리 능력이 대단하십니다. 목사님이 만들고 돌보는 기관들이라면, 보통 사람 쉰 명이라도 다 감당하기에 벅찰 것입니다. 제가 보기에 모든 게 너무나 분명합니다. 목사님은 고아원을 비롯해 다양한 기관을 운영하시는데, 목사님이 가장 빛나는 곳은 따로 있습니다. 바로 목회자 대학을 세우고 운영하시는 것입니다. 제 귀한 친구가 이 세대에 유용한 사람들을 많이 배출해 하나님의 말씀을 아주 단순하고 힘 있게 전하게 했습니다.……오늘 희년을 맞은 우리 친구처럼 귀한 사역을 수행하는 이런 기관을 세운 사람은 없습니다.[15]

런던의 어느 신문은 스펄전의 사역이 지속적으로 성장하는 것을 보며 이렇게 평했다.

다른 사람들은 우여곡절과 실패와 재난을 겪었다. 스펄전 목사의 유일한 곡절은 그의 영향력이 지속적으로 성장한 데서 비롯되었다. 다른 사람들처럼 그에게도 걱정이 있었다. 그러나 그것은 성장에 대한 걱정이지 결코 쇠퇴에 대한 걱정이 아니었다.[16]

타버나클과 그 기관들은 건강했으나, 스펄전은 질병 때문에 강단을 자주 비웠다. 그는 집사들에게 미안함을 표했고, 겨울마다 오랜 시간을 망통에서 보내는 게 마음 아프다고 했다. 그러자 집사들은 한 해 가운데 얼마가 되든 스펄전이 강단을 지켜 줘서 매우 고맙다고 했다. "우리는 다른 사람이 열두 달 내내 강단을 지켜 주는 것보다 목사님이 6개월이라도 지켜 주시는 게 더 좋습니다." 이것은 스펄전의 능력, 교인들의 고마움, 사역의 번성에 관한 훌륭한 증언이었다.

찰스 해돈 스펄전은 어떤 점에서도 평범하지 않았다. 그는 인간으로서도 훌륭했고, 신학자로서도 훌륭했으며, 설교자로서도 훌륭했고, 하나님과의 개인적인 관계에서도 훌륭했으며, 동료들과 공적인 관계에서도 훌륭했다. 그는 세 가지를 잘 알았는데, 루터는 이 셋을 잘 알면 목사가 된다고 했다. 유혹과 묵상과 기도다. 그는 고난의 학교에서 깊은 배움을 얻었다.

제임스 더글러스, 『설교의 왕자』(1894)

17. 스펄전의 개인적인 특징

찰스 스펄전처럼 남다른 인물은 생각과 행동에서 남다른 특징을 보이지 않을 수 없었다. 우리는 이러한 스펄전의 특징을 살펴보아야 한다. 그의 특징을 알면 그를 더 잘 이해할 것이기 때문이다.

스펄전의 삶 전체에서 가장 중요한 점은 그가 하나님과 동행했다는 사실이다. 복음주의자들 사이에서 데이비드 브레이너드David Brainerd, 1718-1747(북미 인디언 선교에 일생을 바친 선교사—옮긴이), 헨리 마틴Henry Martyn, 1781-1812(영국 국교회 사제로 인도 선교에 일생을 바친 선교사—옮긴이), 존 플레처John Fletcher, 1729-1785(존 웨슬리의 동역자로 감리교 신학을 정립한 목사—옮긴이), 로버트 머리 맥체인Robert Murray McCheyne, 1813-1843(스코틀랜드 교회의 목사—옮긴이) 같은 그리스도인들은 거룩한 삶으로 기억된다. 스펄전도 충분히 이들 중에 들 만하다.

예를 들면 우리는 스펄전이 회심하고 얼마 지나지 않아 작성했다는 선언, 곧 주님께 자신을 바치겠다는 헌신의 선언을 기억한다. 여기서 스펄전은 자신을 기쁘게 하나님께 드렸고, 뒤이은 일기에서 이것을 어떻게 실행에 옮겼는지 기록했다. 그의 글을 읽노라면, 한 청년의 순수하고 사심 없는 헌신의 아름다움을 보지 않을 수 없다.

그가 런던에 올 때도 똑같은 원칙이 작동했다. 숱한 사람들을 끝없는 교만으로 몰아넣었을 법한 엄청난 성공을 거두었는데도, 스펄전은 여전히 겸손했고 자주 주님 앞에 납작 엎드렸다. 그는 자신의 사람들에게 기도하라고 가르쳤을 뿐 아니라, 설교보다 몇 배 더 행동으로 가르쳤다. 사람들은 너무나 생생한 그의 기도를 들었고, 똑같은 말을 되풀이하는 자신들의 기도가 부끄러웠다. 그래서 점차 이런 기도를 극복하고 스펄전처럼 뜨겁게 교제하는 가운데 하나님과 씨름하기 시작했다.

스펄전은 언제나 기도의 사람이었다. 오래 기도했기 때문이 아니라 하나님과 교제하며 살았기 때문이다. 웨일런드 호이트Wayland Hoyt라는 미국인은 스펄전의 기도에 얽힌 일화를 이렇게 들려준다.

어느 날, 런던을 막 벗어난 곳에 있는 어느 숲에서 스펄전과 함께 걷고 있었습니다. 우리는 나무 그늘을 거닐다가 길 건너편에 있는 통나무에 다다랐습니다. "이리 오세요." 그는 마치 배가 고픈데 앞에 빵이 있는 듯 아주 자연스럽게 말했습니다. "자, 이리 와서 기도합시다." 그는 통나무 곁에 무릎을 꿇은 채 아주 사랑스럽게, 그러나 아주 경건하게 기도하며 자신의 영혼을 하나님께 올려 드렸습니다.

그런 후 다시 일어나 걸으며 이런저런 얘기를 했습니다. 그의 기도는 즉흥적인 게 아니었습니다. 호흡이 몸에 밴 습관이듯이 기도는 마음에 밴 습관이었습니다.[1]

또 다른 미국인 시어도어 커일러Theodore Cuyler 박사도 비슷한 일화를 들려준다. 그가 어느 날 스펄전과 함께 숲길을 걸으며 "매우 기분 좋게 대화를 나눌 때"였다. 스펄전이 갑자기 걸음을 멈추더니 "시어도어 목사님, 웃음을 주시는 하나님께 기도합시다!"라고 했다. 그는 이렇게 살았다. "농담에서 기도까지 그에게는 차이가 없었다."[2]

윌리엄 윌리엄스William Williams는 목회자 대학을 마치고 목회자로 성공했는데 자주 스펄전과 함께했다. 그는 이렇게 말했다.

저는 웨스트우드를 여러 차례 방문했습니다. 그때 제게 가장 유익했던 시간 중 하나는 가족 기도 시간이었습니다. 여섯 시에 식구들이 연구실에 모여 예배를 드렸습니다. 대개 스펄전 목사님이 예배를 인도하셨습니다. 성경을 읽고 나면 어김없이 설명이 이어졌습니다. 짧고도 은혜로운 주석이 얼마나 큰 도움이 되었는지 모릅니다. 특히 스펄전 목사님이 누가복음 24장을 읽으셨을 때가 기억납니다. "예수께서 가까이 이르러 그들과 동행하시나"(눅 24:15). 목사님은 우리가 어디를 가든지 예수님이 우리와 함께하신다고 아주 부드럽게 말씀하셨습니다. 특별한 경우에만 우리에게 가까이 오시는 게 아니라 우리가 무슨 일을 하든 우리와 늘 함께하신다고 하셨습니다. (…)

그리고 나면 목사님은 하나님을 가만히 신뢰하며 세상을 품은 채 아주 부드럽게 기도하셨습니다. 자신의 주인이신 주님과 아주 친근하게 대화하셨습니다. 그러면서도 언제나 정중하게 주님께 아뢰셨습니다. 그분의 공적 기도는 영감과 축언祝言이었으나, 그분이 가족과 함께 드리는 기도는 더욱더 놀라웠습니다. 그분의 기도는 늘 놀라울 만큼 아름다웠습니다. 그분은 성경의 상징과 구절을 즉흥적으로 자연스럽게 인용하셨고, 이러한 그분의 기도는 매력적이고 감동적이었습니다.

가족 기도 시간에 하나님 앞에 머리를 숙일 때, 스펄전 목사님은 설교로 수천 명을 사로잡을 때보다 더 기품 있어 보였습니다.[3]

이런 말을 듣노라면, 만약 스펄전의 기도를 직접 들었다면 얼마나 멋졌을까 하는 생각이 든다.

이처럼 늘 하나님과 교제하며 살았던 스펄전은 일상에서 성령의 열매를 모두 맺었다. 그의 삶에는 사랑과 희락과 화평과 오래 참음과 자비와 양선과 충성과 온유와 절제의 열매가 끊이지 않았다. 더 나아가 그는 성령의 열매와 반대되는 것들 곧 모든 형태의 악을 미워했다. 스펄전이 비범하게 거룩한 사람이었다는 증언은 모두 사실이다. 따라서 이제 내가 하려는 말은 많은 사람에게 모순으로 보일 것이다. 그렇더라도 이것은 사실이기에 말해야 한다. 그는 담배를 피웠을 뿐만 아니라 술도 마셨다.

스펄전이 언제부터 담배를 피우기 시작했는지는 알 수 없다. 그러나 스펄전 당시에는 흡연이 건강에 좋다고 믿었다. 어느 의사가 세인트 앤드루스 스트리트 침례교회의 유명한 설교자 로버트 홀Robert Hall에게 담배를 피우라고 권했는데, 스펄전이 십대 시절 케임브리지에 살 때 이 교회에 출석했으니 이 일을 틀림없이 잘 알고 있었을 것이다. 더욱이 영국 국교회, 스코틀랜드 교회, 프랑스 교회, 네덜란드 교회의 목회자들은 흡연을 전혀 꺼림칙하게 생각하지 않았다.

물론 스펄전은 자신의 습관을 조금도 숨기려 하지 않았다. 어느 기자는 스펄전이 아침마다 마차를 타고 타버나클로 가는 장면을 기술하면서 "아침 시가를 즐겼다"는 말로 끝을 맺었다. 어느 날 아침 학생들과 함께 산책하고 있을 때, 여러 학생이 파이프나 시가에 불을 붙였다. 그가 "이렇게 일찍 담배를 피우는 게 부끄럽지 않소!"라고 하자, 학생들은 곧바로 불을 껐다. 다음 순간 스펄전이 시가를 하나 꺼내더니 불을 붙였고, 이 짧은 농담에 그도 학생들도 모두 웃음을 터트렸다. 그러나 그의 핵심은 자신이 흡연을 전혀 부끄러워하지 않는다는 것이었다. 스펄전이 흡연을 전혀 잘못이라고 보지 않았고 또 공개적으로 담배를 피웠다는 사실은 강조되어야 한다.

그러나 그가 갑작스러운 충격을 받은 일이 있었다. 1874년, 미국의 침례교 목사인 조지 펜테코스트George Pentecost(미국의 전도자이자 D. L. 무디의 동역자—옮긴이) 박사가 타버나클을 방문했다. 스펄전은 그를 저녁 예배 때 강단에 앉혔다. 스펄전은 "기도에 성공하려면 죄를 버려야 한다고 강하고 분명하게" 설교했고, 많은 그리스도인이 하나님과 진정한 교제를 갖지 못하도록 막는, 하찮아 보이는 작은 습관을 버려야 한다고 강조했다. 그는 설교를 마친 후 펜테코스트 박사를 강단에 세웠고, 특별히 자신이 설교한 내용을 적용해 달라고 부탁했다.

펜테코스트 박사는 스펄전의 흡연 사실을 십중팔구 몰랐을 것이다. 어쨌든 그는 스펄전의 설교를 적용하면서 자신이 시가를 끊은 경험을 들려주었다. 그는 이렇게 말했다. "제가 너무나도 좋아하는 게 있었습니다. 바로 최상품 시가였습니다."[4] 그는 시가를 피우는 것이 그리스도인의 삶에 옳지 않다고 느껴서 시가를 끊으려고 애썼다. 그러나 습관이 몸에 너무 깊이 밴 터라 습관의 노예가 되어 있었다. 시가를 끊으려 노력하고 또 노력하다가 결국에는 시가 상자를 주님 앞에 내놓고 도와 달라고 필사적으로 외쳤으며, 마침내 시가를 완전히 끊는 데 성공했다. 그는 하나님을 크게 찬양하면서 자신이 어떻게 시가를 끊을 수 있었는지 들려주었다. 그가 말하는 내내, 흡연은 사람을 노예로 만드는 습관이며 그리스도인은 흡연을 죄로 여겨야 한다는 생각이 배어 나왔다.

추측하건대, 이때가 스펄전의 평생에 가장 당혹스러웠던 순간이 아닐까 싶다. 스펄전은 자리에서 일어나 이렇게 말했다.

사랑하는 여러분, 알다시피 다른 사람에게는 죄일지도 모르는 일을 어떤 사람은 하나님의 영광을 위해 할 수 있습니다. 펜테코스트 목사님이 하신 말씀에도 불구하고, 저는 하나님의 영광을 위해 오늘 밤 잠자리에 들기 전에 좋은 시가를 한 대 피우겠습니다.

누구라도 제게 성경에서 "흡연하지 말지니라"라는 계명을 찾아 보여주신다면, 저는 기꺼이 그 계명을 지키겠습니다. 그러나 저는 지금껏 성경에서 그런 계명을 찾지 못했습니다. 저는 성경에서 십계명을 찾았습니다. 그래서 십계명을 지키려고 최선을 다합니다. 하지만 열한 번째 계명이나 열두 번째 계명을 만들고 싶지는 않습니다. 사실 저는 지금껏 여러분에게 진짜 죄를 말씀드렸지, 그저 쓸데없는 비판이나 윤리관에 귀를 기울이는 것에 대해 말씀드린 게 아닙니다.……"믿음을 따라 하지 아니하는 것은 다 죄니라" (롬 14:23). 이것이 펜테코스트 목사님이 하신 말씀의 진짜 핵심입니다. 어떤 사람은 신발을 더럽게 신는 것을 죄라고 생각합니다. 그렇다면 그가 신발을 깨끗하게 빨아서 신게 하십시오. 저는 제가 하는 어떤 일에 대해서도 부끄럽게 생각하지 않습니다. 저는 흡연을 부끄럽게 여기지 않으며, 따라서 하나님의 영광을 위해 시가를 피우렵니다.[5]

"하나님의 영광을 위해 시가를 피우렵니다"라는 말은 순식간에 영국 전역으로 퍼졌다. 언론은 이 소식을 퍼 날랐고 수많은 편지를 받았다. 어떤 편지는 그의 행동에 동의했으나 대부분은 비난했다. 스펄전은 자신을 변호하는 일 외에 달리 방법이 없었고, 그래서 「데일리 텔레그래프」*The Daily Telegraph*에 보낸 편지에 이렇게 썼다.

> 사랑하는 수십만의 동료 그리스도인들처럼 저도 흡연을 해왔습니다. 어떤 고소자들의 말이 옳다면, 그들과 함께 저는 습관적인 죄를 범하며 산다고 비난받아야 합니다. 하지만 저는 하나님의 법 가운데 가장 작은 부분이라도 알면서 범하지는 않습니다. 죄는 법을 위반하는 것입니다. 그렇기에 저는 법을 모를 때는 죄라고 인정하지 않을 것입니다.……시가 한 대로 심한 통증이 가라앉고 지친 뇌가 잠시 쉬며 맑아지고 잠을 달게 잘 때, 저는 하나님께 감사를 느끼며 그분의 이름을 찬양합니다. 제 말은 바로 이런 뜻입니다.[6]

스펄전의 흡연과 관련한 여러 말 가운데 가장 중요한 것은 그에게 보낸 장문의 공개편지이자 소책자 형태로 출판된 글이었다. 이 글의 문체는 차분했고, 논리는 강했다. 이 글은 스펄전에게 흡연이 그의 몸에 유익이 아니라 해를 끼친다고 했다. 그러면서 그가 본보기가 되었으며, 자녀의 흡연을 막으려 애쓰는 그리스도인 부모들이 도리어 자녀들에게서 "스펄전 목사님도 피는데요!"라는 말을 듣게 하였다고 했다.

윌리엄 윌리엄스는 후년에 스펄전이 이따금 금연을 했고, 때로는 시가 없이 몇 달을 지내기도 했다고 말했다. 이것은 자신을 비롯해 여러 사람에게, 자신은 이 습관의 노예가 아님을 보여주려는 노력이었을 법하다. 죽기 2년 전쯤, 스펄전은 완전히 금연한 것으로 보인다. 그때쯤에는 흡연이 자신의 기대와는 달리 건강에 도움이 되지 않음을 깨달았기 때문일 것이다. 그렇더라도 지금 많은 사람들은 그가 아예 처음부터 담배를 피우지 않았다면 좋았겠다고 생각한다.

상당 기간 스펄전은 술을 음료로 사용했다. 스펄전 당시에 깨끗한 식수를 구하기란 어려웠다. 그래서 대부분은 감염을 피하려고 식사 때 맥주나 에일ale(맥주의 일종—옮긴이)을 마셨다. 이것은 까마득한 옛날부터 내려오는 관습이었는데, 스펄전은 어릴 때 할아버지 집과 아버지 집에서 자라면서 이런 관습에 익숙해졌고, 자라서 이 관습이 몸에 밴 게 분명했다. 나중에 스펄전은 런던에 온지 얼마 지나지 않아 맥주, 포도주, 브랜디를 매우 적은 양이지만 마신 것으로 보인다. 흡연처럼 음주에 대해서도 그는 전혀 부정하거나 숨기려고 하지 않았다.

1863년 미국 금주협회American Temperance의 강사 존 고프John Gough가 잉글랜드에 와서 스펄전의 음주를 아주 강하게 비난했다. 그는 스펄전의 음주를 과장했던 것으로 보인다. 스펄전은 미국 잡지에 기고한 글에서 이렇게 단언했다. "저는 늘 고프 선생을 훌륭하고 착한 사람으로 알고 존경했습니다.……또한 그가 신사라고 생각했고, 더욱이 절대 금주보다 종교적 가르침을 더 존중하는 그리스도인이라고 생각했습니다."[7]

1871년 고프가 다시 잉글랜드에 왔는데, 이번에는 스펄전을 훨씬 잘 알게 되었다. 그는 스펄전이 더는 술을 마시지 않는다는 사실을 알았고, 그의 집을 방문한 후 이렇게 썼다. "이렇게 말할 수 있어 기쁩니다. 제가 알기로 스펄전 목사님은 지금 그리고 한동안 술을 전혀 입에 대지 않으셨고, 각성제도 의사의 처방에 따라 복용하십니다. 목사님은 각성제 복용을 전혀 숨기지 않으시고 어디를 가든 거리낌 없이 말씀하십니다."[8]

고프는 스펄전의 습관이 변한 때를 다소 잘못 알았던 것 같다. 그러나 목회자 대학의 여러 학생들은 음주를 강하게 반대했다. 스펄전의 두 아들도 금주가였고, 이들의 태도가 아버지에게 십중팔구 영향을 끼쳤을 것으로 보인다. 1870년대에 스펄전은 술을 끊었고, 나중에 고프를 타버나클 강단에 세워 금주 강연을 들었다.

흡연과 음주와 관련해 스펄전도 영락없는 인간이었다. 그 시대의 사람이었다는 말이다. 더욱이 스펄전만 그런 게 아니었다. 예를 들면, 존 웨슬리는 "절대 금주자"tee-totaler라는 용어 때문에 차를 마시는 것을 전적으로 반대했으나 에일 맛에는 상당한 권위자였다. 찰스 웨슬리도 술을 즐겼고, 감리교의 나이 든 대★전사가 생애 말년에 아들의 음악 콘서트에 참석한 손님들에게 술을 대접하느라 낸 비용을 열거하는 장면은 다소 어색해 보인다. 윗필드도 비슷했다. 그는 이렇게 썼다. "우리에게 럼주 한 통을 보내 준 마음씨 좋은 양조업자에게 감사합시다."

이러한 스펄전의 일면을 소개하면서도 내 마음은 적잖게 꺼림칙하다. 이렇게 경건한 사람의 삶에 이런 면이 있었다니 몹시 유감스럽다. 그래도 그리스도인의 정직성이나 학문적인 정확성을 위해서라도 이 부분을 뺄 수는 없었다.

그러나 스펄전에 관해 소개할 만하며 이와는 매우 다르고 귀한 부분도 적지 않다. 이제 이 부분을 살펴보겠다. 먼저 스펄전의 신체적 특징을 보자. 당시에 많은 런던 사람들이 기억하듯이, 에드워드 어빙과는 달리 스펄전은 키가 크거나 위풍당당하지 않았고, 키는 중간 정도에 몸매도 매력적이지 않았다. 몸은 무릎 위쪽이 짧았으나 가슴은 웅변가에 걸맞게 튼튼했고, 머리는 커서 "맞는 모자가 없었다." 그는 삼십 대 초반에 수염을 기르기 시작했고, 덕분에 기본적인 외모가 좋아졌다. 수염을 기른 덕에 습하고 추운 잉글랜드의 겨울을 나는 데 도움이 되었고, 무엇보다도 면도하는 시간을 아낄 수 있었다.

스펄전의 얼굴에는 감정이 잘 드러났다. 인상은 전체적으로 다소 무거웠으나 눈 덕분에 늘 가벼워졌고, 눈가에는 아플 때라도 미소가 떠나지 않았다. 언젠가 어느 화가가 스펄전의 초상화를 그리기 시작했는데, 네 번을 작업한 후 이렇게 말하며 포기했다. "목사님은 못 그리겠어요. 목사님 얼굴은 매일 달라져요. 똑같은 적이 없어요."

스펄전을 아주 잘 아는 제임스 더글러스James Douglas는 그를 이렇게 묘사했다.

어떤 얼굴이 상냥함과 친근함과 따뜻함과 넘치는 환대를 더 완벽하게 표현할 수 있을까요? 우리가 알기로 이런 성품을 이처럼 잘 드러내는 사람은 없었습니다.……영혼에 어떤 그림자가 드리우고 마음에 어떤 염려가 있는지는 중요하지 않았습니다. 따뜻이 맞아주는 그의 목소리에 모든 게 다 사라졌습니다. 그의 얼굴에는 모든 우울함을 몰아내는 빛이 있었습니다. 저는 지금껏 곁에 있기만 해도 이렇게 편안한 사람을, 대화가 이렇게 풍성하고 다양한 향연이 되는 사람을 본 적이 없습니다. (…)

그의 목소리는 출중했는데, 음역이 놀랍도록 넓고 높낮이가 부드럽게 조절되는 게 그 자체로 하나의 오르간이었습니다. 그의 연설은 음악이었습니다. 그는 음성이 뛰어나고 편안하게 말을 하는 것이 그야말로 타고난 연사演士였습니다. 따로 웅변 훈련을 받을 필요가 없었습니다. 그 안에 이미 다 갖춰져 있었으니까요. (…)

그의 말은 절대 장황하지 않았을뿐더러 한낱 듣기 좋은 소리도 아니었습니다. 타고난 웅변가는—에드워드 어빙의 경우처럼—자주 이런 지적을 받았습니다. 그러나 스펄전 목사님의 말투는 절대로 거창하거나 겉만 번드르르하지 않았습니다.……그는 자신의 장엄한 주제와 함께 솟구쳤습니다. 초월적인 것이 그의 손에서 절대 작아지지 않았습니다. 어떤 주제가 더없이 중요할 때 그는 더없이 강하게 표현했습니다. 어떤 주제가 소박하면 거기에 맞게 표현했습니다. (…)

그는 지성과 감성이 잘 어우러졌습니다. 그는 머리가 아주 좋

있습니다.⋯⋯꽤 유명하고 자만심 가득한 사람들이 고심하며 애를 쓰다가 포기하고 마는 일, 곧 머리를 쓰는 일도 아주 쉽게 해냈습니다.⋯⋯그는 한 주제의 핵심을 잘 파악했고, 그 주제를 잘 정리했으며, 자기 생각을 마치 작전을 수행하는 군대처럼 잘 표현했습니다. 그는 절대로 '오리무중'인 법이 없었습니다.⋯⋯언제나 질서 정연했습니다.[9]

스펄전은 늘 동물을 사랑했다. 런던에서 초기에는 말 한 마리가 끄는 마차를 이용했다. 그러나 웨스트우드로 거처를 옮긴 후, 타버나클까지 오고 가는 거리가 멀어져 두 마리가 끄는 마차로 바꿨다. 그는 말을 최상의 상태로 보살폈고, 말이 "율법 아래 있다"고 농담을 하기도 했다. 그의 말이 토요일마다 쉬었기 때문이다. 스펄전의 저작 전체에서 가장 강경한 표현 가운데 몇몇은 그가 동물 학대를 반대하며 썼던 어느 글에 나오는데, 여기서 스펄전은 자신이 관심을 두게 된 몇몇 예, 곧 말이나 개를 잔인하게 대하는 예를 차례로 인용하며 격분했다.

스펄전은 웨스트우드에 벌통을 하나 두었는데, 시간이 날 때면 벌을 돌보기를 좋아했다. 그는 벌들의 생활 체계에 푹 빠져 있었다. 언젠가 많은 벌이 그에게 달려들었다. 그는 집안으로 달려 들어가 재빨리 겉옷을 벗었는데, 살펴보니 한 방도 쏘이지 않았다.

집에 도둑이 들어 존 고프가 선물한 지팡이 곧 머리 부분에 금을 입힌 지팡이를 훔쳐 간 후, 스펄전은 개를 한 마리 들여왔다. 그러나 이 개는 경비견이 아니었다. 조그마한 퍼그 잡종이었는데 스펄전 부부에게 큰 사랑을 받았다. 웨스트우드의 연못에는 금붕어들이 있었는데, 스펄전이 물가에 다가오면 그에게로 몰려와 만져 주기를 기다렸다는 말이 있다. 금붕어들이 좋아하는 먹이를 스펄전이 자주 던져 주었을 테고, 그래서 그에게 특별한 관심을 보였다는 뜻이겠다.

생애 마지막 2-30년 동안 스펄전은 수요일마다 쉬려고 노력했다. 때로는 주중의 절반을 쉬기도 했다. 그런가 하면 이따금 하루든 나흘이든 간에, 목회자 대학에서 자신이 가르쳤던 젊은 목사나 아니면 동료 목사, 때로는 런던을 방문 중인 미국인 목사 중 하나와 시간을 함께 보냈다. 그는 편한 차림으로 마차를 몰고 런던 남부의 조용한 시골길로 나가, 그림 같은 여관에 들러 점심을 먹거나 하룻밤을 묵었다. 때로는 말을 여관에 매어 둔 채, 숲길을 걷다가 한적한 곳에 앉아 자연에서 하나님의 솜씨를 감상했다.

이러한 짧은 나들이 때 스펄전은 어깨를 짓눌렀던 책임일랑 다 잊고 유쾌한 영혼이 되었다. 그는 그 지역 마을이나 건물에 얽힌 역사를 들려주었고, 온갖 나무와 풀과 꽃의 영어 이름에 라틴어 이름까지 알았으며, 실제로 온갖 주제와 관련해 정확하고 재미있게 대화를 이어 갔다.

캔터베리 대주교는 잉글랜드의 이 지역에 넓은 사유지가 있었는데, 스펄전에게 자신의 것처럼 마음껏 사용하라고 했다. 나들이가 끝났을 때 그와 동행했던 사람들은 대개 그 순간을 자신의 삶에서 아주 멋진 순간으로 여겼고, 그를 가리켜 가장 매력적이고 재미있는 접대자host라고 했다.

스펄전을 제대로 알기 위해서는 그의 강한 감성을 알아야 한다. 스펄전은 엄격하고 매우 남성적이었으나, 매우 부드럽고 쉽게 감동하기도 해서 눈물을 보이기도 했다. 그는 살면서 다양한 경험을 했고 감정이 풍부했다. 예를 들면 마음이 너무 불안해 밤새 기도한 적이 두 번 있었다고 한다. 한 번은 매우 거룩해 더는 언급되지 않았다. 나머지 한 번은 그의 아들 톰이 호주로 건너가 따뜻한 나라에서 새로운 삶을 시작하려는 때였다. 스펄전은 나이가 들면서 두 아들이 자신을 조금씩 더 도와주기를 바랐다. 그러나 이제 톰이 아주 멀리 떠나려 했고, 그는 톰을 다시 못 볼 거라고 느꼈다. 그는 그 주 주일 저녁에 '한나, 슬픈 영혼의 여인'이라는 제목의 설교를 했고, 그 후 몇 시간 동안 하나님과 씨름했다. 동이 트기 전에야 그는 아들이 떠난다는 사실을 차분히 받아들였다.[10]

스펄전의 감성을 보여주는 또 하나의 예가 있다. 그는 교통량이 많을 때면 길을 건너기를 무서워했다. 당시에 런던 거리는 마차로 넘쳐 났고, 마차를 거칠고 빠르게 모는 사람들이 있었으나 이들을 제재할 교통 법규가 없었다. 언젠가 이런 일이 있었다. 도로가 혼잡할 때, 스펄전은 잉글랜드 은행 근처 길모퉁이에 서 있었으나 용기를 내어 길을 건너지 못하고 있었다. 그런데 한 시각 장애인이 다가와 길을 건너도록 도와 달라고 했다. 스펄전은 그의 사정이 딱해 보여 용기를 냈고, 두 사람은 무사히 길을 건넜다.

스펄전은 심한 우울증을 여러 차례 겪었다. 우울증은 어느 정도 통풍 때문이었으나 다른 이유도 있었다. 온갖 사람들이 그를 찾아와 문제를 털어놓고 조언을 구했다. 그중에는 타버나클 교인이 수백 명이었으나 목회 일선에 나선 목회자 대학 졸업생도 적지 않았다. 이들의 교회에는 풀어야 할 문제와 내려야 할 결정이 있었다. 이들은 먼저 심정을 토로하려고, 다음으로 기도를 부탁하고 지혜로운 조언을 들으려고 그를 찾아왔다. 목회자 대학의 가장 뛰어난 졸업자로 꼽히는 제임스 더글러스는 스펄전이 이런 식으로 사람들의 짐을 너무 자주 지기 때문에, 자신은 절대 자기 문제를 그에게 들고 가지 않겠다고 결심했다. 그러나 그도 스펄전과 함께한 시간이 그가 돌보는 영혼들에게 큰 도움이 되었다고 했다.

이렇듯 스펄전은 무수한 사람들의 고민을 들어주었으나 정작 자기 고민을 털어놓을 대상이 없었다. 스펄전 부인이 자주 아팠음을 고려할 때, 그가 무거운 짐을 아내에게 다 털어놓았을 리도 없다. 그가 만들었고 계속 작동시켜야 하는 큰 기계가 있었다. 타버나클과 그 부속 기관들이었고 여기에는 엄청난 비용이 들었다. 집사와 장로들이 각자 책임을 다했으나 아주 많은 부분을 그에게 의존했기에, 많은 면에서 그는 큰 짐을 혼자 졌다. 스펄전은 진정으로 주님을 신뢰했으나, 자신의 짐이 무거우며 그 짐을 온전히 덜어 줄 사람이 없다고도 느꼈다. 그래서 마음에 큰 부담감이 생겼고, 이 때문에 점차 우울증이 심해졌다.

우리는 스펄전이 이 어두운 시기에 어떤 어려움을 겪었는지 구체적으로 알지 못한다. 이 시기에 스펄전은 심한 통풍으로 대개 밤낮없이 육체적 고통을 겪었고, 필사적으로 하나님께 부르짖어도 고통은 사라지지 않을 때가 많았다. 그는 이렇게 말했다. "절망의 성 아래 지하 감옥이 있습니다." 그는 그 지하 감옥에 자주 갔혔다.

그러나 이러한 끔찍한 경험들은 스펄전의 사역에 좋은 영향을 끼쳤다. 주일이면 그의 청중 가운데는 너무나도 힘들게 한 주를 보내고 그 자리에 나왔기에 위로와 격려가 필요한 사람들이 적지 않았다. 그런데 이런 위로와 격려를 할 수 있는 사람이 그곳에 있었다. 스펄전은 이들의 슬픔에 자주 말을 잇지 못했다. 그는 설교 중에도 자주 극심한 통증에 시달렸다. 그는 고통받는다는 게 무엇인지 알았기에, 그의 말에는 청중에게 힘을 주고 지친 사람들에게 각자의 처지를 이겨 낼 새 힘을 주는 공감이 가득했다.

우울증에도 불구하고 스펄전은 기본적으로 매우 행복한 사람이었다. 윌리엄 윌리엄스는 그와 자주 함께했는데 한번은 이렇게 썼다.

스펄전 목사님에게는 쉬지 않고 솟는 유머의 샘이 있었지요! 제가 믿기로, 저는 다른 때에 평생 웃은 시간보다 목사님과 있을 때 웃은 시간이 더 많을 겁니다. 목사님은 더없이 매력적인 웃음의 은사가 있었고……자기 얘기를 듣는 모든 사람을 함께 웃게 만드는 능력도 탁월했습니다. 누군가 목사님이 설교에서 우스갯소리나 한다고 비난하자, 목사님은 이렇게 답하셨습니다. "내가 얼마나 자제했는지 알면 그런 비난을 하지 않겠지요."[11]

다음은 스펄전이 했던 강의의 일부인데, 그가 우울증에 시달릴 때 어떻게 행동했는지 잘 보여준다.

여러분, 성경에는 우리가 힘들거나 특별한 경험을 하기 전에는 절대로 이해하지 못하는 구절이 많습니다.

며칠 전 저녁에 저는 힘든 일과를 마치고 마차를 타고 집으로 돌아가고 있었습니다. 지친 데다 심하게 우울했습니다. 그때 갑자기 이 본문이 떠올랐습니다. "내 은혜가 네게 족하도다"(고후 12:9). 집에 도착해 이 구절을 성경에서 찾아보았고, 마침내 그 구절이 제게 이렇게 들렸습니다. "내 은혜가 '네게' 족하도다." 저는 "주님, 그렇군요!"라고 했고, 뒤이어 웃음을 터트렸습니다. 그때까지 아브라함의 거룩한 웃음이 무슨 뜻이었는지 전혀 이해하지 못했습니다. 이 말씀에 불신앙이 우스꽝스러워 보였습니다.……여러분, 큰 믿음의 사람이 되십시오! 작은 믿음은 여러분의 영혼을 천국으로 인도할 테지만, 큰 믿음은 천국을 여러분의 영혼에 가져다줄 것입니다.[12]

글을 써서 출간하는 사람들을 통해 얼마나 많은 영혼이 회심하는지 모릅니다. 예를 들면 도드리지 박사의 『소생과 성화』가 있습니다. 지금껏 이 책을 읽고 회심한 사람이 아주 많기에, 모든 사람이 이 책을 읽기를 바랍니다. 저는 밀턴의 『실락원』보다 왓츠의 『시편과 찬송』을 더 높이 사고, 호머의 모든 저작보다 토머스 윌콕의 『반석이신 그리스도에게서 떨어지는 최고의 꿀』 또는 하나님이 널리 사용하신 『죄인의 친구』를 더 영광스럽게 생각합니다.

저는 책이 끼치는 유익 때문에 책을 가치 있게 여깁니다. 저는 포프, 드라이든, 번스 같은 천재들을 크게 존경하지만, 하나님께서 영혼들을 자신에게로 인도하는 데 사용하신 쿠퍼의 짧은 몇 줄을 저에게 주시기를 원합니다. 오, 제가 불쌍한 죄인의 마음에 다가가는 책을 쓸 수 있기를 바랄 뿐입니다.

1885년
찰스 스펄전

18. 저자 스펄전

어린 시절부터 스펄전은 자기 생각을 글로 표현해 사람들에게 읽히려는 바람을 분명히 드러냈다. 겨우 열두 살 때 그는 자신이 '청소년 잡지'The Juvenile Magazine라고 이름 붙인 여러 쪽짜리 잡지를 손으로 직접 써서 만들어 동생들이 돌려 보게 했다. 여기에는 스펄전 자신이 인도하는 주간 기도회 소식이 실렸고, "세 줄에 반 페니" 하는 광고란도 있었다. 이러한 일화는 유치하기는 했지만 그가 출판에 관심이 있었음을 잘 보여준다.[1]

열다섯 살에 스펄전은 '교황의 정체'Popery Unmasked라는 제목으로 295쪽에 달하는 긴 글을 썼다.[2] 그는 이 글을 대회에 제출했고, 비록 상을 받지는 못했으나 후원자들에게서 높은 수준을 인정받아 1파운드를 받았다.

열일곱 살에 목사가 되었을 때 그의 글이 처음으로 인쇄되었다. 그는 구원의 길을 제시하는 몇 편의 짧은 글을 냈는데 『워터비치 소책자』*Waterbeach Tracts*라는 제목으로 출간되었다. 그 후로 그가 쓴 짧은 글 몇 편이 「침례교 리포터」에 실렸다.

그러나 이러한 초기의 노력은 그의 앞에 펼쳐질 놀라운 출판 사역의 맛보기에 지나지 않았다. 그가 런던에서 사역한 지 겨우 6개월이 지났을 때 그의 설교 한 편이 「페니 강단」*The Penny Pulpit*에 실렸다. 반응이 아주 뜨거웠다. 그래서 「침례교 메신저」*The Baptist Messenger*에도 한 편을 실었으며, 「페니 강단」에는 서너 편을 더 실었다. 반응으로 볼 때, 떠오르는 청년 설교자의 잠재 독자가 엄청난 게 분명했다.

뉴 파크 스트리트 채플의 어느 집사가 이런 반응에 특별히 관심을 보였다. 그는 조지프 패스모어였는데, 동업자 제임스 앨러배스터*James Alabaster*와 함께 최근에 인쇄소를 열었다. 신실한 그리스도인이자 유망한 사업가인 패스모어는 스펄전에게 그의 설교를 매주 한 편씩 출간하게 해달라고 부탁했다. 스펄전은 당시에 갑자기 명성을 얻고 있던 터라 더 유명해지는 게 두려웠다. 그런데도 인쇄된 설교가 하나님께서 영혼을 구원하시는 데 사용될 수 있다는 생각에 패스모어의 계획에 동의했다.

더욱이 이렇게 그의 설교를 매주 한 편씩 출간하는 일 외에, 매년 1월이면 전년도에 인쇄한 52편을 묶어 『뉴 파크 스트리트 강단』*The New Park Street Pulpit*이라는 제목으로 재출간했다.

첫 설교집이 출판될 무렵(1855년 1월), 스펄전은 이미 두 권의 저서 곧 『성도와 구세주』와 『옛 시내에서 취한 매끈한 돌』*Smooth*

찰스 스펄전과 출판업자 조지프 패스모어.

*Stones Taken from Ancient Brooks*을 출간한 상태였다. 그는 설교를 매주 매년 계속 출간하고, 책도 계속 낼 계획이었다.

매우 소중한 친구 존 캠벨John Campbell 박사는 스펄전에게 이 일을 하지 말라고 충고했다. 캠벨 박사는 윗필드 타버나클Whitefield Tabernacle의 목사직을 은퇴하고 「브리티시 배너」*British Banner*라는 종교 잡지의 편집자가 되었다. 그는 마음이 따뜻한 복음주의자였고 유능한 저자였다. 또한 자신의 잡지에서 스펄전을 좋게 평가했고 그의 행동을 칭찬했으며, 그를 공격하는 자들에게서 그를 보호했다. 그러나 캠벨은 누구도 설교와 글쓰기 둘 다 성공하기란 절대 쉽지 않다고 확신했기에, 스펄전이라면 글쓰기를 내려놓고 설교에 집중하는 게 낫다고 믿었다.

그는 이렇게 썼다. "우리 생각에는 스펄전 목사님이……이 부분에서 기대치를 조금 낮추는 게 지혜롭겠습니다. 과거든 현재든 간에 말과 글에서 모두 빼어난 사람은 드물었습니다. 그리스에는 그런 인물이 하나도 없었고, 로마에는 딱 한 사람뿐이었으며, 대영제국도 별반 다르지 않았습니다."[3]

캠벨 박사는 이어서 스펄전에게 저자가 되려고 하지 말라고 촉구했는데, 스펄전은 그를 크게 존경했기에 그의 충고에 부담을 느끼지 않을 수 없었을 것이다. 더욱이 스펄전에게 글쓰기는 설교만큼 쉽지 않았다.

제게 글쓰기는 노예의 일입니다. 제 속에 떠오르는 생각을 즉시 말로 표현하는 일은 즐겁습니다.……그러나 가만히 앉아……떠오르지 않는 생각과 단어 때문에 신음하는 것은 고되고 단조롭습니다.……저자의 책을 가리켜 그 사람의 '작품'work이라고 합니다. 저처럼 모든 머리를 쥐어짜 내야 하는 경우라면, 4절 판 한 권을 써내는 것은 정말이지 '일'work입니다.[4]

그러나 캠벨의 충고와 스스로 글을 쓰면서 경험한 "단조로움"에도 불구하고, 스펄전에게는 인쇄물을 이용해야 하는 큰 이유가 있었다. 그의 설교는 강단에서 선포될 때 하나님의 축복이 뚜렷이 임했을 뿐만 아니라 인쇄되어 출간될 때도 다르지 않았기 때문이다. 매주 한 편씩, 매년 한 권씩 출간되는 그의 설교와 설교집을 읽은 수많은 사람이, 죄인이 회심했고 성도가 위로받았다는 소식을 편지로 전해 왔다. 이런 열매를 보면서 스펄전은 설교를 계속 출간하지 않을 수 없었다.

스펄전은 설교자뿐 아니라 저자로서도 성공했다. 1855년에 그는 월요일마다 설교를 편집하기 시작했고, 편집한 설교는 화요일마다 인쇄되어 나왔다. 그는 1892년에 세상을 떠날 때까지 매주 빠짐없이 이 일을 계속했다.

이것은 그 자체로 주목할 만한 업적이었다. 일반적으로 인쇄된 설교를 읽기 귀찮아하는 사람은 거의 없었다. 하나님의 위대한 일꾼 수십 명이 설교집을 냈다. 그러나 이들의 설교집은 다른 설교자들에게 겨우 한 차례 읽힌 후에 잊혔다. 그러나 스펄전의 설교는 수많은 목회자뿐 아니라 온갖 사람들이 다 읽었다. 이처럼 수요가 매우 꾸준했기에 그가 사는 동안 발행 부수는 계속해서 늘어났다.

실제로 여러 나라에서 수천 명이 매주 스펄전의 새로운 설교가 도착하기를 목을 빼고 기다렸다. 그의 설교는 런던을 비롯한 잉글랜드 여러 도시의 거리에서 판매되었고, 우편으로 영국 각지를 비롯해 해외까지 배송되었으며, 권서인들을 통해 시골의 집집까지 전해졌다. 특히 스코틀랜드에서 수요가 많았고, 미국에서는 스펄전이 노예제 반대를 천명한 후 수요가 거의 없었으나, 그 후에는 영국에서보다 수요가 더 많았다.

그의 설교는 여러 외국어로 번역되었다. 가장 먼저 웨일스어로 번역되었는데, 웨일스에서는 그의 새로운 설교가 매달 출간되었다. 스펄전은 네덜란드에서도 사랑을 받았는데, 그의 설교가 정기적으로 번역되었다. 특히 네덜란드 여왕이 스펄전의 독자였으며, 여왕은 그가 네덜란드를 방문했을 때 그를 초청하기도 했다.

독일에서는 십여 명의 출판업자들이 스펄전의 설교를 발행했다.……스웨덴에서는 주로 상류층이 스펄전의 설교를 읽었는데, 번역자는 그에게 몇몇 귀족이, 심지어 왕족까지 회심하는 사례가 있었다고 알려 주었다. (…)

이 외에도 스펄전의 설교는 아랍어, 아르메니아어, 벵골어, 불가리아어, 카스티아어, 중국어, 콩고어, 체코어, 에스토니아어, 프랑스어, 게일어, 힌디어, 헝가리어, 이탈리아어, 일본어, 카피르어, 카렌어, 레트어, 마오리어, 노르웨이어, 폴란드어, 러시아어, 세르비아어, 스페인어, 시리아어, 타밀어, 텔루구어, 우르두어 등으로도 번역되었다. 어떤 설교는 시각 장애인을 위해 점자로도 준비되었다.[5]

여러 사람들이 스펄전의 설교가 널리 퍼지게 도왔다. 어떤 사람은 적어도 25만 부를 구매해 배포했는데, 일부 설교지는 42편을 묶어 한 권짜리 멋진 설교집으로 제작해 유럽의 모든 왕에게 보냈다. 어떤 사람은 그의 여러 설교를 러시아어로 번역해 정교회에 보냈고, 표지에 정교회의 승인 도장을 찍어 배포해도 좋다는 허락을 받았다. 이 도장 덕분에 스펄전의 설교지 100만 부가 러시아 땅에 들어갔다.

교회가 먼 여러 지역에서 사람들은 주일마다 모여 스펄전의 설교를 한 편씩 낭독하고 들었다. 한 예로 스펄전은 잉글랜드의 상당히 외진 곳에 이런 사람들이 있다는 얘기를 들었다. 편지에 따르면 이런 모임에서 약 200명이 회심했으며, 이들은 목회자를 청빙해 정식 교회가 되기를 원했다. 이와 마찬가지로 스코틀랜드의 오지 사람들도 대영제국의 수상이 누군지는 몰라도 스펄전의 설교를 읽었기에 그에 대해서는 훤히 알았다.

한 퀘이커교도는 자신의 가게에서 스펄전의 설교를 구입할 수 있다고 여러 신문에 광고했다. 그는 스펄전의 설교를 수천 부 판매했고, 덕분에 그의 설교가 그 지역에서 널리 주목받았다. 어느 호주 사람은 스펄전의 설교를 광고 형태로 여러 신문에 정기적으로 실었는데, 스펄전은 그 사람이 "매주 부담한 비용은 여러분이 좀체 믿지 않을까 봐 말을 못 하겠습니다"라고 했다.

스펄전의 설교가 지금까지 몇 부나 발행됐는지 알아낼 방법은 없다. 그러나 어느 영국인 저자는 1903년에 자신이 쓴 글에서 "50년 동안 인쇄된 스펄전의 설교는 2-3억 부에 이른다"고 했다.[6]

그 후로도 엄청난 부수가 발행되었다. 매년 출간된 설교집에는 스펄전이 출간을 준비했으나 1892년에 죽을 때까지 출간되지 않았던 설교들이 포함되었다. 매년 출간되던 설교집은 1917년에 출간이 중단되었는데, 출간할 설교가 없었기 때문이 아니라 전쟁 통에 종이가 부족했기 때문이다. 이렇게 해서 대략 480쪽짜리 설교집이 모두 62권 출간되었다. 그의 설교집을 다 모으면 그야말로 거대한 신학 및 설교학 도서관이다. 그 후 영국과 미국에서 여러 출판사가 스펄전의 무수한 설교를 단권 형태로 재출간했다.[7] 단편 설교가 잡지와 신문에 무수히 실렸으나, 지금껏 얼마나 많은 설교가 실렸는지는 알 길이 없다.

그러나 나중에 스펄전의 저작을 재출간하는 훨씬 더 큰 일이 이뤄졌다. 1970년대 초, 에든버러Edinburgh에 자리한 배너 오브 트루스 트러스트The Banner of Truth Trust가 스펄전의 연례 설교집을 재출간해 호응을 얻었다. 그와 동시에 텍사스의 파사데나에 자리한 필그림 출판사Pilgrim Publications가 똑같이 막중한 일을 떠맡아 62권 전체를 복사본으로 만들었고, 「검과 삽」 전체도 그렇게 했다. 이와 더불어 필그림 출판사는 스펄전과 타버나클에 관한 작은 책도 대여섯 권 냈다. 이 책들은 스펄전을 그리스도인들에게 대중적으로 알렸고, 덕분에 그리스도인들은 그의 설교 및 교리와 전체적인 활동을 훨씬 쉽게 접하게 되었다.

물론 스펄전의 설교가 왜 이처럼 비상한 관심을 끄는가 하는 의문이 든다. 그 답은 무엇보다도 그의 설교에는 현실감이 있다는 사실이다. 그의 설교를 들은 사람들은 대부분 그의 진지함에 놀랐다. 다시 말해, 스펄전에게는 하나님의 일이 너무나 생생하다는 사실을 깨달았다. 그의 설교를 읽어 보면 알듯이, 그가 다룬 주요 문제들은—많은 설교자의 경우와는 달리—단지 이론에 불과한 게 아니라 오히려 확실한 진리였고, 그래서 그는 하나님에게서 그렇게 하라고 직접 지시를 받은 듯 진리를 전했다.

스펄전의 설교는 단순했기 때문에 호소력이 있었다. 그는 설교 중에 인간의 지성에 알려진 가장 크고 깊은 문제(하나님, 인간, 죄, 대속, 심판, 영원)를 다룰 때, 이 엄청난 진리를 보통 사람들도 재미있게 이해하게끔 단순하게 제시했다. 이와 관련해 그가 서리 가든의 뮤직홀에서 사역하던 때가 특히 주목할 만하다. 거기 모인 청중 가운데는 거의 배우지 못한 사람들이 적지 않았는데, 스펄전은 여전히 성경의 주요 교리를 설교하면서도 배우지 못한 사람들도 이해하게끔 어느 때보다 단순하게 전했다. 그의 설교의 특징인 이러한 단순함은 인쇄된 설교에서도 똑같이 나타났다. 드물게도 스펄전은 두 은사를 모두 가졌다. 그러나 보통 사람들에게 자기 생각을 이해시키는 그의 능력이야말로 가장 드물고 중요한 능력이었다.

스펄전의 설교는 배운 사람들에게도 호소력이 있었다. 국회의원, 판사, 대학교수, 문학계 거장, 산업계의 거물들이 자주 와서 그의 설교를 들었다. 비슷한 계층의 무수한 사람들이 그의 설교를 오랫동안 읽고 유익을 얻었다. 윌리엄 로버트슨 니콜William Robertson Nicoll 경이 1903년에 말했듯이, "스펄전은 잘 훈련된 훌륭한 신학자였고, 자신의 모든 분야에서 대가였다."[8] 더 나아가 찰스 레이Charles Ray는 이렇게 말했다. "50년 전에 했던 그의 설교는 지금도 생생히 살아 있는 메시지이며, 감히 예언하건대 20세기가 저물 때도 구닥다리가 되지 않을 것이다."[9]

자신의 설교가 매주 한 편씩, 매년 한 권씩 출간되는 동안, 스펄전은 「검과 삽」이라는 잡지도 매달 발행했다. 이 잡지에는 기독교계 소식과 그에 대한 스펄전의 논평이 담겼으나, 특히 타버나클과 그 부속 기관의 소식이 실렸다. 그런가 하면 성경 해석, 따뜻하고 영적인 글, 그리스도인의 열심을 권면하는 글도 실렸다. 잡지에서 가장 주목할 만한 특징 가운데 하나는 일련의 서평이었다. 서평은 실제로 모두 스펄전이 직접 썼으며, 그의 독서 범위와 전체적인 의견을 몇 단어로 축약해 표현하는 그의 능력을 잘 보여주었다.

스펄전은 설교를 출간하고 월간 잡지 「검과 삽」을 발행하는 일 외에도 많은 책을 냈는데, 모두 140권이 넘는다. 그 가운데 으뜸은 7권으로 구성된 시편 주석 『다윗의 보고』였다. 이 시리즈에는 "그 책[시편]에 대한 독창적인 강해, 문학 전반에서 가려 뽑은 예화, 거의 모든 구절에 대한 설교 힌트, 각 시편에 관한 저자 목록"이 포함되었다. 스펄전의 비서 J. L. 키스가 이 시리즈의 연구를 돕기는 했으나 스펄전이 직접 글을 썼고, 시작해서 마칠 때까지 무려 20년이 넘게 걸렸다. 그가 살아 있는 동안 이 시리즈는 14만 8천 권이 팔렸으며, 이후에 세트로 여러 차례 재출간되었다. 이 시리즈는 지금껏 나온 가장 훌륭한 시편 관련 저작 중 하나로 꼽힌다.

특별히 언급할 만한 그의 또 다른 저작은 『주해와 주석』이다. 스펄전은 이 책을 쓰면서 "많이 수고했고, 많이 읽었으며, 약 3-4천 권을 검토했다"고 했으며, 이 많은 책 가운데 1,437권에 대해 의견을 달았다. 이들 저작에 대한 그의 논평은 그의 특별한 능력을 잘 보여주는데, 이는 그가 책마다 장점을 극찬하고 오류를 지적하면서 평가했을 뿐만 아니라 주목할 만한 방식으로 그렇게 했기 때문이다. 다른 한편으로, 이 주제는 건조하고 지루할 수도 있었으나 그를 통해 생생하고 매력적인 주제가 되었고 많은 유머가 곁들여지기도 했다.

스펄전은 이런 저작들을 통해 폭넓은 학식을 드러냈으나, 정반대로 일상의 지극히 단순한 부분에 관한 글을 쓰기도 했다. 그가쓴 『쟁기꾼 존의 이야기』John Ploughman's Talk와 『쟁기꾼 존의 그림』John Ploughman's Pictures은 일련의 비유나 잠언을 아주 실제적으로 제시하고 일상에 적용했다. 1900년까지 『쟁기꾼 존의 이야기』는 41만 부가 팔렸고 『쟁기꾼 존의 그림』은 15만 부가 넘게 팔렸다. 그 후로도 판매 부수가 많이 늘어났다.

스펄전의 『아침 묵상』과 『저녁 묵상』Evening by Evening도 짚고 넘어가야겠다. 이 얇은 두 권은 하루를 시작할 때와 마무리할 때 읽는 신앙적인 글로 구성되었는데, 깊은 진리를 단순한 언어로, 풍요롭고 따뜻하며 영적인 어조로 표현하는 그의 진귀한 능력을 잘 보여준다. 두 권 모두 여러 차례 재판이 나왔고, 그가 죽을 때까지 23만 부가 팔렸으며, 지금까지 적어도 50만 부는 팔렸다고 보아야 한다.

스펄전의 손에서 나온 다른 저작들에 대해서도 할 말이 많다. 전체 140권 가운데 21권은 책 끝에 '참고 문헌'으로 정리해 두었다. 이것만으로도 그의 생각이 얼마나 넓었고 그의 지성이 얼마나 깊었는지 알기에 충분하겠다. 그의 책이 엄청나게 쏟아져 나왔기에, 패스모어 앤드 앨러배스터사Passmore and Alabaster Firm는 늘 바빴고, 수요를 맞추기 위해 훨씬 큰 새 건물로 이사했다. 스펄전은 언젠가 패스모어에게 "제가 당신을 위해 일하는 건가요, 아니면 당신이 저를 위해 일하는 건가요?"라며 농담을 건넸고, 둘 사이에 깊은 우정을 지속하였다. 이러한 협력은 양쪽 모두에게 상당한 이익이 되었다. 출판업자들은 견고히 자리를 잡았고, 스펄전도 많은 수입이 생겨 교회에서 사례비를 전혀 받지 않고도 생활할 수 있었으며, 자신이 주관하는 다양한 사역에 널리 기부할 수 있었다.

그는 시를 쓰는 자질도 갖추고 있었다. 앞에서 스펄전이 아내에게 쓴 몇 구절을 살펴보았는데(124-125쪽), 그는 아내에게 운율 있는 문장으로 글을 쓸 때가 더러 있었다. 그는 『우리의 찬송』을 편찬할 때 자신이 몇몇 시편에 대해 쓴 운문을 포함했다. 그가 쓴 찬송 가운데 몇 편, 특히 '아름답고 거룩한 찬송, 아침을 깨우네'와 '성도들이 함께 기도하는 곳, 성령이 계시니'는 널리 알려져 있고 자주 불리는 찬송이다. 그러나 그가 쓴 찬송 중에 가장 사랑받는 것은 성찬 찬송이다.

우리가 사랑하는 분 우리 가운데 서시어,
못 자국 난 손을 우리에게 보이신다.
찔리신 발과 옆구리,
십자가에 달리셨던 복된 흔적을 보이신다.

주님이 식탁에 앉으실 때,
진수성찬이 넘쳐난다!
예수님이 손님을 맞으실 때,
포도주는 향기롭고, 빵은 달콤하다!

더럽고 침침한 눈으로
우리가 표적은 보나 그를 보지 못하더니,
그의 사랑에 비늘이 벗겨져
우리가 얼굴을 맞대고 그를 보네.

우리가 지난 일을 떠올리니,

그와 거룩한 산에 있을 때였네.

우리 영혼이 새롭게 갈급하니,

상했으나 사랑스러운 그의 얼굴 보기 원하네.

영광스러운 우리의 신랑이여,

당신의 미소 하늘이 전하니,

베일이 있다면 베일을 걷어 내시어,

모든 성도, 당신의 영광을 보게 하소서.

스펄전은 성찬식을 크게 강조했다. 그는 성찬식을 그리스도를 기억하는, 특히 그리스도의 죽음을 기억하는 시간으로 삼았는데, 그분의 고난을 말하고 그분의 대속을 좀 더 이해시키려고 노력할 때면 감격에 복받쳐 말을 잇지 못하고 목소리가 떨리며 눈물을 주르르 흘릴 때가 많았다. 이럴 때 수많은 회중이 제임스 몽고메리James Montgomery의 '당신의 은혜로운 말씀을 따라'와 아이작 왓츠Isaac Watts의 '복되고 놀라운 이 자리' 또는 스펄전이 지은 이 찬송을 부르는 모습이 상상이 간다. 의심할 여지 없이 스펄전처럼 많은 회중이 하나같이 주 예수를 향한 사랑에 감격했고, 그분을 섬기려는 새로운 갈망이 넘쳐났다.

스펄전은 매주 편지를 500통이나 썼다고 한다. 비서에게 맡기지 않고 몇 초마다 잉크를 찍어 가면서 직접 펜으로 썼다. 더욱이 스펄전은 관절염 때문에 자주 손이 부어 펜을 제대로 잡지도 못했고, 그래서 대개는 아주 반듯하고 읽기 좋게 썼던 글씨가 고르지 못하고 거칠어졌다. 그의 편지는 대부분 성도들을 위로하거나 그리스도를 영접한 죄인들과 더불어 기뻐하는 내용이었다. 그래서 글씨를 쓰는 데 수반되는 통증도 이 중요한 책임을 방해하지는 못했다.

스펄전은 설교자만큼이나 저자로서도 능력을 증명했다. 그는 거의 모든 나라에서 편지를 끊임없이 받았는데, 그의 글과 책이 자신에게 큰 축복이 되었다는 내용이었다. 그는 은혜의 기적이 일어나고 사람들이 회심해 죄의 속박에서 벗어나 영광스러운 그리스도인의 삶을 산다는 소식을 들었다. 예를 들면, 남아프리카에서 사형 선고를 받고 집행을 기다리던 어느 살인자는 편지에서 몇 달 전에 누군가 스펄전의 설교지 한 부를 자신에게 전해 주었다고 했다. 그는 그 설교를 읽고 또 읽었으며, 이제 그리스도를 믿고 다가오는 죽음을 평화롭게 기다린다고 했다. 또 스펄전은 잉글랜드의 어느 여인에 관한 이야기를 했다. 그 여인은 병들어 침대에 누워 지냈는데, 스펄전에게 이렇게 편지했다. "9년 전, 저는 캄캄했고 눈멀었으며 아무 생각이 없었습니다. 그런데 남편이 가져다준 목사님의 설교 한 편을 읽었을 때, 하나님께서 복을 주셔서 제 눈을 열어 주셨습니다. 그 설교를 통해 하나님께서 제 영혼을 살리셨습니다. 모든 영광을 하나님께 돌립니다. 저는 그분의 이름을 사랑합니다. 안식일 아침마다 목사님의 설교를 기다립니다. 이제 저는 목사님의 설교로 한 주를 살며, 그 설교는 제 영혼의 진수성찬입니다."[10]

스펄전은 생애 말년에 이렇게 말했다. "여러 해 동안 이런저런 설교를 통해 영혼이 구원받았다는 소식을 전하는 편지가 거의 매일같이, 한 주도 빠짐없이, 곳곳에서, 세상 가장 먼 곳에서도 날아들었습니다."[11]

제임스 스토커James Stalker는 자신을 글로 표현하는 스펄전의 능력을 이렇게 요약했다.

교양 있는 사람들을 대상으로 글을 쓰려는 야심을 가진 목회자는 수십 명에 이릅니다. 그러나 보통 사람들이 이해할 수 있는 말로 보통 사람들을 대상으로 솔직하게 쓴 책은 아주 드뭅니다. 이런 책을 쓰려면 매우 특별한 능력이 필요합니다. 인간의 본성을 알아야 하고 삶을 알아야 합니다. 상식이 있어야 하고 위트와 유머도 있어야 합니다. 색슨어도 단순하면서도 힘 있게 구사할 줄 알아야 합니다.

어떤 조건이 요구되든 간에, 스펄전 목사는 모든 조건을 전례 없이 다 갖춘 사람입니다.[12]

목회 황혼기

1 8 8 7 - 1 8 9 2

그리스도의 은혜로 너희를 부르신 이를 이같이 속히 떠나 다른 복음을 따르는 것을 내가 이상하게 여기노라. 다른 복음은 없나니 다만 어떤 사람들이 너희를 교란하여 그리스도의 복음을 변하게 하려 함이라. 그러나 우리나 혹은 하늘로부터 온 천사라도 우리가 너희에게 전한 복음 외에 다른 복음을 전하면 저주를 받을지어다. 우리가 전에 말하였거니와 내가 지금 다시 말하노니 만일 누구든지 너희가 받은 것 외에 다른 복음을 진하면 저주를 받을지어다.

갈라디아서 1:6-9

19. 믿음을 위해 힘써 싸우다

메트로폴리탄 타버나클은 잉글랜드 침례교 연맹Baptist Union of England의 회원 교회였다. 침례교에서 일반적이듯 연맹은 각 교회에 대한 권한이 없었고, 교제, 정보, 선교 협력을 위한 가교 구실을 할 뿐이었다. 그러나 침례교에서 일반적이지 않듯 연맹은 교리 선언doctrinal statement이 없었고, 신자들의 침례immersion가 유일한 기독교 세례라는 믿음을 요구할 뿐이었다. 이런 교회들은 으레 하나같이 철저히 복음주의적이라고 생각했고, 수년 동안 이런 생각은 거의 전적으로 옳았다.

스펄전은 침례교 연맹에 큰 도움을 주었다. 그는 런던에 올 때부터 침례교인으로 널리 알려졌고, 덕분에 침례교단은 이전 어느 때보다 유명해졌다. 그의 영향으로 수많은 사람이 매년 침례교 연맹의 연례 모임에 참석했고, 연맹의 재정도 훨씬 탄탄해졌다. 스펄전은 또한 런던 침례교 연합회London Baptist Association를 설립했고, 침례교회를, 특히 자신이 가르쳤던 학생들이 개척하는 데 큰 도움을 주었다.

1860년대 초 스펄전은 잉글랜드에서 침례교가 크게 번성하리라고 예견했다. 그는 침례교인들의 열정과 이들이 경험하는 놀라운 축복을 볼 때, 앞으로 10년 안에 침례교인이 틀림없이 두 배로 늘어날 것이며, 언젠가는 침례교가 잉글랜드에서 가장 큰 교단이 될 것이라고 했다.

당시에는 특히 침례교인들이 활동적이었을 뿐 아니라 다른 그리스도인들도 아주 열성적이었다. 1859년에 런던에서 일어난 부흥으로 타 교단들에서 상당한 전도 운동이 일어났고, 새로운 열정이 생겼으며, 많은 사람들이 신앙을 고백했다.

전망은 매우 밝았고, 제 길에서 벗어나지 않았다면 당연히 그러했을 것이다. 그러나 그와 동시에, 전혀 반대되는 세력이 기독교에 맞서 일어나 강한 영향력을 떨치고 있었다.

복음주의 진리에 반대하는 물결이 처음 일어난 것은 1859년 찰스 다윈Charles Darwin, 1809-1882이 『종의 기원』Origin of Species을 출간했을 때였다. 이 물결은 생명체가 하나님의 창조가 아니라 전적으로 우연에서 비롯되었다고 가르치면서 성경을 직접적으로 부정했고, 하나님의 존재 자체를 배제했다.

다음으로 이른바 고등 비평Higher Criticism이 기독교의 근간을 흔들었다. 고등 비평은 성경 각 권의 자료를 재고하려는 시도였는데, 각 권의 저자와 저작 연대에 대해 새로운 개념을 제시했다. 결국,

고등 비평은 성경의 기적들을 [과학적으로] 설명하고, 영감으로 기록된 말씀을 단순한 인간의 책으로 끌어내리려 했다.

많은 대학 강의실에서 성경에 관한 이러한 새로운 사상을 가르쳤다. 더욱이 1860년대에 몇몇 신학교가 고등 비평에 호의적인 태도를 보였고, 1870년대에는 여러 교회의 강단에서도 고등 비평을 이야기했다. 어떤 사람은 용감하게도 선조들이 믿었던 진리를 부정했고, 그것이 자신이 생각하기에 한낱 고대 신화에 지나지 않는 개념이라며 반박했다. 이들은 자신들의 가르침을 신신학New Theology 또는 신사고New Thought(새로운 사상)라 불렀으며, 자신들은 인간을 속박에서 끌어내 자유로 인도하고 있다고 공언했다.

1880년에 이르자 잉글랜드의 많은 지역이 기독교 신앙에서 일어나는 이러한 변화의 소용돌이에 휘말리고 있었다. 새로운 사상이 일반 언론과 종교 언론에 소개되었고, 새로운 사상을 제시하는 책도 여럿 나왔다. 매우 유능한 사람들이 진화론을 퍼트렸다. 여러 목사가 진화론을 따랐고 고등 비평의 주장까지 지지했다. 이렇듯 기독교의 근본에서 이탈하는 행태가 모든 교단에서 나타났고, 침례교 연맹의 여러 사람에게서도 어느 정도 나타났다.

스펄전은 이러한 상황에 대해 곧바로 공격적인 자세를 취했다. 그는 목회를 시작할 때부터 불신앙의 경우를 숱하게 겪었고, 그럴 때마다 목소리를 높였다. 그러나 이제 문제는 훨씬 심각해졌다. 스펄전은 건강이 좋지 않을 때가 잦았지만 성경을 단호하고 분명하게 변호하는 자세를 취했고, 신신학의 가르침을 논박하기 위해 힘을 다했다.

영국 전역에서 여러 사람들이 스펄전에게 편지를 보내, 자신이 목회하는 지역에서 침례교 목사들이 신앙을 떠난 사례를 들려주었다. 더욱이 침례교 연맹의 총무인 S. H. 부스Booth 박사는 스펄전을 직접 만나기도 하고 편지도 주고받으면서, 침례교 연맹에 속한 사람 중에 더는 신앙의 근본을 믿지 않는 사람들의 명단과 이들이 한 말을 전해 주었다. 부스는 이런 상황을 어떻게 처리하는 게 최선일지 스펄전에게 조언을 구했다.

부스에게 답하면서 또한 침례교 연맹의 임원들을 향해 스펄전은 연맹이 입장을 분명히 밝혀야 한다고 했다. 그는 연맹이 신앙 선언문 곧 복음주의적 입장을 분명하게 밝히는 선언문을 채택하고, 선언문을 받아들이는 교회나 개인만 회원 자격을 유지하게 하라고 촉구했다.

침례교 연맹이 행동을 취하게 하려는 스펄전의 진지한 노력은 그가 했던 말에서 자주 드러난다. 예를 들면 그는 이렇게 말했다. "저는 임원들에게 사적으로 여러 번 항변했고, 전체를 상대로 거듭 호소했습니다." 그는 또한 이렇게 썼다. "저는 이 문제를 총무님에게 거듭 말씀드렸고 총무님도 이를 인정하실 것입니다." 스펄전은 이 문제를 부스의 조력자 베인스Baynes에게도 알렸다면서 이렇게 말했다. "그들은 매번 제 불만을 듣고 또 들었으니, 어쩌면 진저리가 났을지도 모르겠습니다.······저는 윌리엄스 목사님 그리고 알렉산더 매클래런 박사님과 서신을 여러 차례 주고받았습니다."[1]

그러나 침례교 연맹이 신앙 선언문을 채택해야 한다는 스펄전의 요구는 무시되었다. 연맹 모임 때, 이 안건은 투표로 부결되었다. 침례교인은 누구나 자기 신앙을 자기 방식으로 말할 자유가 있으며, 침례 교리를 고수하는 한 다른 것은 필수가 아니라고 늘 믿어 왔다는 게 논거였다.

스펄전은 불신앙이 점점 빠르게 퍼지고 있는데도 침례교 연맹이 행동을 취하리라고 기대할 수 없음을 깨닫고 직접 행동에 나섰다. 그는 '내리막길'이라는 제목의 글을 자신이 발행하는 잡지에 실었다. 이 글은 다음과 같이 시작한다.

복음을 사랑하는 사람이라면 누구라도 시대가 악하다는 사실을 부정하지 못합니다.……그러나 단호히 확신하건대, 많은 교회에서 상황이 보기보다 훨씬 심각하며, 빠르게 내리막길로 내리닫고 있습니다. 비국교도 광역학파Broad School of Dissent(광역학파라고 한 것은 여기에 속한 사람들이 다양한 신학적 관점을 받아들였기 때문이다—옮긴이)를 대변하는 신문들을 읽고 자신에게 물어보십시오. 이들이 얼마나 더 멀리 벗어날 수 있겠습니까? 아직도 버려야 할 교리가 남아 있기나 한가요? 아직도 경멸의 대상이 될 진리가 남아 있습니까? 새로운 종교가 생겼습니다. 그러나 분필이 치즈가 아니듯, 이 종교는 기독교가 아닙니다. 도덕적 정직성이 빠진 이 종교는 자신은 옛 신앙을 조금 개선한 것일 뿐이라고 속이고, 이런 속임수로 복음 전파를 위해 세워진 강단을 찬탈합니다. 대속은 조롱당하고, 성경의 영감은 비웃음을 사며, 성령은 한낱 영향력으로 전락하고, 죄에 대한 형벌은 허구로, 부활은 신화로 바뀝니다. 그러나 우리의 신앙을 해치는 이러한 원수들은 우리가 그들을 형제라 불러 주고 그들과 동맹을 지속하기를 기대합니다!

교리가 거짓되면 뒤이어 영적인 삶도 자연히 쇠퇴하는데, 이것은 의문스러운 오락을 좇고 신앙적인 모임이 약해지는 데서 분명하게 드러납니다.……한 주에 기도 모임을 단 한 차례만 한다면, 교회가 제대로 된 상태에 있는 건가요? 그저 해골만 남은 건 아닌가요?……사실 많은 사람들이 교회와 무대를, 카드와 기도를, 춤과 성례를 통합하려 합니다.……옛 믿음이 사라지고 복음을 향한 열정이 소멸할 때, 사람들이 쾌락의 길에서 뭔가 다른 것을 찾는 것은 전혀 이상하지 않습니다.[2]

스펄전은 상당히 길게 계속했고, 이러한 성격의 말로 그 시대의 배교와 그로 인해 수많은 교회에서 일어나는 영적 죽음을 묘사했다. 그는 이러한 상황에 깊은 슬픔을 표현했고, 이어서 그리스도인이 하나님의 말씀을 부정하는 사람들과 계속 관계를 유지해야 하는가 하는 문제를 다루었다. 그의 말은 그 시대만큼이나 우리 시대에도 중요하다.

이제 심각한 문제가 되었습니다. 성도에게 단번에 주신 믿음을 지키는 사람들이 다른 복음으로 넘어간 사람들과 얼마나 가까이 지내야 하겠습니까? 그리스도인은 사랑해야 마땅하고, 분열을 통탄할 악으로 여기고 피해야 합니다. 그러나 우리가 진리에서 떠나는 자들과 얼마나 계속 연합해야겠습니까? 대답하기 어려운 질문입니다. 의무 간의 균형을 유지해야 하기 때문입니다. 지금으로서는 신자들이 주님을 배반하는 자들을 응원하고 지지하지 않도록 조심하는 게 좋습니다.

진리를 위해 교단적 제약의 벽을 모두 뛰어넘는 것—우리는 모든 경건한 사람들이 더더욱 이렇게 하기를 바랍니다—과, 진리 사수를 교단의 번영과 일치 아래에 두라고 촉구하는 것은 전혀 다른 것입니다. 생각 없는 사람들이 어떤 잘못에 눈을 찔끔 감습니다. 단지 장점이 많은 똑똑한 사람과 인품 좋은 형제가 그 잘못을 범했다는 이유로 말입니다.

성도 여러분, 스스로 판단하십시오. 그러나 우리는 문에 빗장을 몇 개 추가하고 쇠사슬을 감아 두라고 명했습니다. 종의 친분을 내세우면서 주인을 강탈하려는 자들이 있기 때문입니다.[3]

이 글은 영국 전역의 침례교도들 사이에서 심한 동요를 불러일으켰다. 많은 사람들이 스펄전의 말에 전적으로 동의했으며, 그를 뜨겁게 지지한다고 했다. 그러나 그의 말에 동의하지 않는 사람들도 많았다. 영국 전역의 가정과 교회 어디서든 그의 말이 활발하게 논의되었다. 일반 언론과 종교 언론 모두 이 문제를 다루었으며, 더러는 그를 지지했고 더러는 그를 강하게 반대했다.

스펄전의 글은 「검과 삽」 1887년 8월호에 실렸으며, 뒤이어 세 호에 걸쳐 세 편의 글이 더 실렸다. 첫째 글은 '여러 비판자에게 답하며'였고, 둘째 글은 '드러난 사실'이었으며, 셋째 글은 '내리막 길 논쟁에 대한 단편'이었다. 세 편의 글에서 그는 자신의 주장을 점점 강하게 폈고, 자신을 반대하는 이들의 주장처럼 자신이 그저 근거 없는 의혹을 퍼트리는 게 아니라는 강력한 증거를 제시했다. 스펄전은 글을 쓰면서 자신이 고소하는 자들이 틀렸음을 드러내는 게 조금도 기쁘지 않았고, 오히려 이런 배교가 그 땅에서 일어났다는 사실에 깊이 슬퍼했다.

더욱이 세 편의 글을 쓰는 동안 그는 자신이 주님을 부인하는 자들과 계속 연합하는 것이 이들을 돕는 일이 아닌가 하는 문제에 마음으로 대답했다. 그는 모든 문제를 깊이 생각한 끝에 셋째 글의 결론 단락에 이르렀다.

우리에게 한 가지는 분명합니다. 근본적인 가르침이 우리가 소중하게 여기는 바와 정반대인 그 누구와도 연합할 수 없습니다.……매우 유감스럽지만, 우리가 깊이 사랑하고 진심으로 존경하는 사람들과 더는 함께하지 않겠습니다. 그들과 함께한다면, 우리가 주 안에서 아무런 사귐이 없는 사람들과 연합하는 것이기 때문입니다.[4]

그와 동시에 스펄전은 부스 박사에게 편지를 썼다.

친애하는 박사님께,

침례교 연맹의 총무이신 박사님께 알려 드려야겠습니다. 저는 이제 연맹을 탈퇴할 수밖에 없습니다. 저도 이렇게 하는 게 너무 마음이 아픕니다. 그러나 제게는 다른 선택이 없습니다. 이유는 이미 「검과 삽」 11월호에 밝혔고, 여기서 되풀이하더라도 너그러이 용서해 주시리라 믿습니다. 제게 사람을 보내 재고해 달라고 요청하지 말기를 간청합니다. 이미 너무 오랫동안 숙고하지 않았나 싶습니다. 하루에도 몇 번씩, 제가 절대로 너무 서두르는 게 아니라는 확신이 들었습니다.

개인적인 감정이나 악의가 조금도 개입하지 않았다는 점을 덧붙이고 싶습니다.……저의 결심은 확고하며, 박사님도 제가 더 나은 해결책을 바랐기에 이러한 결정을 오랫동안 미뤄왔다는 사실을 아실 것입니다.

마음을 담아,
C. H. 스펄전[5]

이렇게 스펄전은 역사적인 발걸음을 내디뎠다. 1887년 10월이었고, 그는 53세였다.

스펄전은 다른 사람들을 침례교 연맹에서 데리고 나오려 하지 않았고, 많은 사람들의 바람과는 달리 새로운 침례교 협회를 만들지도 않았다. 오히려 그는 사람들이 각자의 마음에서 분명한 결정에 이르는 것을 보기 원했고, 이들이 어떤 길을 선택해야 하는지 알도록 자신은 글을 통해 정보를 충분히 제공했다고 믿었다.

메트로폴리탄 타버나클 교인들은 담임목사의 행동에 곧바로 단호한 지지를 표명했고, 타버나클 자체도 침례교 연맹을 탈퇴했다. 이번에도 그의 행동을 강하게 지지하고 진심으로 칭찬하는 편지가 수없이 날아들었다.

그러나 정반대 의견도 적지 않았다. 고아원과 구빈원과 목회자 대학을 재정적으로 가장 크게 후원하는 사람이 그의 행동에 단호히 반대하며 후원을 중단하겠다고 했다. 이보다 조금 적게 후원하는 몇몇 사람도 이렇게 했다. 「크리스천 월드」The Christian World의 편집자는 자신이 옛 신앙을 버린 게 기쁘다고 했다. 그는 이렇게 썼다. "현대 사상이 스펄전의 눈에는 '죽음의 코브라'지만 우리 눈에는 이 세기의 영광이다. 현대 사상은 스펄전에게 소중한 많은 교리를……허위에다 비성경적일 뿐 아니라 가장 엄밀한 의미에서 비도덕적이라며 폐기한다.……현대 사상은 축자 영감을 고집할 만큼 비이성적이지 않으며, 진정한 삼위일체를 받아들이나 나신론을 포함할 만큼 우상 숭배적이지도 않다."

스펄전은 잉글랜드 침례교의 중요한 인물 곧 침례교 연맹의 총재인 존 클리퍼드 박사에게서도 비판을 받았다. 클리퍼드 박사는 지성이 깊고 원칙을 고수하는 사람이었으나, 성경 무오에 대한 믿음을 버리고 고등 비평의 시각을 많이 받아들였다. 그는 아주 정직한 사람이었으나 신신학이 실제로 옛 복음주의라고, 단지 새 옷을 입었을 뿐이라고 잘못 추정했다.

이러한 추정을 토대로 클리퍼드는 스펄전의 행동이 전혀 근거 없다고 보았다. 널리 배포되는 신문에 실린 글에서, 클리퍼드는 스펄전에게 모든 침례교 목사가 믿음을 고수하지는 않는다는 그의 비난을 뒷받침하는 증거를 제시하라고 했으며, 스펄전이 분열과 슬픔을 조장하는 대신에 사람들을 독려하는 데 시간과 달란트를 쓰면 더 좋을 거라고 했다.

스펄전에게 잠시 멈추어 이것이 대영제국과 아일랜드의 침례교인들로 처하게 할 수 있는 최선의 상황인지 숙고해 보라고 요구하기에는 이미 너무 늦었습니까? 이미 눈에 보이는 불온한 의혹들, 깨진 약속들, 위험에 처한 교회들, 상처 입은 충실한 일꾼들이라는 운명적인 결과로 충분하지 않습니까?

이 빼어난 "구령자"winner of souls가 힘을 다해 사람들을 독려하여 하나님 복음의 좋은 소식을 동포들에게 전하는 지속적이고 영웅적인 노력을 하게 하는 대신, 수천에 이르는 그리스도인들의 에너지를 개인적인 논쟁과 다툼에 몰아넣는 것을 보고 있노라면 말할 수 없이 마음이 아픕니다.[6]

클리퍼드는 침례교 사역의 혼란을 스펄전의 책임으로 돌리려고 했지만, 침례교 연맹의 임원들은 연맹이 총회 때 스펄전이 제기한 배교 문제를 다뤄야 한다는 것을 알았다. 따라서 이들은 행동 방향을 결정했다. 다시 말해, 이 문제가 제기되면 스펄전이 믿음에서 떠났다고 했던 사람들의 이름을 말하지 않았으므로, 그의 주장을 총회에서 다루기에는 부실하다고 답하기로 했다. 이들은 그가 확실한 증거를 제시하기 전에는 자신들이 이 문제에 대해 아무것도 할 수 없다고 말하려 했다.

그러나 침례교 연맹의 총무인 부스 박사는 스펄전에게 보낸 여러 편지에서, 침례교 연맹 안에서 신신학을 퍼트리는 여러 사람들의 명단과 이들이 한 말을 전해 주었다. 스펄전은 경솔하게 근거도 없이 말했다고 강하게 비난을 받자, 부스 박사에게 편지로 "박사님이 제게 주신 정보를 공개하겠습니다"라고 했다. 그러나 용기도 없었고 원칙을 고수하지도 않았던 부스는 이렇게 답했다. "제가 목사님께 보낸 것은 공적인 편지가 아니라 사적인 편지입니다. 예의상으로라도 공개해서는 안 됩니다."[7]

그래서 스펄전은 부스에게서 받은 정보에 대해 침묵을 지켰다. 그러나 총회에서 둘 사이의 서신 왕래 문제가 거론되자 부스는 울타리를 치기 시작했다. 다시 말해, 자신은 신신학이라는 주제를 전혀 거론하지 않았고, 이것을 지지하는 자들에 대해 스펄전이 관심을 두게 하지 않았으며, 스펄전이 이러한 불신앙에 대해 전혀 불평하지도 않았다고 했다.

스펄전은 부스가 이렇게 회피한 사실을 알게 되었을 때 다음과 같이 말했다. "부스 박사님이 제가 전혀 불평하지 않았다고 하셨다니 놀랍습니다. 하나님께서 다 아실 테고, 제가 옳다고 보시겠지요."[8] 신신학을 지지하는 사람들 가운데 몇몇은 스펄전과 그가 전하는 복음에 매우 신랄한 태도를 보였으며, 그가 목사들에 관해 근거 없는 의혹을 제기했고, 모든 침례교 신자들에게 치욕을 안겼다고 비난했다. 많은 사람이 이들의 주장을 믿기 시작했다. 스펄전의 전기 작가 하나는 1933년에 이렇게 썼다.

> 스펄전의 주장은 결코 옳다고 인정받지 못했다. 많은 진영에서, 스펄전이 입증 불가능한 주장을 폈고 증거를 제시하라는 정당한 요구에 발을 빼고 도망쳤다는 인상을 여전히 갖고 있다. 그러나 이것은 진실과는 전혀 동떨어진 생각이다. 스펄전은 부스 박사의 편지를 공개할 수도 있었다. 내 생각에는 공개했어야 했다.[9]

총회는 1888년 4월에 열렸다. 예상 참석 인원이 많아 큰 건물을 사용했는데, 조지프 파커Joseph Parker 박사가 시무하는 회중교회였다. 양쪽 다 기쁘게 하리라고 생각되는 결의안을 내서 조화를 회복하려는 시도가 있었다. 결의안은 본질상 복음주의적이라고 여겨질 수 있었으나 신신학에 적대적이지 않다고 해석될 수도 있었다. 복음주의적 교리를 강하게 반대하는 움직임을 보였던 찰스 윌리엄스Charles Williams가 앞장섰고, 결의안이 복음주의 운동을 촉진할 것으로 생각했던 제임스 스펄전이 지지했다.

결과적으로 양 진영 간의 교리적 차이가 훨씬 흐릿해졌다. 클리퍼드 박사는 자기 일을 잘 수행했고, 결의안은 많은 사람들에게 신신학은 실제로 옛 복음주의이며 이것이 입은 새 옷에 대해서는 걱정하지 않아도 된다고 설득하는 역할을 했다.

투표에 들어갔을 때 2천 명이 찬성했고 반대한 사람은 고작 7명에 지나지 않았다. 2천 명 가운데 상당수는 자신들이 복음주의에 표를 던졌으며 스펄전이 취한 행동을 지지한다고 생각했다. 그러나 결과는 스펄전에 대한 "불신임 투표"로, 잉글랜드 침례교인의 절대다수가 그의 주장을 받아들이지 않았다는 증거로 널리 홍보되었다.

스펄전은 이미 단호한 태도를 보이고 연맹을 탈퇴했지만, 그후 몇 달 동안 다른 사람들은 꾸준히 논쟁을 계속했다. 어떤 사람은 신신학을 반대한다고 천명했으나, 어떤 사람은 그에 대해 신랄한 태도를 보이며 그의 행동에 관해 왜곡된 기사를 냈다.

그가 망통에 머무를 때 부스 박사가 편지를 보내 매클래런, 컬로스Culoss, 클리퍼드와 함께 그를 만나러 가고 싶다고 전했다. 이들은 이 방문을 통해 스펄전이 탈퇴를 재고할 수 있기를 바랐다. 그러나 그는 답장에서, 이들이 오더라도 아무런 유익이 없을 테고, 불신앙이 연맹 안에 있는데도 아무런 조치를 취하지 않았다고 했다. 하지만 자신이 잉글랜드로 돌아가면 이들을 만나겠다고 덧붙였다.

논쟁의 와중에 스펄전은 이렇게 썼다.

주님께서 제가 가는 길을 아십니다. 그분의 거룩한 중재에 이 문제를 맡깁니다.⋯⋯저는 항의를 고집한 까닭에 친구와 평판을 잃었고, 금전적 손실을 입었으며, 신랄한 비난을 받았습니다. 저로서는 더 이상 아무것도 할 수 없습니다. 저는 이제부터 그들과 다른 길을 가려 합니다.

그러나 이 때문에 제가 받는 고통은 이루 말할 수 없습니다. 저는 절대로 하나님의 진리를 굽힐 수 없습니다.⋯⋯이것은 개성의 문제가 아니라 원칙의 문제입니다. 두 무리의 사람들이 아주 중요한 문제를 두고 서로 정반대 의견을 고집할 때, 그 어떤 말로도 둘을 하나 되게 하지 못합니다.[10]

미국에서도 숱한 사람들이 잉글랜드에서 일어나는 갈등을 듣고는 태도가 양분되었다. 어떤 사람은 스펄전이 연맹을 탈퇴할 필요가 전혀 없었다고 단언했지만, 많은 사람들이 그의 행동을 지지했다. 미국에서 스펄전의 사역을 위해 얼마간 돈을 동봉한 어느 편지에 1888년 6월 18일 자로 쓴 답장에서 그는 이렇게 말했다.

여러분에게 편지를 쓰는 동안 이 모든 일을 잊을 수 있어 더없이 기쁩니다.⋯⋯이렇게 돈까지 보내 주셔서 진심으로 고맙습니다. 필요할 때 힘을 얻었습니다. 지금껏 여러 폭풍을 지나왔습니다.
1. 침례교 연맹이 시끄럽습니다.
2. 아내가 7주 동안 매우 아팠고 지금도 아픕니다.
3. 사랑하는 어머니께서 세상을 떠나셨습니다.

4. 어머니 장례식 날, 저는 오랜 적[통풍]에게 심하게 당해 고통의 침례를 받았습니다. 아직도 걷지 못하고 간신히 일어섭니다. 그래도 여전히 하나님을 기뻐합니다. 이곳에 미국인들이 많습니다. 참 좋은 사람들입니다. 진심으로 사랑합니다.[11]

신신학이 퍼지면서 진정한 그리스도인이라면 누구나 신신학을 알고 여기에 맞서야 할 필요성이 강조되었다. 이러한 상황을 고려해, 스펄전이 침례교 연맹을 탈퇴한 지 오래지 않아 복음주의 연맹이 큰 모임을 열었다. 복음주의 연맹은 교단이 제각각 다른 사람들로 구성되었다. 스펄전이 참석해 인사를 했을 때 이들은 뜨거운 반응을 보였다. 그가 수많은 사람에게 여전히 존경받고 있다는 뜻이었다. 그의 가장 충실한 조력자인 로버트 쉰들러Robert Shindler는 이렇게 썼다.

복음주의 연맹이 복음의 기본 진리를 증언하기 위해 연 첫 모임을 절대 잊지 못할 것입니다. 모임은 엑시터 홀에서 열렸습니다. 스펄전 목사님이 일어나 말씀하실 때 청중의 열기와 반응은 압도적이었습니다. 우리는 연단에 앉아 있었기에 목사님이 앞선 강사들의 얘기를 들으시며 감정이 복받쳐 눈물을 주르르 흘리시는 모습을 가까이서 보았습니다. 목사님의 침례교 형제들은 겨우 몇몇밖에 참석하지 않았지만, 그분을 응원하고 위로하는 공감대는 충분히 표현되었습니다.[12]

스펄전은 논쟁 때문에 육체적으로 매우 힘들었다. 그는 논쟁이 시작되기 전에도 아팠고, 논쟁이 진행되는 동안에도 자주 통풍에 시달렸다. 더욱이 이 무렵 스펄전은 신장병을 앓기 시작했고, 이 때문에 이따금 극도로 약해졌다. 그의 말에서 보았듯이, 그의 부인도 여전히 건강이 매우 좋지 않았다.

스펄전은 싸우고 싶지 않았고, 그래서 논쟁이 그를 더욱 힘들게 했다. 그는 자신이 하나님의 진리라고 믿는 바에 대해서는 조금도 굽히지 않고 단호한 태도를 보였다. 그러나 동료들을 향한 애정은 매우 깊었기에, 침례교 연맹에 속한 많은 친구들과 갈라서는 게 매우 가슴 아팠다. 그는 담대하고 단호하게 싸웠으나, 불필요한 다툼은 아주 작더라도 피하려고 노력했다. 그는 이렇게 썼다. "친구들을 힘들게 하거나 불화를 일으킬 만한 말은 전혀 하고 싶지 않습니다. 몇몇 생각 없는 사람들은 다툼을 보고 기뻐할는지 모릅니다. 그러나 저는 그들과 다를 수 있고 싸우지 않을 수 있습니다."[13]

목회자 대학 출신들 가운데도 어려움이 있었다. "목회자 대학에서 훈련받은 100여 명이 특정 선언을 한 사람들만 콘퍼런스에 초대하려는 스펄전의 의도된 절차에 대한 '가벼운 항의'에 서명했다." 항의는 스펄전에게 전달되었고, 다음은 그의 답변 가운데 일부다. "저는 콘퍼런스를 긴 다툼에 넘겨줄 수 없습니다.……목적 없는 갈등에 휩싸인다면 엄청난 비용이, 돈뿐만 아니라 제 삶까지 허비될 것입니다. 압박감에 제 마음은 이미 거의 찢어졌으며, 지금껏 겪은 아픔만으로도 힘겹습니다."[14]

총장 권한으로 스펄전은 기존의 목회자 대학 콘퍼런스를 해체하고 새로운 콘퍼런스를 만들었다. 새로운 콘퍼런스는 복음적 교리의 분명한 선언에 기초했고, 이러한 교리는 신앙 선언문으로 작성되었다. 스펄전의 해체 조치에 432명이 찬성표를 던졌고 64명이 반대표를 던졌다. 반대표를 던진 사람들은 신랄한 태도를 보였고, 그를 가리켜 "새로운 교황"the New Pope이라고 했으며, 더는 그와 교류하지 않았다. 이로써 그의 슬픔은 배로 늘었다.[15]

침례교 연맹 안에서도 부분적인 어려움이 있었다. 거의 모든 목사가 자기 내부에 불신앙이 있음을 인정하면서도, 그 불신앙이 해를 끼치지는 않으리라고 말하는 사람들이 많았다. 스펄전은 이 부분에서 의견이 전혀 달랐다. 장차 교회들이 생명도 없고 열매도 없게 되리라는 것을 알았기 때문이다. 1888년이 시작되었을 때 스펄전은 목회자 대학 동문의 사역과 침례교 연맹에 속한 나머지 목사들의 사역을 비교하는 보고서를 냈다. 목회자 대학의 동문 370명은 선년도에 4,770명에게 침례를 주었고 교인이 3,856명 늘었다. 그러나 침례교 연맹의 나머지 사람들 곧 1,860명의 목사와 2,764개 교회의 경우, 교인은 고작 1,770명 늘어났다. 스펄전은 동문의 성공을, 복음은 축복을 가져왔지만 불신앙은 교회의 힘을 빼앗고 교회를 그가 말하는 내리막길로 내몬 증거로 보았다.

많은 사람이 신신학이 해를 끼칠 거라는 스펄전의 주장을 얼토당토않다고 생각했다. 그러나 몇 년이 흐르면서 그의 주장이 전적으로 옳다고 입증되었다. 그가 예견한 대로 성경을 부정하자 교회 출석 인원이 떨어지기 시작했고, 기도회는 몇몇만 모이는 자리가 되더니 결국에는 그마저도 완전히 사라졌다. 하나님의 은혜로 삶이 변화되는 기적은, 전혀 없지는 않았으나 갈수록 드물어졌다. 도시와 시골에서 교회가 차례로 죽어 나갔다. 잉글랜드 전역에서 한때 예배당이었던 건물이 가게나 창고로 사용되거나, 전에 예배당이 서 있던 자리가 이제는 완전히 폐허가 된 모습을 어렵지 않게 볼 수 있었다.

이러한 슬픈 상황이 왜 벌어졌는지를 두고 갖가지 이유가 제시되었다. 그러나 가장 큰 이유는 강단에서 복음이 사라진 것이었다. 시도된 모든 대안은 하나같이 사람들의 관심을 끌지 못했다. 성경 무오와 신앙의 큰 기본을 받아들이지 않는 곳에 진정한 기독교란 없으며, 설교는 힘이 없고, 스펄전이 자신의 세대를 향해 경고한 바가 고스란히 결과로 나타난다.

E. J. 풀 코너Poole-Connor는 자신의 책 『잉글랜드의 복음주의』 *Evangelicalism in England*에서 신신학 또는 현대주의modernism—그것을 무엇이라고 부르든 간에—의 실패를 통렬하게 지적한다. 그는 어느 불가지론 잡지의 편집자와 현대주의 목사 간의 대화를 들려준다. 편집자가 목사에게, 두 사람은 직업이 다르나 공통점이 많다고 했다. 불가지론자가 이렇게 말했다. "저는 성경을 믿지 않는데 목사님도 믿지 않으시지요. 저는 창조 이야기를 믿지 않는데 목사님도 믿지 않으시지요. 저는 그리스도의 신성과 부활과 승천을 믿지 않는데

목사님도 믿지 않으시지요. 저는 이것들을 하나도 믿지 않는데 목사님도 다르지 않으시지요. 저는 목사님만큼이나 그리스도인이고 목사님은 저만큼이나 불신자이시지요!"

이러한 상황 곧 목회자의 불신앙은 신신학의 직접적인 결과였고, 이들과의 모든 관계를 끊은 스펄전의 행동이 옳았다는 분명한 증거였다.

1880년대에 한 무리의 미국 목사들이 잉글랜드를 방문했다. 특히 유명한 잉글랜드 목사들의 설교를 듣고 싶어서였다.

어느 주일 아침, 이들은 조지프 파커 박사가 담임목사로 있는 시티 템플의 예배에 참석했다. 약 2천 명이 예배당을 채웠고, 파커의 강한 개성이 예배를 지배했다. 그의 목소리는 우렁찼고, 언어는 섬세했으며, 상상력은 풍부했고, 태도는 활기찼다. 설교는 성경적이었고, 회중은 그의 설교에 매료되었으며, 미국인들은 나오면서 이렇게 말했다. "조지프 파커는 정말 놀라운 목사님이세요!"

저녁에 이들은 스펄전의 설교를 들으러 메트로폴리탄 타버나클에 갔다. 건물은 시티 템플보다 훨씬 컸고 회중은 두 배였다. 스펄전의 목소리는 훨씬 더 우렁차고 감동적이었으며, 그의 웅변술은 확연히 더 뛰어났다. 그러나 이들은 큰 건물과 엄청난 회중과 멋진 목소리를 곧 다 잊었다. 두 설교자의 다양한 특징을 비교하려던 생각마저 잊었다. 예배가 끝나고 이들은 밖으로 나오며 이렇게 말했다. "예수 그리스도는 정말 놀라운 구주예요!"

20. 마지막 수고

스펄전은 논쟁에서 취한 행동 때문에 적잖은 고통을 겪었다. 침례교 연맹을 탈퇴한 후 목회자 대학 콘퍼런스를 해체하고 새로 만들려고 할 때, 부담감에 거의 무너질 지경이었다. 그는 1888년 3월 31일에 동생에게 보낸 편지에서 이렇게 썼다.

사랑하는 아우에게,

지난 화요일에 설교를 하려고 애쓰다가 병이 들었다. 심한 우울증과 질식할 듯한 압박감에 설교가 나에게 큰 비극이 되고 말았다. 약을 두 배나 먹었는데도 반은 죽은 듯한 느낌이다.

형이 이번 주일 저녁에 설교를 못 할 것 같다. 그러니 네가 와서 대신 설교해 줄 수 있겠니? 이가 아파 신경이 쓰이고, 간이 안 좋아 어지럽고, 마음에 온통 슬픔이 가득하구나! 내가 콘퍼런스를 해낼 수 있으면 좋을 텐데, 어제는 그럴 꿈도 꾸지 못할 처지였다.

중압감이 엄청나다.

목회자 대학 보고서를 끝내고 싶은데, 시간이 너무 빨리 다가온다.

(…)

진심 어린 사랑으로,

동생이 늘 고마운 형 찰스[1]

스펄전은 몇몇 종교 언론에서도 비난을 받았다. 미국의 두 잡지를 특히 주목할 만한데, 둘 다 복음주의적이었으나 스펄전이 침례교 연맹을 탈퇴할 만한 이유가 없었다고 전했다. 한 잡지는 이렇게 주장했다.

> 그가 연맹이 아니라 연맹에 속한 이름 없는 몇몇에 대해 제기한 비난은 "입증되지 않았다"고 말할 수밖에 없다.……수백 명의 회원 중에 겨우 예닐곱이 그가 (그리고 우리가) 주님의 복음이라고 주장하는 바에 전적으로 동의하지 않는다는 이유로 연맹을 공격하는 것은, 지붕 아래 생쥐가 여남은 마리 숨어 있다고 집을 통째로 태우는 것과 다르지 않다.[2]

물론 스펄전은 연맹에 속한 알렉산더 매클래런을 비롯한 복음주의자들에 대해서는 상당히 부드럽게 말했으나, 불신앙 자체는 매우 혹독하게 다뤘다. 그러나 어느 뉴욕 신문은 두 태도를 혼동해서 이렇게 보도했다.

연맹에 관한 그의 말은……신랄하기 짝이 없다. 그는 연맹이 그에게 표현하는 친절과 형제애를 가리켜 발톱을 가린 벨벳 패드라고 말한다. 이것은 매클래런, 앵거스, 언더힐, 란델스처럼 하나님의 교회를 이끄는 지도자들에게 적합하지 않은 말이다.[3]

그러나 어떤 사람들은 정반대로 말했다. 이들은 스펄전이 논쟁에서 지나치게 정중했고 좀 더 전투적인 태도를 보였어야 했다며 그를 비난했다. 이들은 그가 믿음에서 떠난 자들의 명단을 공개했어야 했고, 배교에 반대하지 않은 자들을 꾸짖었어야 했다고 단언했다.

스펄전은 자신의 연맹 탈퇴를 지지하는 어느 편지에 답하면서, 자신이 취한 태도에 대해 몇 가지 이유를 제시했다.

1888년 10월 5일
캐나다 마리팀 침례교 협의회 목사님들과 대표자들에게,

주 안에서 형제인 사랑하는 여러분, 여러분이 보내 주신 모든 응원에 진심으로 감사드립니다. 이런 때에 형제들이 보여주신 이런 결의는 제게 큰 기쁨이 되었습니다. (…)

제가 영국 침례교 연맹과 관련해 취한 행동을 여러분이 잘못

판단하지 않으셔서 감사합니다. 저는 연맹을 탈퇴하지 않으면 안된다고 느꼈습니다. 갑작스러운 충동에서 나온 행동이 아니었고, 개인적인 불만에서 나온 행동은 더더욱 아니었습니다. 저는 오랫동안 조용히 항의했고, 마침내 공개적으로 견해를 밝히지 않을 수 없었습니다. 저는 교회들의 증언이 희미해져 가는 것을 보았고, 몇몇 경우 강단의 증언이 하나님의 말씀에서 매우 멀어지는 것도 보았으며, 복음에서 떠난 게 분명한 상황이 슬펐습니다. 저는 충성스러운 많은 형제가 이 위험한 상황에서 일어나, 더없이 노골적인 범죄자들을 연맹에서 몰아내려고 열심히 노력하기를 바랐습니다. 저는 이스라엘에서 골칫거리로 여겨지고 있으며, 사람들은 진리가 중요하기는 하지만 연맹의 보존을 가장 먼저 생각해야 한다고 느낍니다. (…)

제가 이러한 충돌에서 느끼는 아픔을 아무도 함께 느끼기를 바라지 않습니다. 그러나 성도에게 단번에 주신 믿음이 대영제국의 침례교회들 사이에서 존귀한 자리에 위치하는 것을 볼 수만 있다면, 저는 만 번이라도 이러한 아픔을 기꺼이 감수하겠습니다.

저는 개개인은 피하기로 처음부터 결심했습니다. 비록 제가 아는 전부를 공개하고 싶은 유혹이 몹시 강했으나 개개인에 대해서는 침묵을 지켰고, 그로 인해 그 충돌에서 저 자신만 공격을 받았습니다. 그러나 믿음의 논쟁이 개인적인 싸움으로 전락하도록 두느니, 이것도 제가 감당하는 게 좋습니다. 저는 그 누구의 적도 아니며, 다만 주님의 말씀에 어긋나는 모든 가르침의 적일 뿐이며,

이런 가르침을 전하는 자들과는 도무지 사귀지 않을 것입니다.
(…)

제 마음을 다 표현할 길 없어 기도하며, 여러분에게 우리가 구하거나 생각하는 것을 훨씬 넘어서는 축복이 임하기를 그리스도 예수 안에서 우리 하나님께 간구합니다.

여러분에게 더없이 감사하며 여러분을 더없이 사랑하는
C. H. 스펄전

저는 지치고 약하며 병들었습니다. 제 신조는 "비록 피곤하나 따르며"입니다.……성경의 영감이 공격을 받는데, 모든 진정한 종교가 서느냐 무너지느냐가 여기에 달렸습니다. 여러분은 이 나라에 몰아치는 이 무서운 파도에 휩쓸리지 않기를 바랍니다.[4]

이 편지가 특별히 가치 있는 까닭은 스펄전이 논쟁에서 취한 태도를 이해하는 데 도움이 될 뿐만 아니라 그의 신체적 · 정신적 상태를 어느 정도 보여주기 때문이다. 그는 『자서전』에서 이 부분을 거의 말하지 않으며, 설교에서도 이 부분을 좀체 언급하지 않는다. 그러나 이 편지에서 자신은 "지치고 약하며 병들었습니다"라고 표현하며, "이러한 충돌에서 느끼는 아픔"이라고 말한다. 다른 편지에도 비슷한 표현이 나온다. 그는 신신학을 지지하는 사람들의 신랄한 비난에 상처를 받았으나, 이들의 시각이 점점 퍼져 나가는 게 더 안타깝고 가슴 아팠다.

스펄전은 논쟁으로 인한 슬픔을 덜기 위해 더 열심히 일했다. 런던을 비롯한 여러 곳에서 어느 때보다 많은 교회들이 스펄전을 초청했고, 그는 이 초청을 최대한 받아들였다. 그는 절대로 논쟁을 설교 주제로 잡지 않았으나 불신앙의 유입을 자주 경고했고, 굳건한 믿음의 자세를 취하라고 자주 촉구했다.

늘 그렇듯 스펄전은 매주 설교 한 편을 편집하고 매달 잡지 발간을 준비하는 일 외에도 여러 글을 쓰느라 바빴다. 이 무렵 그의 2천 번째 설교가 인쇄되었고, 타버나클 교인들은 축하 행사를 열어 스펄전 사역에 남을 이정표를 크게 기뻐하며 기념했다.

마찬가지로 고아원 재회 모임에 많은 사람이 참석했는데, 아이와 어른들이 그를 에워싸고 그에 대한 사랑을 표현했다. 새로운 후원자들이 생겨나 후원을 중단한 사람들을 대신했고, 그가 이따금 걱정하기는 했지만, 여러 기관을 운영하는 데 매주 꼭 필요한 300파운드가 한 차례도 빠짐없이 들어왔다. 이러한 활동과 수고는 그에게 큰 힘이 되었다.

그렇더라도 스펄전의 짐은 너무 버거웠다. 1888년 7월 그는 병으로 몸져누웠고 펜을 들지도 못할 만큼 쇠약해졌다. 두 주 후에 어느 정도 회복되어 활기차게 일을 재개했으나 11월에 다시 몸져누웠다. 이렇게 되자 그는 곧바로 망통에 가려고 했다. 그러나 몸이 너무 약해서 여행을 떠날 수 없었다. 그는 이렇게 말했다. "따뜻한 고장에 가야 건강이 좋아질 텐데, 건강이 좋아지기 전에는 따뜻한 고장에 갈 수 없네요." 12월에 스펄전은 여행을 할 만큼 몸이 좋아져 따뜻한 남쪽으로 향했다.

그러나 이번에는 망통에 있을 때 돌계단에서 심하게 넘어져 제대로 요양을 하지 못했다. 이 무렵 스펄전은 체중이 꽤 나갔다. 발과 다리는 늘 어느 정도 부어 있었고, 걸을 때는 지팡이를 꼭 짚어야 했다. 1888년 마지막 주일, 그는 오후에 세 사람과 가까운 별장에서 조용히 묵상을 즐겼다. 그런데 그만 계단을 내려오다가 지팡이로 부드러운 대리석 계단을 짚는 순간, 앞으로 꼬꾸라졌다. 그의 비서 해럴드는 이렇게 말했다.

목사님이 얼마나 다치셨는지 처음에는 목사님도 몰랐고 목사님의 친구들도 몰랐습니다. 목사님은 계단을 내려오시다가 앞으로 한 바퀴 구르셨고, 주머니의 돈이 구두 속으로 들어갔으며, 이가 두 개나 부러졌습니다. 목사님은 이를 두 개 잃고 도리어 기뻐하셨습니다. 목사님은 혼자 일어나시더니 씩 웃으며 놀란 동료들에게 이렇게 말씀하셨습니다. "통증도 없이 이를 뽑은 데다 돈은 구두에 넣었네요!"[5]

비록 스펄전이 이렇게 농담하기는 했으나 부축을 받으며 숙소로 돌아와서는 통증 때문에 자리에 누웠고, 부상이 상당히 심각하다는 것을 곧 깨달았다. 그는 타버나클 교인들에게 보낸 편지에서 이렇게 말했다.

부상이 생각보다 훨씬 심각합니다. 발, 입, 머리, 신경이 회복되려면 시간이 꽤 걸릴 듯합니다. 제가 박살 나지 않은 게 얼마나 큰 은혜인지 모르겠습니다.……돌이 하나만 더 있었어도 저는 끝장났을 것입니다.……제 발걸음을 끝까지 지켜 주시고, 내리막길을 내리닫는 자들down-graders이 주님의 진리라는 높은 곳에서 떨어지는 게 얼마나 무서운지 알게 하시기를 원합니다.

여러분의 진실한
C. H. 스펄전[6]

낙상落傷은 회복이 더뎠다. 스펄전은 거의 4주 후에야 자리에서 일어나 집사들에게 편지했다. "서서 설교할 수 있고 통증 없이 걸을 수 있게 되면 곧바로 돌아가겠습니다. 그날이 속히 오기를 바랍니다. 여러 달을 통증에 시달리며 약한 몸으로 지내다 보니, 여러분과 함께하고 싶은 마음이 더더욱 간절합니다."[7]

스펄전이 타버나클을 두 달간 떠났다가 돌아왔을 때(1889년 2월 24일), 많은 교인들이 반갑게 맞아 주었다. 스펄전이 없는 동안 젊은 스코틀랜드 설교자 존 맥닐John MacNeill이 강단을 지켰는데, 그는 장로교 소속이었고 자주 "제2의 스펄전"이라 불릴 만큼 설교를 아주 잘했다. 그동안 사역은 잘 유지되었으나, 교인들은 스펄전의 복귀를 크게 기뻐했다. 그러나 집사들은 그에게 설교 요청을 되도록 거절하고 타버나클을 위해 힘을 아끼라고 간곡하게 부탁했다.

스펄전은 곧 여느 때처럼 바빠졌다. 5월에 목회자 대학 콘퍼런스에서 '우리의 힘과 그것을 얻는 조건'이라는 제목으로 강연했다. 그리고 목회자 대학을 위한 모금액이 2,800파운드에 달했다.

스펄전은 예전에 목회했던 워터비치 교회에서 오후 설교를 해 달라는 요청을 수락했다. 그러나 저녁 예배까지 맡아 달라는 요청은 거절하며 이렇게 말했다. "요즘 숱한 일로 어깨가 무겁습니다. 워터비치에서 하룻밤을 지내야 한다면 이튿날을 잃게 됩니다. 밤에 집에 있으면 제 침대에서 편안히 쉴 수 있습니다. 연약한 사람에게는 아주 소중한 것이지요. 그러면 이튿날을 잘 보낼 수 있습니다. 저도 옛 친구를 더 많이 보고 싶지만, 사정이 허락지 않아 죄송합니다."[8]

"6월, 한 무리의 선원들이 타버나클에서 [스펄전의] 설교를 들었다. 같은 달에 스펄전은 어느 큰 모임에서 강연을 했는데, 흘러간 노래를 들으러 모인 사람들이었다.……7월에는 건지Guernsey 섬을 방문했는데, 그곳에서 사역하는 [목회자 대학 출신의] F. T. 스넬Snell과 연결되어 몇 차례 특별 집회를 인도했다."[9]

10월에는 타버나클에서 선교 콘퍼런스가 열렸다. 스펄전, 매클래런, 맥닐이 강사였다. 특히 해외로 떠나는 여러 선교사들을 파송하는 행사였는데, 파송 선교사는 대부분 목회자 대학 출신이었다. 스펄전은 중국 내지 선교회China Inland Mission를 설립한 허드슨 테일러Hudson Taylor, 1832-1905와 오랫동안 아주 가깝게 지냈고, 타버나클을 통해 그의 탁월한 사역을 지원했다. 이 선교 콘퍼런스에서 "스펄전이 위층 연단에서 아래층 연단으로 내려와 중국으로 떠나는 남녀 선교사들과 악수를 할 때, 장내는 아주 뜨거웠다."[10]

같은 달에 스펄전은 영국 국교회 대주교와 차를 마셨다. 그는 마스터 커틀러Master Cutler(커틀러사 대표―옮긴이)가 후원하는 만찬에 참석해 달라는 초청을 거절하는 편지에서 이렇게 말했다.

> 일이 너무 바빠서 집을 떠날 수가 없습니다. 혹시 참석할 수 있더라도 사실 저는 향연에 어울리는 사람이 아닙니다. 시장님이 제게 만찬에 참석해 대주교님과 주교님들을 만나 보라고 하셨지만, 저로서는 참석할 수가 없습니다. 결코 제가 그들을 싫어해서가 아닙니다. 지난주에 대주교님과 차를 마셨고, 로체스터의 주교님과는 점심을 같이했습니다. 그러나 만찬은 제 분야가 아닙니다. 저는 일을, 제 일을 가장 잘합니다. 하나님께서 대표님과 모든 좋은 사람들에게 복을 내리시기를 기도합니다.[11]

11월 중순(1889년) 스펄전은 힘이 다했다. 그가 설교할 때 "갑자기 심한 통증이 찾아온 듯, 한쪽 어깨가 추켜 올라갔다." 스펄전은 잉글랜드의 겨울을 피해 망통으로 돌아가는 수밖에 없었다. 그가 없는 동안 강단은 A. T. 피어슨Pierson 박사라는 미국인이 지켰고, 어느 전도팀이 한차례 전도 집회를 열었다. 스펄전은 교인들에게 "하나님께 더 큰 영광을 돌릴 수 있게 특수 선교의 열매를 거두라"고 촉구했다.

앞서 망통에 머물 때 스펄전은 펜을 들 만큼만 회복되면 다시 글을 썼다. 이번에는(1899년 12월부터 1890년 1월까지) 『하나님 나라의 복음』The Gospel of the Kingdom이라는 마태복음 주석을 썼다. 따뜻한 날씨 덕분에 그는 두 달 후 새로워진 몸과 마음으로 돌아갈 수 있었다.

그는 다시 일에 몰두했다. 그러나 한 달 후, 워터비치에 다시 와서 설교해 달라는 요청을 거절하면서 이렇게 말했다. "저도 꾸준히 외부로 나갈 수 있으면 좋겠지만, 더는 건강하지도 못하고 매년 할 일도 더 늘어 갑니다.……왼손이 사흘째 부어 있고 통증도……견디는 데까지 견뎌 볼 생각입니다."[12]

스펄전은 워터비치를 비롯해 자신을 원하는 무수한 곳에 가지는 못했으나, 런던을 비롯한 주변의 초청은 자주 받아들였다. 물론 타버나클 사역도 계속했다.

스펄전은 이제 자신이 논쟁에서 취한 행동 때문에 더 심한 공격에 시달렸다. 그를 공격한 사람은 다름 아닌 조지프 파커 박사였다. 공개서한에서 파커는 스펄전의 불평 곧 믿음을 떠난 자들이 있다는 그의 불평을 강하게 비난했다. 그는 특히 스펄전의 침례교 연맹 탈퇴를 비난했다. 파커는 오랫동안 기꺼이 받아들일 만한 목회를 했으나, 스펄전과는 달리 결코 교리를 중시하는 설교자가 아니었기에 성경을 부정하는 사람들에게 쉽게 동의할 수 있었다. 스펄전은 공개서한에 아무런 답도 하지 않았으나, 그 편지에 영향을 받았던 게 분명하다. 파커가 자신을 비난했을 뿐 아니라 신신학

쪽으로 기울어 복음주의자들의 편에 서지도 못했기 때문이다. 파커의 행동은 현대의 가르침이 잉글랜드에 서서히 유입되는 방식에 더없이 좋은 사람들이 어떻게 영향을 받았는지 보여준다.

스펄전의 건강은 점점 나빠졌지만, 영혼을 향한 열정은 늘 그대로였다. 그가 어느 소년에게 쓴 편지에 이러한 열정이 잘 나타난다.

노우드Norwood의 웨스트우드에서,
1890년 7월 1일

주님, 이 편지를 축복하소서.

사랑하는 아서 레이젤Arthur Layzell에게,

조금 전에 많은 목사님들이 모인 기도회에 다녀왔어요. 기도 주제는 '우리의 자녀들'이었답니다. 좋은 아버지들이 자녀들을 위해 하나님께 간절히 기도하는 모습에, 내 눈에서 곧 눈물이 흘렀어요. 아버지들이 가족의 구원을 위해 주님께 간구할 때, 내 가슴은 그렇게 되리라는 깊은 갈망으로 터져 버릴 것 같았지요. 그때 이런 자녀들에게 부모님의 기도를 일깨우는 편지를 써야겠다는 생각이 들었답니다.

자신을 위해 기도하나요? 그러지 않다면 그렇게 하세요. 다른 사람들이 레이젤의 영혼을 귀하게 여기는데, 레이젤이 자기 영혼을 소홀히 여기는 게 옳을까요? 레이젤이 스스로 주님을 구하지 않는다면, 아버지의 기도와 노력이 절대로 레이젤을 구원하지 못할 거예요. 이것을 알아야 해요.

레이젤도 사랑하는 부모님에게 슬픔을 안겨 드리고 싶지는 않을 거예요. 그런데 사실 그러고 있어요. 레이젤이 구원받지 못하는 한, 부모님은 절대로 마음이 편하지 않으실 거예요. 레이젤이 아무리 잘 순종하고 마음이 곱고 착하더라도, 주 예수 그리스도를 믿고 영원한 구원을 얻을 때까지 부모님은 절대로 레이젤에 대해 행복하다고 느끼지 못하실 거예요.

이것을 생각하세요. 레이젤은 이미 아주 많은 죄를 지었고, 예수님 외에 그 누구도 그 죄를 씻지 못한다는 걸 기억하세요. 레이젤이 어른이 되어 죄로 가득해졌을 때, 아무도 레이젤의 본성을 바꾸지 못하고 레이젤을 거룩하게 하지 못해요. 오직 주 예수 그리스도께서 성령을 통해 그렇게 하실 수 있어요.

레이젤은 부모님이 레이젤을 위해 구하는 게 필요하고, 그것도 당장 필요해요. 그러니 그것을 당장 구하세요. 어떤 아버지는 이렇게 기도했어요. "주님, 우리 아이들을 구원해 주세요. 어릴 때 구원해 주세요." 너무 어려 구원 못 받는 일은 절대 없어요. 너무 어려 행복해질 수 없는 일은 절대 없어요. 너무 어려 거룩해질 수 없는 일은 절대 없어요. 예수님은 어린아이들을 받아들이기를 좋아하세요.

레이젤은 자신을 구원하지 못해요. 주 예수 그리스도만이 레이

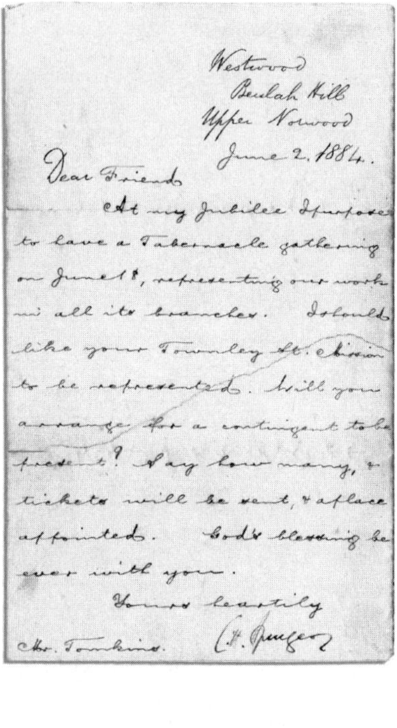

Westwood
Beulah Hill
Upper Norwood
June 2. 1884.

Dear Friend

At my Jubilee I purpose to have a Tabernacle gathering on June 18, representing our work in all its branches. I should like your Townley St. Mission to be represented. Will you arrange for a contingent to be present? Say how many, & tickets will be sent, & a place appointed. God's blessing be ever with you.

Yours heartily

C. H. Spurgeon

Mr. Tomkins.

찰스 스펄전이 쓴 편지.

스펄전은 매주 500여 통의 편지를 직접 썼다.

젤을 구원하실 수 있어요. 그분께 그렇게 해달라고 구하세요. "구하는 이마다 받을 것이요"(마 7:8, 눅 11:10). 그리고 예수님이 레이젤을 구원해 주실 거라 믿으세요. 그분은 그렇게 하실 수 있어요. 누구든지 그분을 믿는 자는 멸망하지 않고 영원한 생명을 얻게 하려고 그분이 죽었다가 다시 살아나셨기 때문이에요.

예수님께 나와서 죄를 지었다고 말하세요. 용서를 구하세요. 그분이 그렇게 하신다고 믿으세요. 그리고 자신이 구원받았다고 확신하세요.

그런 후에 우리 주님을 본받으세요. 예수님이 나사렛에서 하신 것처럼 레이젤도 집에서 그렇게 하세요. 그러면 레이젤의 집이 행복해질 테고, 사랑하는 부모님은 마음에 품었던 가장 귀한 소원이 이루어졌다고 느끼실 거예요.

레이젤이 천국과 지옥을 생각하도록 기도할게요. 왜냐하면, 레이젤은 천국과 지옥, 둘 중 한 곳에서 영원히 살게 될 테니까요. 천국에서 만나요. 지금 당장, 은혜의 보좌에서 만나요. 계단을 올라가 예수 그리스도를 통해 아버지 하나님께 기도하세요.

레이젤을 사랑하는

C. H. 스펄전[13]

병들고 지치고 매우 바빴는데도, 스펄전은 시간을 내어 소년에게 편지를 썼다. 그는 이 소년을 만난 적도 없었고, 그저 그의 부모가 드린 기도를 통해 그를 알고 있었을 뿐이다.

그가 이전에 썼던 편지는 글씨가 아주 반듯했다. 그러나 이 편지는 글씨가 거칠었고 가지런하지 못했다. 그는 틀림없이 손이 부었을 테고 글씨 쓸 때 십중팔구 통증을 느꼈을 것이다. 게다가 그가 기도회에서 부모들의 기도 대상이었던 아이들 한 명 한 명에게 편지를 썼을 것으로 추정해야 한다. 이 결과는 얼마나 귀했는지 모른다. 주님께서 이 편지로 어린 아서 레이젤을 자신에게로 인도하셨다. 매우 흡사하게, 다른 편지들도 똑같이 어린 생명들을 풍성하게 구원하는 데 사용되었다.

스펄전은 3개월을 힘겹게 버티다 망통으로 돌아갔다. 이때가 1890년 10월이었다. 망통에 머무는 동안에도 자주 통증에 시달리고 몸이 약했지만, 1891년 1월에 맑은 정신으로 잉글랜드에 돌아왔다. 그의 발걸음에는 조금 힘이 있었고, 그와 교인들은 용기를 얻었으며, 그가 삶에서 새로운 도약을 하리라고 느꼈다.

그러나 사실은 그렇지 못했다. 연례 교회 총회가 곧 열렸고, 스펄전이 교회 일을 한 것은 이번이 마지막이었다. 각종 보고서는 큰 감사거리였다. 교인은 5,328명이었고, 교회에는 런던과 그 주변에서 섬기는 평신도 사역자 127명이 있었다. 타버나클은 23개의 선교지(지교회)가 있었고, 좌석은 4천 석이었으며, 27개의 주일학교를 운영했고, 교사가 600명에 학생이 8천 명이었다. 2년 전 스펄전은 집에서 멀지 않은 손턴 히스에 사비로 멋진 교회당을 지었다. 이제 서리 가든 근처에 1천 석 규모의 새로운 예배당이 곧

문을 열 예정이었는데, 그가 서리 가든 뮤직홀에서 설교했던 그 몇 해를 기념하는 건물이 될 터였다.

「검과 삽」에 나오듯이 "3월은 기억에 남을 만한 달이었다.……C. H. 스펄전 목사는 교회에 등록하려는 사람들을 계속 만났고, 이들 가운데 84명에게 교제(침례와 등록)를 제의했다. 이 모든 일에 드는 수고는 스펄전 목사에게, 그의 즐거운 수고에 동참하는 추수꾼들에게 얼마나 큰 기쁨인지 모른다."[14]

목회자 대학 콘퍼런스가 이어졌다. 논쟁 중에 한 무리의 사람들이 믿음에서 떠났고 더는 교제하지 않았으며, 이 때문에 스펄전은 마음이 매우 아팠다. 그러나 절대다수가 남아 있었고, 그는 이들에게 진리를 위해 열심히 수고하고 진리를 사수하라며 아주 힘차고 확신에 찬 목소리로 촉구했다. 그러나 이러한 일은 그가 감당하기에 너무 버거웠다. 이어지는 주일 저녁, 스펄전은 강단에 올랐으나 신경과민에 몸마저 너무 약해져 더는 자리를 지킬 수 없었다. 40년간 목회를 하면서 이른바 '신경과민' 때문에 강단을 내려오기는 처음이었다. 그런데도 그는 온 힘을 다해 한 달 동안 아주 부지런히 일했고, 타버나클에서 자신의 사역을 계속했을뿐더러 여러 교회에서 설교했다.

1891년 6월 7일, 스펄전은 마지막으로 교인들 앞에 섰다. 이곳은 "그가 적어도 2천만 명에게 복음을 선포했던 강단 보좌pulpit throne였다."[15] 그러나 더는 그의 목소리를 듣지 못할 터였다.

의심할 여지 없이 자신의 수고가 끝나 간다는 것을 알았기에,

스펄전은 이튿날 아침 간곡한 만류를 뿌리치고 스탬본으로 향했다. 어린 시절의 추억이 서린 몇몇 곳에 다시 가 보고 싶었으나[16] 이런 여행을 하기에는 몸이 너무 약했고, 결국 나흘 후에 지칠 대로 지치고 심하게 아픈 상태로 돌아오고 말았다.

이후 3개월 동안 스펄전은 완전히 몸져누웠다. 그는 갖은 치료와 간호를 받았으나 여전히 심하게 아팠다. "온 세계와 타버나클 교회 성도들이 온전히 하루를 중보기도로 시작했고, 아침·점심·저녁에 모여 그의 회복을 위해 계속 기도했다."[17] 어느 유대교 랍비장이 그를 위해 기도했고, 웨스트민스터 성당과 세인트 폴 대성당의 사제들 그리고 모든 교단의 목회자들이 그를 위해 기도했다. 일반 언론과 종교 언론이 그의 상태를 시시각각으로 알렸고, 웨일스 공Prince of Wales(웨일스의 군주이자 영국의 왕세자—옮긴이), W. E. 글래드스톤Gladstone 전직 수상, 여러 귀족과 국회의원들 및 그 외에 여러 부류의 사람들이 쾌유를 비는 메시지를 보냈다.

한 주 또 한 주가 지날수록 스펄전은 희망적인 호전과 실망스러운 악화를 반복했을 뿐, 상태가 완전히 좋아지지는 않았다. 겨울이 다가오면서 스펄전은 망통으로 가야 하는 게 분명했다. 그러나 그가 긴 여정을 견뎌 낼 수 있을지 의문이었다. 1891년 10월 26일 월요일, 스펄전은 동생, 비서, 아내와 함께 1,600킬로미터에 이르는 여정에 올랐다. 스펄전 부인은 처음으로 남편과 함께 망통에 갈 수 있었다. 이제 부인이 남편과 동행할 수 있을 만큼 회복된 게 두 사람 모두에게 큰 기쁨이었다.

따뜻한 지방에 이르자 스펄전은 건강이 다소 호전되었다. 그는 마태복음 주석을 완성할 수 있었고, 한자리에 앉거나 휠체어를 탄 채 많은 시간을 밖에서 보낼 수 있었다.

새해 전야에 스펄전은 숙소에 모인 몇몇 친구들에게 짧은 말을 남겼고, 그다음 날 아침에도 그렇게 했다. 스펄전은 이어지는 두 번의 주일에 설교를 하고 싶어 했으나 주변 사람들이 만류했다. 그러나 1월 17일 그는 작은 예배를 마치면서 찬송을 불렀고, 주님의 사역에 적극적으로 동참했던 나날도 끝을 맺었다. 그에게 딱 맞는 찬송이었다.

이 세상 지나가고 저 천국 가까워,
나 오래 기다리던 그 영광 보인다.
어두운 밤이 가고 새날이 밝으니,
저 하늘나라 영광, 참 밝게 빛난다.

내 주의 크신 은혜 그 깊은 사랑이,
내 평생 사는 동안 늘 차고 넘친다.
저 천국 이르러서 그 은혜 고마워,
주 보좌 앞에 나가 늘 찬송하리라.

이후 며칠 동안 스펄전은 의식이 온전하지 못할 때가 잦았다. 스펄전 부인과 의사가 보기에 스펄전은 이 세상과 빠르게 이별하고

찰스 스펄전이 찍은 마지막 사진(1892년 1월 8일).

있는 것이 분명했다. 1월 28일 그는 의식이 없어졌고 갖은 노력에도 불구하고 상태는 좋아지지 않았다. 1892년 1월 31일 주일 저녁, 그는 세상 여정을 마치고 "떠나서 그리스도와 함께 있"었으니 (빌 1:23), 그것은 성경이 말하듯 훨씬 더 좋은 일이었다.

1874년 12월 27일, 스펄전은 주일 저녁 설교를 마치면서 이렇게 말했다. "얼마 후면 거리마다 사람들이 넘쳐날 것입니다. 누군가 묻는 소리가 들리는 듯합니다. '이 모든 사람들이 무엇을 기다리고 있나요?' '당신은 아세요? 오늘이 그분 장례식이래요.' '그분이 누군데요?' '스펄전이요.' '뭐라고요! 타버나클에서 설교하시는 그분 말인가요?' '예, 오늘이 그분 장례식이래요.'

이제 곧 그렇게 될 것입니다. 제 관이 조용히 묻힐 때, 여러분 모두가—회심했든 하지 않았든 간에—이렇게 말하면 좋겠습니다. '저분은 정말 열심히, 쉽고 단순한 말로 영원한 것들을 생각하기를 미루지 말라고 촉구하셨어. 저분은 그리스도를 바라보라고 우리에게 애원하셨지. 이제 저분이 가셨으니, 우리가 멸망하더라도 우리의 피가 저분에게 돌아가지는 않을 거야.'"

이안 머레이 편집, 『넘치는 수확』

21. "그리스도와 함께 있는 것이 훨씬 더 좋은 일이라"

스펄전의 비서 해럴드는 즉시 런던의 타버나클에 전보를 쳤다. 이런 내용이었다. "사랑하는 목사님이 주일 밤 11시 30분에 천국에 가셨습니다." 앞서 여러 차례 전보를 보내 그의 상태가 갈수록 심각해진다고 알렸다. 그러나 이번 전보는 타버나클 교인들에게 갑작스럽고 크나큰 충격이었다.

스펄전이 세상을 떠났다는 소식은 월요일에 런던 신문들의 주요 기사가 되었고, 신문은 사려는 사람들이 너무 많아 순식간에 동났다. 세계 곳곳의 신문도 스펄전의 죽음을 전했고, 스펄전 부인에게 위로의 메시지가 너무 많이 날아드는 통에, 망통의 전신선이 다 소화하지 못해 일부만 전했다.

시신은 올리브나무 관에 넣어 망통에 자리한 장로교회로 옮겼다.[1] 한 해 전, 스펄전은 이 교회가 새 건물을 지어 입당할 때 설교를 했었고, 따뜻한 복음주의자인 이 교회의 목사와 오랫동안 풍성한 교제를 나누었다. 남부 프랑스 각지에서 많은 사람이 찾아와 2월 4일 목요일에 아침 예배를 드렸고, 관은 기차에 실려 런던을 향해 나흘 길에 올랐다.

한편, 타버나클에서는 며칠간 눈물의 기도와 엄숙한 추모가 계속되었다. 월요일은 당시 런던에 창궐하던 독감이 사라지도록 중보기도를 하는 날로 미리 정해져 있었으나, 스펄전 부인과 타버나클 교회를 위한 기도가 더해졌다. 집사들은 교회의 허락을 얻어, 제임스 스펄전에게 담임목사로서 계속 일해 달라고 요청했고, 피어슨 박사에게는 행정목사의 직무를 수행해 달라고 요청했다. 그 주 주일에 두 사람은 슬픔에 잠긴 채 교회당 내부뿐 아니라 외부까지 가득 메운 수많은 사람을 보살폈다.

이튿날 아침(2월 8일 월요일), 관이 런던에 도착했다. 처음에는 관을 목회자 대학 휴게실에 두었으며, 종일 수많은 사람이, 추산컨대 약 5만 명이 몰려와 조문했다. 화요일에는 관을 타버나클로 옮겼고, 앞쪽 좌석 두세 줄을 치우고 그 자리에 두었다. 꽃으로 관을 둘렀고, 관 위에는 스펄전 부인이 망통에서 가져온 종려나무 가지를 몇 개 올려놓았는데, 요한계시록에 나오는 종려나무를 상징했다. 위쪽 강단 난간 주위에는 "내가 너희와 함께 있을 동안에 너희에게 한 말을 기억하라"(이 구절은 요한복음 14:25과 15:20을 합성한 것이다—옮긴이)라는 구절이, 아래쪽 강단 난간 주위에는 "나는 선한 싸움을 싸우고 나의 달려갈 길을 마치고 믿음을 지켰으니"(딤후 4:7)라는 구절이 내걸렸다.[2]

타버나클은 규모가 아주 컸는데도 장례 예배에 몰려드는 사람들을 다 수용할 수 없어서 장례 예배를 다섯 차례로 나누어 드리기로 했다. 첫 번째 예배는 수요일 아침에 드렸는데 "교인들을 위한 예배"였다. 두 번째 예배는 오후 세 시에 드렸는데 "목회자와 학생들을 위한 예배"였다. 세 번째 예배는 저녁 7시에 드렸는데 "기독교 사역자들을 위한 예배"였고, 네 번째 예배는 밤 10시에 드렸는데 "일반인들을 위한 예배"였다.

수많은 사람들이 장례 예배에 참석했다. 모두 스펄전의 놀라운 헌신과 특별한 능력을 얘기했고, 그의 죽음을 깊이 슬퍼하고 안타까워했다. 모두의 말이 다 되풀이할 만하지만, 여기서는 몇몇만 소개하겠다.

J. W. 해럴드는 스펄전의 마지막 몇 달을 아주 자세히 소개하면서, 스펄전 부인이 보여준 그리스도인다운 의연함을 언급했다. 그는 마지막 몇 달 동안 스펄전의 곁을 지켰던 다섯 사람이 그의 죽음을 알았을 때 침대 곁에 무릎을 꿇었다고 했다. 스펄전 부인은 기도를 토해 냈는데, 해럴드는 그 상황에 대해 이렇게 말했다. "우리는……사랑하는 사람을 떠나보내고 슬픔을 당한 미망인이 그렇게도 귀한 남편과 함께했던 말할 수 없이 기쁜 날에 대해 하나님께 감사하는 모습에서 말로 표현할 수 없는 감동을 느꼈다.……일곱 달 전에 스펄전이 런던에서 심하게 아플 때 스펄전 부인은 남편을 주님께 드렸으나, 주님은 그가 아내 곁에 좀 더 머물도록 허락하셨다."[3]

T. H. 올니 집사도 스펄전의 많은 특징을 강조한 후에, 그가 집사와 장로들을 비롯해 온 교회를 이끌며 발휘했던 지도력에 대해 말했다.

목사님이 우리 모두에게 매우 큰 확신을 심어 주셨다는 사실도 말하지 않을 수 없습니다. 목사님이 추천하시면 우리는 무엇이든 즉시 받아들였습니다. 타버나클 건물에 얽힌 일들, 스톡웰 고아원을 비롯해 여러 사역에 얽힌 일화들을 다 말하자면 시간이 부족합니다. 지금은 크게 보이는 많은 사역들이 처음에는 경솔해 보였습니다. 그러나 목사님은 계획을 세울 때 언제나 심사숙고하셨습니다. 언제나 먼저 생각하고 기도하신 후에 우리에게 알리셨습니다. 집사로서 우리는 그저 목사님을 뒤에서 도왔을 뿐 거의 한 일이 없습니다.[4]

스펄전의 런던 사역 초기부터 스펄전의 핵심 조력자였던 J. T. 던 장로는 특히 스펄전이 영혼을 그리스도께 인도하는 능력이 탁월했고 이 일을 매우 기뻐했다고 했다.

사람들이 찾아와 구원에 관해 묻거나 주 예수 그리스도를 믿는다고 고백할 때, 목사님은 눈이 밝게 빛났고 그들을 아주 따뜻하게 맞아 주셨습니다. 목사님에게는 찾아오는 사람들의 옷차림새와 나이가 문제 되지 않았습니다. 목사님은 늘 이들의 처지를 살피셨고 이들의 처지에 공감하셨습니다. 눈물이 가득한 얼굴로 들어갔다가 기쁨이 가득한 얼굴로 나오는 사람들을 많이 보았습니다. 주님은 죄에 묶인 많은 영혼들이 저 거룩한 방에서 무릎을 꿇을 때 그들의 족쇄를 끊어 주셨습니다.[5]

올니 집사의 가족 가운데 하나인 윌리엄 올니는 이렇게 말했다.

저는 많은 선교사를 대표해 말해 달라는 요청을 받았습니다. 하나님께서 그분 곁으로 불러 가신 사랑하는 우리 목사님은 영혼을 사랑하는 자신의 마음을 다른 사람들의 마음에 심는 능력이 특별했습니다. 목사님이 이 강단에서 '그리스도인의 열정을 깨워라'라는 제목으로 전하신 말씀에 답해, 교인 중에 수백 명이 런던 남부 빈민가로 달려갔고, 가장 가난한 동네의 사람들을 이 교회로 인도했습니다. 그 결과 지금 우리 교회에는 23개의 선교지가 있고 26개의 분교branch schools가 있습니다. 그곳에서 주일 저녁마다 주일학교가 열리는데, 그곳을 통해 우리 교회 교인들 약 1천 명이 가난한 사람들 틈에서 주 예수 그리스도를 위해 일하고 있습니다.[6]

침례교 연맹을 주도하는 몇몇이, 비록 스펄전의 연맹 탈퇴에는 동의하지 않았으나 그에게 계속 사랑과 존경을 표했다. 그중에 알렉산더 매클래런 박사는 장례 예배 설교에서 이렇게 말했다.

스펄전 목사님의 삶을 생각하면서, 목회 성공의 요소가 무엇인지 배웠습니다.……우리가 말씀을 전해야 하는 청중은 타고난 기질이 제각각 다르다는 점을 고려해야 합니다. 그러나 이런 점을 고려하고 또 모든 것을 다 잘하는 사람은 없다는 사실을 기억하더라도, 저기 관에 누워 계신 분을 보면서 저 자신에게 말합니다. 저분이 우리에게 외치시는 바는, 무수한 동료들에게 다가가고 그들을 붙잡아 주고 그들에게 복이 되려면, 기독교 신앙의 큰 진리 곧 예수 그리스도를 통한 구원, 성육신하신 하나님의 어린양, 성령을 통해 주시는 생명, 그리스도를 믿는 믿음, 하나 되게 하는 끈을 굳게 붙잡아야 한다는 것이라고 말입니다.[7]

모든 개신교 교단의 대표들이 장례식에 참석했다. 장로교 대회Presbyterian Synod 회장, 회중교회 연맹Congregational Union 회장, 영국 국교회 사제들이 참석했다. 그러나 웨슬리안 콘퍼런스Wesleyan Conference의 스티븐슨Stephenson 회장의 예리한 말이 특히 눈에 띈다.

우리 곁을 떠난 사랑하는 친구에 관해 감히 말씀드리자면……그는 아주 오랫동안 위풍당당하게 설교를 했고, 이런 점에서 자기 세대뿐 아니라 다음 세대까지 크게 섬겼습니다. 사람들은 설교의 시대가 끝났고 강단은 이제 필요치 않다고 말합니다. 앞으로는 편집자가 하나님의 위대한 사역자가 될 테고, 사람들이 신문에서 복음을 읽을 거라고 말합니다.……그러나 우리 앞에 놓인 관을 볼 때,

강단이 지금도 세상에서 힘을 발휘하고 있다는 것을 그 누구도 의심하지 못할 것입니다. 하나님께서는 설교의 어리석음으로 사람들을 구원하기를 기뻐하신다는 사실을 말입니다.

저는 깊이 확신합니다. 이 강단에서 세상을 향해 흘러나온 목소리를 세상은 들으려 했고, 또한 그 목소리에 귀를 기울였습니다. 그렇습니다. 정치적 싸움과 소음 가운데서도, 상업과 쾌락의 소음 가운데서도 귀를 기울였습니다. 이런 사실은 복음을 선포하는 단순한 설교가 힘이 있고, 우리가 측량하지 못할 가치가 있다는 증거입니다.[8]

스펄전이 마지막으로 아팠을 때, 무디와 생키가 스코틀랜드에서 전도 집회를 열고 있었다. 그가 죽었다는 소식을 들었을 때, 무디는 곧바로 런던으로 달려가 "저를 위해 너무나 많은 일을 하신 분의 무덤 곁에" 서고 싶었다고 말했다. 그러나 그는 집회 자리를 떠날 수 없었고, 그래서 생키에게 대신 다녀오라고 부탁했다. 생키는 기독교 사역자들을 위한 장례 예배에 참석해 이렇게 말했다.

이곳에 와서 관 주변에 모인 수천 명을 만나고, 저를 위해 너무나 많은 일을 하신 분에게 조금이나마 경의를 표할 수 있다니, 참으로 큰 영광입니다. 그의 음성이 땅에서는 영원히 그쳤지만, 이따금 이 큰 성전에서 우리를 감동하게 했던 그 카랑카랑한 목소리를 기억하지 못할 사람이 어디 있겠습니까? 저는 이 나라로 건너올 때마다 늘 타버나클에 들러 저의 횃불에 불을 다시 붙였습니다. (…)

종교계에 어둠이 퍼지는 듯이 보였을 때, 우리는 런던에 애타는 시선을 자주 보냈고, 위대한 선장의 말과 행동에 주목했습니다. 우리는 늘 이 강단에서 영감을 얻었고, 늘 그에게서 모든 대적에 당당히 맞서는 친구를, 우리가 안전하게 따를 수 있는 친구를 보았습니다. 그를 위한 숱한 기도가 바다를 건넜고, 그의 멋진 음성을 듣는 기쁨을 한 번도 맛보지 못한 사람들도 그를 위해 기도했습니다. 미국은 찰스 해돈 스펄전을 사랑합니다.

저는 수천 명의 회중에게 설교하려면 하나님께서 제게 주신 목소리를 어떻게 사용해야 하는지를 스펄전 목사님에게 배웠습니다.……그가 하나님을 찬양하는 법을 제게 가르쳐 줬다고 해도 과언이 아닙니다. 저는 지금껏 그를 귀감으로……먼저 시간을 들여 찬송을 읽고, 그런 후에 서서 사람들과 함께 노래함으로써 청중을 감동하게 해 찬송으로 예배하게 할 수 있는 분으로 여겼습니다.……하나님을 찬양하는 일은 예배의 한 부분이고, 따라서 가볍게 여겨서는 안 됩니다. (…)

이 상황에 어울린다고 생각하는 찬송을 하나 부르겠습니다.

생키는 섬세한 느낌을 담아 찬송을 부르기 시작했다.

사랑하는 그대, 잠드소서. 잠들어 평안히 쉬소서.
그대, 구원자의 가슴에 머리를 묻으소서.

우리 그대를 매우 사랑하나, 예수님 그대를 가장 사랑하시네.

편히 잠드소서! 편히 잠드소서! 편히 잠드소서![9]

마지막 장례 예배와 매장이 이튿날인 2월 11일 목요일에 진행되었다. 목회자 대학을 졸업했고 뒤이은 사역에서 스펄전에게 크게 인정받은 두 사람, 윌리엄 윌리엄스와 아치볼드 브라운Archibald Brown이 먼저 참여했다. 윌리엄스는 기도를 인도했고, 브라운은 성경을 봉독했다. 피어슨 박사가 설교를 했는데, 스펄전을 가리켜 "지적인 분야의 천재", "도덕 분야의 천재", "영적 분야의 천재"라고 했다. 그는 설교를 이렇게 끝맺었다.

캄캄한 하늘에 별처럼 반짝였으며, 사랑하는 사람을 잃고 슬픔에 잠겼던 숱한 가슴에 빛을 주고 기쁨을 주었던 두 눈은 이제 죽음을 맞아 감겼고 영원히 빛을 잃었습니다. 확신이 넘치고 설득력이 강했던 목소리도 죽음을 맞아 그쳤습니다. 쓰러진 자들을 숱하게 일으켜 세웠고 상처 입은 자들에게 새로운 힘과 용기를 주었던 손이 더는 우리 손을 잡지 못합니다. 나의 형제여, 당신으로 인해 하나님을 찬양합니다. 우리는 더 가난해졌으나 천국은 더 부요해졌으니, 우리는 기쁩니다. 이 관 옆에서 우리는 엄숙히 맹세합니다. 하나님의 은혜로, 당신이 자신의 복된 주님을 따랐듯이 우리도 당신의 복된 발자취를 따를 것입니다.[10]

장례 예배는 스펄전이 가장 좋아했던 찬송을 부르는 순서로 끝이 났다.

영원히 주님과 함께!
아멘, 그렇게 되리라.
이 말씀에 죽은 자의 부활이 있으니,
불멸하는 생명이로다.
이 땅에서 몸에 갇혔고,
그분 없이 유랑하지만,
밤마다 내 장막 이동하니
본향이 하루씩 가까워지도다.

내 아버지의 집은 저 높은 곳에,
내 영혼의 집, 얼마나 가까운지
믿음의 눈으로 이따금 보니,
황금 문들이 나타나네!
아! 내 영혼 간절히 원하네.
내 사랑하는 그곳에,
성도들의 빛나는 기업,
저 높은 예루살렘에 이르기를.

내 마지막 호흡 다할 때

휘장이 둘로 갈라지리니,

죽음으로, 나 죽음을 벗어나

영원한 생명 얻으리라.

내가 나를 알기에,

그 말씀 얼마나 사랑하는지요.

보좌 앞에 자주 되뇝니다.

"영원히 주님과 함께하리라!"

축도가 끝나자 "수천 명이 모두에게 큰 빚을 남긴 그의 유한한 육체가 누워 있는 관을 마지막으로 보며 손수건으로 눈물을 훔쳤다."[11]

관을 실은 영구 마차가 여러 장례 마차와 함께 9킬로미터 거리에 있는 노우드 묘지Norwood Cemetery를 향해 출발했다. 수많은 사람이 거리를 메웠고, 장례 행렬이 지날 때 교회 종들이 울렸으며, 장례 행렬이 지나는 거리의 술집들은 문을 닫았다. "고아원에 연단을 만들고 덮개를 씌웠는데, 깊은 슬픔에 잠긴 아이들이 거기서 노래를 부를 예정이었다. 그러나 대부분은 울고 있었다.……스펄전이 이들을 모두 가슴에 품었기 때문이다."[12]

묘지에서는 "세상을 떠난 목사의 가까운 친지들이 무덤에서 가장 가까운 곳에 자리했고……그 뒤쪽으로 수천 명이 경계선 안에 섰으며, 수천 명이 그 바깥에 운집했다." 입관 예배는 주로 아치볼드 브라운이 인도했다. 그는 관을 내려다보고 거기 누워 있는

찰스 스펄전의 장례식 행렬. 1892년 1월 31일 주일 저녁에 스펄전은 하늘의 부름을 받았다.

사람을 생각하며 이렇게 말했다.

사랑받는 총장, 충성스러운 목사, 설교계의 왕자, 사랑받는 형제 스펄전 목사님, 우리는 "잘 가세요!"라고 말하지 않겠습니다. 잠시 "잘 주무세요!"라고 말하겠습니다. 당신은 구속받은 자들이 부활하는 첫 새벽에 일어날 것입니다. 그러나 잘 자라는 말은 우리가 아니라 당신이 해야 하는 인사입니다. 우리는 여전히 어둠 속에 있고, 당신은 하나님의 거룩한 빛 가운데 있기 때문입니다. 우리의 밤은 곧 지나가고, 그러면 우리의 울음도 그칠 것입니다. 그날이 오면, 우리는 당신과 함께 노래로 아침을, 구름도 없고 끝도 없는 아침을 맞을 것입니다. 그곳에는 밤이 없기 때문입니다.

들판에서 부지런히 수고한 일꾼이여, 이제 당신의 수고가 끝났습니다. 당신이 쟁기질한 고랑이 가지런히 뻗어 있습니다. 당신이 걸어온 길은 전혀 헛되지 않았습니다. 당신은 인내하며 씨앗을 뿌렸고, 추수꾼들이 그 뒤를 따랐습니다. 천국은 이미 당신이 거둔 곡식 단으로 풍성하지만, 갈수록 더욱 풍성해질 것입니다.

하나님의 용사여, 길고 고귀했던 당신의 싸움이 이제 끝났습니다. 당신의 손에 들렸던 검이 마침내 떨어졌고, 종려 가지가 그 자리를 대신합니다. 투구가 당신의 이마를, 밀려오는 전투 생각에 자주 지쳤던 당시의 이마를 더는 누르지 않습니다. 위대한 사령관이 주시는 승리의 꽃다발로 당신의 온전한 상이 이미 증명되었습니다.

이곳에서 당신의 귀중한 티끌이 잠시 쉴 것입니다. 그러고 나면 당신이 그렇게도 사랑하던 분이 오실 것입니다. 그분의 목소리에 당신은 땅속에서 일어나 그분의 몸처럼 영화롭게 변화될 것입니다. 그때 영과 혼과 몸이 당신의 주님이 이루신 구원을 높일 것입니다. 그때까지 편히 잠드소서. 당신 때문에 하나님을 찬양합니다. 영원한 언약의 피를 믿기에, 당신과 함께 하나님을 찬양할 날을 소망하며 고대합니다. 아멘.[13]

이렇게 찰스 해돈 스펄전의 영혼이 주님과 함께 있을 때, 그의 몸은 무덤에 누워, 아치볼드 브라운이 아름답게 말했듯 부활의 아침이 밝기를 기다렸다.

사람들은 런던으로 돌아와 타버나클에서, 목회자 대학에서, 구빈원에서, 고아원에서, 숱한 선교 현장과 학교에서 여러 해 그렇게 해왔듯이 열정과 인내로 자신의 의무를 계속했으나 슬픈 차이를 느꼈다. 자신들이 사랑했던 지도자가, 목사님이 더는 그곳에 없었기 때문이다.

스펄전의 삶은 더없이 부요했다. 그는 하나님과 동행했고 기도로 살았다. 그의 행동에 겉치레라고는 없었으며, 모든 행동이 놀랍도록 진심에서 우러나왔다. 그의 목적은 오직 "예수 그리스도와 그가 십자가에 못 박히신 것"(고전 2:2)이었고, 이를 위해 자신의 모든 달란트를—엄청난 재정과 뛰어난 연설 능력을—고스란히 바쳤다. 또한 구원자에게 영광을 돌리고 영혼을 그분께로 인도하는 데

런던 노우드에 있는 찰스 스펄전의 묘지.

서 기쁨을 찾았다. 그는 어렸을 때 자신을 전혀 생각하지 않았고 자신을 십자가 뒤에 감추고 오직 그리스도만 드러나게 해달라고 기도했는데, 이러한 기도는 그가 품었던 최고의 목적을 드러내 보여주었다.

스펄전은 자신이 천국에 가면 "어느 길모퉁이에 서서 천사들에게 예수님과 그분의 사랑에 얽힌 오래되고 오래된 이야기를 선포하겠다"고 말하곤 했었다.[14] 우리는 성도들에게 이런 특권이 있는지 없는지 잘 모른다. 그러나 확신컨대, 구원받은 성도들이 보좌 앞에서 "죽임을 당하신 어린양"을 노래하며, 그중에서도 땅에서 어린양을 찬양하기를 기뻐했고 영원한 열정에 넘쳤던 하나의 목소리가 두드러질 것이다. 바로 찰스 해돈 스펄전의 목소리가.

부록: 스펄전 이후의 메트로폴리탄 타버나클

스펄전이 죽었을 때, 타버나클과 그 부속 기관들은 모두 정상적으로 운영되었다. 교회는 여느 때처럼 많은 사람이 출석했고, 재정 후원도 정기적으로 들어왔으며, 모든 부분이 앞으로 여러 해 동안 계속 번성할 것 같았다.

그러나 스펄전의 방식으로 사역을 계속해 나갈 목사가 필요했다. 몇 해 전 피어슨 박사가 타버나클의 예배를 이렇게 묘사했다. "여기는 마음을 예배와 복음이라는 단순함에서 다른 데로 돌릴 만한 게 전혀 없다.……선창자가 코넷의 도움도 없이 찬송을 인도한다. 기도하고 찬양하며 하나님의 말씀을 봉독하고 복음의 진리를 분명하게 제시하는 것, 이것이 스펄전 목사가 평생 지켜 온 '은혜의 방편'이다."

당분간 피어슨 박사가 행정목사로, 제임스 스펄전이 담임목사로 섬겼다. 그러나 이것은 일시적일 수밖에 없었다. 장로교인인 피어슨 박사가 성도들의 침례 교리를 받아들이지 않았기 때문이다. 그는 스펄전이 강하게 반대했던 세대주의자이기도 했다. 4개월 후 피어슨은 약속 때문에 미국에 가야 했고, 최근에 뉴질랜드에서 돌아온 토머스 스펄전이 강단을 맡았다.

다시 4개월이 지난 후 피어슨 박사는 돌아올 수 있었으나, 그에게 행정목사 직무를 다시 맡길 것인지를 두고 교인들의 의견이 갈렸다. 토머스 스펄전이 뉴질랜드로 돌아갔을 때, 2천 명이 넘는 교인들이 투표를 통해, 토머스를 다시 잉글랜드로 불러들여 그에게 타버나클의 담임목사직을 맡기기로 했다.

토머스는 요청을 받아들였다. 그는 어느 정도 아버지의 목소리와 강단 매너가 있었으나, 설교자로서는 훨씬 약했다. 1890년대 내내 타버나클의 연로한 직원과 교인들이 세상을 떠났는데도, 교인들은 여전히 수천 명에 달했고 여러 기관은 여전히 잘 유지되었다. 그렇더라도 이전에 볼 수 있었던 열정은 눈에 띄게 줄었다.

1898년 타버나클이 화재로 무너졌다. 예배는 임시로 마련한 장소에서 드렸고, 많은 사람이 다른 여러 교회에 출석하기 시작했다. 3년 후에 다시 건축했으나 좌석이 줄었다. 이 기간에 스펄전의 더없이 귀한 장서 1만 2천 권이 매물로 나왔고—그중에는 청교도 시대에 출간된 희귀본이 많았다—미주리Missouri 주에 자리한 윌리엄 주얼 자유 대학William Jewel College of Liberty에 팔렸다.

1907년 토머스 스펄전은 건강이 나빠져 담임목사직을 내려놓았다. 아치볼드 브라운이 그의 뒤를 이어 담임목사가 되었는데, 그는 유능한 설교자였고 교리와 방법이 스펄전과 유사했다. 그러나 브라운도 건강이 좋지 않았고, 겨우 3년밖에 계속하지 못했다.

피어슨 박사의 제안으로 타버나클은 또 다른 미국인 A. C. 딕슨Dixon 박사를 청빙했다. 딕슨 박사의 방식은 스펄전의 방식과 사뭇 달랐다. 그는 피아노를 설치하고 찬양대를 만들었다. 다소 자극적인 사역 방식을 통해 무수한 사람들이 신앙을 고백했으나, 교회는 출석수와 열심에서 뒷걸음질 쳤다. 더욱이 그가 타버나클에 있을 때 제1차 세계대전이 터졌고, 많은 청년들이 징집되어 교회 사역이 혼란을 맞았다. 1919년 딕슨은 타버나클을 떠났고, 이제 타버나클은 스펄전 때와는 사뭇 다른 교회가 되어 있었다.

딕슨의 후임은 타이드먼 칠버스Tydeman Chilvers였다. 칠버스는 스펄전과 좀 더 비슷한 인물이었다. 그는 교회에 오르간을 설치했으나, 예전의 단순함과 칼뱅주의 교리로 되돌아가려고 노력했다. 그는 또한 자유주의와 세속주의에 강경한 태도를 보였으며, 1935년까지 사역하는 동안 출석 인원은 늘었고 교회는 전반적으로 힘이 생겼다.

2년간 담임목사가 없다가 1938년에 그레이엄 스크로지Graham Scroggie 박사를 청빙했다. 스크로지 박사는 스코틀랜드 사람이었고 설교자와 작가로 널리 알려져 있었다. 그러나 그의 목회는 제2차 세계대전에 가로막혔다. 무수한 시민들이 런던을 빠져나감으로써 교인들이 뿔뿔이 흩어졌을 뿐 아니라 타버나클이 1941년에 폭격을 받아 또다시 무너졌기 때문이다. 예배는 지하실에서 드렸고,

무너진 잔해는 그 위에 그대로 쌓여 있었다. 스크로지는 성실하게 수고했으나, 1943년 나이와 건강 때문에 사임했다.

이 무렵 스펄전이 세운 기관들에도 변화가 일어났다. 1923년 목회자 대학은 런던 가장자리에 있는 좋은 시설을 이용할 수 있게 되었고, 타버나클과는 완전히 분리되어 이곳으로 옮겨졌다. 나중에 원래 있던 큰 석조 건물에 새로운 도서관을 비롯해 여러 건물이 추가되었다. 제2차 세계대전 중에 고아원 아이들은 런던 남부에 자리한 마을로 안전하게 옮겨졌고, 전쟁이 끝나자 이사들은—이들은 이제 타버나클의 교인일 필요가 없었다—켄트Kent의 버칭톤 Birchington이란 곳에 새 건물을 지었다.

스크로지 박사가 사임한 후, 두 목사가 교인이 많이 줄고 건물이 폭격에 무너진 어려운 상황에서 교회를 이끌었다. 한동안 담임목사가 없었고, 이후 교회는 침례교 연맹에 다시 가입했다.

1954년 에릭 헤이든이 담임목사가 되었고, 교회는 재건축에 나섰다. 정부 기관들에게서 상당한 금액(224,500파운드)을 지원받아 옛 건물의 입구를 그대로 살려 새로운 타버나클을 세웠다. 좌석은 1,800석 정도였으나, 이 무렵 이 지역은 사뭇 달라져 있었다. 스펄전의 시대는 오래전에 잊혔고, 3-400명을 수용하는 강당 정도면 주일학교에 적합하거나 충분했다.

헤이든은 5년간 담임목사로 있었으나 우울한 상황을 맞이하게 되었다. 그 지역은 접근이 어려웠고, 「검과 삽」 발행이 중단되었으며, 교인 수는 1965년에 새 담임목사 데니스 패스코Dennis Pascoe가

"이제 교인들이 긴 의자 몇 줄이면 다 앉을 수 있다"고 할 만큼 크게 줄었다.

1970년대에 피터 매스터스Peter Masters 박사가 타버나클의 담임목사가 되었다. 매스터스 박사는 교리와 방식이 스펄전에 가까웠으며, 어려움에도 불구하고 그의 목회를 통해 사역이 성장하기 시작했다. 그는 침례교 연맹 바깥으로 사역을 끌어냈고, 「검과 삽」을 재발행했으며, 주일학교 아이들을 위해 버스를 운행했다. 신학교를 세워 연중 내내 학생들의 공부를 돕고, 여름에는 일주일짜리 강의를 열었는데 350명가량 참석했다. 최근에 건물의 3분의 1 정도를 막는 벽을 세워, 강당을 300명 정도가 들어가기에 알맞은 크기로 줄였다.

스펄전이 견지했던 신학이 지금도 타버나클에서 선포되고 있다. 비록 기관들은 사라졌으나 불가지론에 크게 넘어간 잉글랜드에서 스펄전이 시작한 일은 그가 제시한 패턴을 따라 지금도 계속되고 있다.

서문

1. 그의 저서 *Treasury of Charles Haddon Spurgeon* (1955)에서.

01. 책을 좋아하는 소년

1. *C. H. Spurgeon's Autobiography*, comp. Susannah Spurgeon and J. W. Harrald. 4 vols. (London: Passmore & Alabaster, 1897), 1:8.

2. 위의 책.

3. *Traits of Character* (London: n.p., 1860), 2:80.

4. Iain Murray, ed., *C. H. Spurgeon Autobiography: The Early Years 1834-1859* (London: The Banner of Truth Trust, 1962), p. 85.

5. *Traits of Character*, p. 80.

6. *C. H. Spurgeon Autobiography: The Early Years 1834-1859*, p. 12.

7. G. Holden Pike, *The Life and Work of Charles Haddon Spurgeon*, 6 vols. (London: Cassell, 1898), 1:17.

8. G. Holden Pike, *James Archer Spurgeon* (London: Alexander & Shepherd,

1894), p. 20.

9. *C. H. Spurgeon Autobiography: The Early Years 1834-1859*, p. 44.

10. 위의 책, p. 45.

11. 위의 책, p. 46.

12. Robert Shindler, *From the Usher's Desk to the Tabernacle Pulpit* (London: Passmore & Alabaster, 1892), p. 31.

13. *C. H. Spurgeon Autobiography: The Early Years 1834-1859*, p. 27.

14. 위의 책, p. 28.

15. *The Life and Work of Charles Haddon Spurgeon*, 1:31.

16. *James Archer Spurgeon*, p. 23.

02. 소년의 회심

1. *C. H. Spurgeon Autobiography: The Early Years 1834-1859*, p. 59.

2. 위의 책, p. 55.

3. 위의 책, p. 62.

4. 위의 책, p. 70.

5. 위의 책, p. 59.

6. 위의 책, p. 87.

7. 위의 책, pp. 87-90.

03. 주님을 섬기는 소년의 기쁨

1. *C. H. Spurgeon Autobiography: The Early Years 1834-1859*, p. 125.

2. 위의 책, p. 102.

3. 위의 책, p. 35.

4. 위의 책, p. 45.

5. 위의 책, pp. 145-150.

6. *From the Usher's Desk to the Tabernacle Pulpit*, p. 46.

7. *C. H. Spurgeon Autobiography: The Early Years 1834-1859*, p. 119.

8. 위의 책, p. 46.

9. 위의 책, p. 124.

10. 위의 책, p. 118.

11. 위의 책, p. 116.

12. 위의 책.

04. 워터비치의 소년 설교자

1. *C. H. Spurgeon Autobiography: The Early Years 1834-1859*, p. 176.

2. 위의 책, p. 177.

3. 위의 책, p. 181.

4. 위의 책, p. 183.

5. 위의 책, p. 210 n.

6. 위의 책, p. 186.

7. 위의 책.

8. 위의 책, pp. 193-194.

9. *The Life and Work of Charles Haddon Spurgeon*, 1:59.

10. 위의 책, 1:245.

05. "광대하고 유효한 문이 열리다"

1. *C. H. Spurgeon Autobiography: The Early Years 1834-1859*, p. 248.

2. 위의 책.

3. 위의 책, p. 249.

4. 위의 책.

5. 위의 책.

6. 위의 책, p. 253.

7. 위의 책, p. 256.

8. Dinsdale T. Young, *C. H. Spurgeon's Prayers* (New York: Revell, 1906), p. vi. (『스펄전의 기도』 생명의말씀사)

9. Iain Murray, *The Forgotten Spurgeon* (London: The Banner of Truth Trust, 1966), p. 33 n.

10. *C. H. Spurgeon Autobiography: The Early Years 1834-1859*, p. 263.

11. 위의 책, pp. 259-260.

12. 위의 책, p. 272.

13. 위의 책, pp. 260-261.

14. 위의 책, p. 263.

06. 결혼: 하늘이 맺어 준 부부

1. *C. H. Spurgeon Autobiography: The Early Years 1834-1859*, p. 280.

2. 위의 책, p. 282.

3. 위의 책, p. 283.

4. 위의 책, p. 284.

5. 위의 책, p. 285.

6. 위의 책, p. 289.

7. 위의 책, p. 299.

8. 위의 책, pp. 233-234.

9. *C. H. Spurgeon's Autobiography*, 2:298-299.

07. 갈등

1. *C. H. Spurgeon Autobiography: The Early Years 1834-1859*, p. 311.

2. Charles Ray, *The Life of Charles Haddon Spurgeon* (London: Passmore & Alabaster, 1903), p. 174.

3. *C. H. Spurgeon Autobiography: The Early Years 1834-1859*, p. 316.

4. *The Life and Work of Charles Haddon Spurgeon*, 2:196.

5. *C. H. Spurgeon Autobiography: The Early Years 1834-1859*, p. 320.

6. 위의 책, p. 162.

7. 위의 책, p. 163.

8. 위의 책, pp. 38-39.

9. *The Forgotten Spurgeon*, p. 58.

10. 스펄전은 이따금 극단적 칼뱅주의자들을 가리켜 단순히 "이들 칼뱅주의자들"이라고 했다. 문맥이 그의 말뜻을 분명하게 보여주는데도, 어떤 사람들은 그가 칼뱅주의 자체를 공격하고 있다고 잘못 생각했다.

11. *The Life and Work of Charles Haddon Spurgeon*, 2:247.

12. *C. H. Spurgeon Autobiography: The Early Years 1834-1859*, p. 304.

08. 런던에서 일어난 부흥

1. *The Life and Work of Charles Haddon Spurgeon*, 3:185.

2. *The New Park Street Pulpit* (1856), p. 43.

3. *C. H. Spurgeon Autobiography: The Early Years 1834-1859*, p. 294.

4. *The New Park Street Pulpit* (1855), 1:40.

5. *The Life and Work of Charles Haddon Spurgeon*, 2:300.

6. *The New Park Street Pulpit* (1859), p. v.

09. 메트로폴리탄 타버나클

1. Thomas W. Handford, *Spurgeon: Episodes and Anecdotes of His Busy Life* (Chicago: Morrill, Higgins & Co., 1892), p. 34.
2. *The Life and Work of Charles Haddon Spurgeon*, 2:331.
3. Iain Murray, ed., *C. H. Spurgeon Autobiography: The Full Harvest 1860-1892* (London: The Banner of Truth Trust, 1973), p. 34.
4. 메트로폴리탄 타버나클 입당식 때 했던 설교들은 *The Sword and the Trowel* (1861), pp. 169-200과 297-344에 실려 있다.

10. 젊은 설교자 양성

1. *The Sword and the Trowel* (1866), p. 36.
2. *C. H. Spurgeon Autobiography: The Full Harvest 1860-1892*, pp. 108-109.
3. *The Sword and the Trowel* (1875), p. 6.
4. 이들 숫자는 *The Life and Work of Charles Haddon Spurgeon*, 3:15에 나온다.
5. *The Sword and the Trowel* (1865), p. 68.
6. 위의 책.
7. 위의 책.

11. 스펄전 사역의 성장

1. *The Sword and the Trowel* (1865), pp. 1-2.
2. 위의 책, pp. 174-175.
3. *The Metropolitan Tabernacle Pulpit* (1864), 10:323.
4. *The Life and Work of Charles Haddon Spurgeon*, 3:164.
5. *C. H. Spurgeon's Autobiography*, 3:164-165.
6. 위의 책.

7. *The Sword and the Trowel* (1866), pp. 91-92.

12. 구빈원과 고아원

1. *C. H. Spurgeon Autobiography: The Full Harvest 1860-1892*, p. 162.

2. 위의 책, p. 165.

13. 햇빛과 그림자

1. *C. H. Spurgeon Autobiography: The Full Harvest 1860-1892*, p. 192.

2. *The Life and Work of Charles Haddon Spurgeon*, 5:66.

3. *C. H. Spurgeon Autobiography: The Full Harvest 1860-1892*, p. 177.

4. 위의 책, p. 194.

5. 위의 책, p. 195.

6. 위의 책, p. 196.

7. 위의 책, p. 197.

8. 위의 책, p. 198.

9. 위의 책, p. 216.

10. 위의 책, p. 217.

11. Russell H. Conwell, *Life of Charles Haddon Spurgeon* (n.p.: Edgewood, 1892), p. 178.

12. 위의 책, p. 184.

13. *C. H. Spurgeon's Autobiography*, 3:291.

14. 위의 책, p. 294.

14. 스펄전 부인과 그 사역

1. *Life of Charles Haddon Spurgeon*, pp. 251-252.

2. 위의 책, pp. 241-242.

3. 위의 책, p. 249.

4. *The Sword and the Trowel* (1878), p. 77.

5. Susannah Spurgeon, *Ten Years After* (London: Passmore & Alabaster, 1895), pp. vi-vii.

15. 메트로폴리탄 타버나클의 일상

1. *C. H. Spurgeon Autobiography: The Full Harvest 1860-1892*, p. 81.

2. Eric W. Hayden, *A History of Spurgeon's Tabernacle* (Pasadena, TX: Pilgrim Publications, 1971), p. 29.

3. 위의 책.

4. *The Life and Work of Charles Haddon Spurgeon*, 4:342.

16. 능력 목회 10년

1. *C. H. Spurgeon's Autobiography*, 4:169.

2. *The Life and Work of Charles Haddon Spurgeon*, 5:155.

3. *C. H. Spurgeon's Autobiography*, 4:169-170.

4. 위의 책.

5. 위의 책, 4:19, 22.

6. *C. H. Spurgeon Autobiography: The Full Harvest 1860-1892*, p. 385.

7. 위의 책, p. 386.

8. 위의 책, pp. 396-398.

9. *The Life and Work of Charles Haddon Spurgeon*, 6:216.

10. 위의 책.

11. 위의 책, 6:257.

12. 위의 책, 6:228.

13. 위의 책, 6:206.

14. 위의 책, 6:215.

15. 위의 책, 6:275.

16. 위의 책, 6:274.

17. 스펄전의 개인적인 특징

1. W. Y. Fullerton, *Charles H. Spurgeon* (Chicago: Moody publishers, 1966), p. 150.

2. 위의 책.

3. William Williams, *Personal Reminiscences of Charles Haddon Spurgeon* (London: Religious Tract Society, 1895), pp. 83-85.

4. J. D. Fulton, *Spurgeon, Our Ally* (Chicago: H. J. Smith, 1892), p. 344.

5. 위의 책, p. 345.

6. 위의 책, pp. 346-347.

7. *The Life and Work of Charles Haddon Spurgeon*, 3:49.

8. 위의 책, 5:11.

9. James Douglas, *The Prince of Preachers* (London: Morgan & Scott, 1893), pp. 85-87.

10. W. Y. Fullerton, *Charles H. Spurgeon*, p. 151.

11. *Personal Reminiscences of Charles Haddon Spurgeon*, pp. 17-18.

12. 위의 책, p. 19.

18. 저자 스펄전

1. *C. H. Spurgeon Autobiography: The Early Years 1834-1859*, p. 46.

2. *C. H. Spurgeon's Autobiography*, 1:57.

3. *C. H. Spurgeon Autobiography: The Early Years 1834-1859*, p. 405.

4. 위의 책, p. 404-405.

5. Charles Ray, *A Marvellous Ministry: The Story of Spurgeon's Sermons* (London: Passmore & Alabaster, 1905), pp. 27-28.

6. *The Life of Charles Haddon Spurgeon*, p. 449.

7. 재출간된 몇몇 책과 잡지에서 스펄전의 교리적 강조점들, 특히 그의 칼뱅주의가 아무런 설명도 없이 삭제되었다.

8. William Robertson Nicoll, *An Introduction to Spurgeon's Sermons* (London: Nelson, n.d.), p. 8.

9. *A Marvellous Ministry: The Story of Spurgeon's Sermons*, p. 71.

10. *C. H. Spurgeon Autobiography: The Early Years 1834-1859*, p. 392.

11. 위의 책, p. 399.

12. *C. H. Spurgeon Autobiography: The Full Harvest 1860-1892*, p. 418.

19. 믿음을 위해 힘써 싸우다

1. *The Life and Work of Charles Haddon Spurgeon*, 6:292.

2. *The Sword and the Trowel*, 1887년 8월호.

3. 위의 책.

4. 위의 책, 1887년 10월호.

5. *The Life and Work of Charles Haddon Spurgeon*, 6:287.

6. 위의 책, 6:297.

7. J. C. Carlile, *C. H. Spurgeon: An Interpretative Biography* (London: Religious Tract Society, 1933), p. 247.

8. *C. H. Spurgeon's Autobiography*, 4:120.

9. *C. H. Spurgeon: An Interpretative Biography*, pp. 248-249.

10. H. L. Wayland, *Charles H. Spurgeon, His Faith and Works* (Philadelphia: American Baptist Publication Soc., 1892), p. 223.

11. 위의 책.

12. E. J. Poole-Connor, *Evangelicalism in England* (London: Fellowship of Independent Evangelical Churches, 1951), p. 248.

13. R. B. Cook, *The Wit and Wisdom of Spurgeon* (New York: E. B. Treat, 1892), p. 257.

14. *The Life and Work of Charles Haddon Spurgeon*, 6:298.

15. 위의 책.

20. 마지막 수고

1. *James Archer Spurgeon*, p. 164.

2. *The Life and Work of Charles Haddon Spurgeon*, 6:299.

3. 위의 책, 6:300.

4. 위의 책, 6:306-307.

5. *The Sword and the Trowel* (1892), p. 557.

6. *The Life and Work of Charles Haddon Spurgeon*, 6:309.

7. 위의 책.

8. 위의 책, p. 311.

9. 위의 책.

10. 위의 책.

11. 위의 책, p. 312.

12. 위의 책, p. 313.

13. 편지 원본은 캐나다 온타리오 주의 케임브리지에 사는 조지 레이첼(아서 레이

젤의 아들)이 보관하고 있다.

14. *C. H. Spurgeon Autobiography: The Full Harvest 1860-1892*, p. 497.

15. 위의 책, p. 499.

16. 그는 이런 장면을 여러 장의 사진으로 남겼으며, 이 사진들은 그가 죽은 후에 출판된 *Memories of Stambourne*에 실렸다.

17. *C. H. Spurgeon Autobiography: The Full Harvest 1860-1892*, p. 500.

21. "그리스도와 함께 있는 것이 훨씬 더 좋은 일이라"

1. 프랑스 법에 따르면 시신을 24시간 이상 호텔에 두지 못하게 되어 있었다.

2. 스펄전이 죽은 후에 출간된 여러 전기에 따르면, 그는 이 구절로 자신의 삶을 묘사했으며 죽기 직전에 이 구절을 말했다고 한다. 그러나 해럴드는 이것을 강하게 부정했으며, 스펄전이 지극히 겸손한 태도를 보였고 결코 이 구절을 자신에게 적용하지 않았다고 했다.

3. Arthur T. Pierson, *From the Pulpit to the Palm-Branch* (New York: A. C. Armstrong, 1982), p. 110.

4. 위의 책, p. 119.

5. 위의 책, p. 121.

6. 위의 책, p. 122.

7. 위의 책, p. 126.

8. 위의 책, p. 141.

9. 위의 책, pp. 161-163.

10. 위의 책, p. 203.

11. 위의 책, p. 204.

12. 위의 책, p. 206.

13. 위의 책, p. 210.

14. 위의 책, p. 44. 이것은 에베소서 3:10에 대한 스펄전의 해석이다.

참고 문헌

에드워드 스타Edward Starr가 편집하고 뉴욕 주 로체스터에 자리한 미국 침례교 역사 연구회American Baptist Historical Society가 출판한 『침례교 도서 목록』A Baptist Bibliography을 보면, 찰스 스펄전에 관한 부분이 64쪽에 달하고 여기에 포함된 참고 목록이 1,135 개에 이른다. 엄청나게 방대한 양이다.

스펄전은 약 140권에 이르는 책을 냈다. 이 가운데 대부분은 이제 출판되지 않을뿐더러 헌책방에서도 구하기 어렵다. 그러나 몇몇은 비교적 최근에 나왔는데, 그 가운데 다음과 같은 주요 저작이 있다.

Metropolitan Tabernacle Pulpit, 1861-1917. Pasadena, TX: Pilgrim Publications, 1920.
The New Park Street Pulpit, 1855-1860. Pasadena, TX: Pilgrim Publications, 1991.

텍사스 주 파사데나에 자리한 필그림 출판사는 스펄전이 1865년 「검과 삽」을 처음 발행할 때부터 1892년에 죽을 때까지 이 잡지에 실은 그의 글을 모두 다시 출판했다. 스펄전의 다른 저작 중 일부는 원본 형태로만 볼 수 있고 일부는 최근에 다시 출판되었는데, 대략 다음과 같은 책이다.

All of Grace. Chicago: Moody publishers, 2010. (『구원의 은혜』 생명의말씀사) 구원을 구하는 자에게 전하는 진지한 설교를 모아 놓았다.

An All-Round Ministry. London: The Banner of Truth Trust, 1960. (『스펄전 목회론』 크리스천다이제스트) 목회자와 신학생들을 위한 강의 모음이다.

Commenting and Commentaries. London: The Banner of Truth Trust, 1969. 일련의 주석에 대한 스펄전의 평가가 실려 있으며, 목회자 대학에서 했던 두 차례의 강의도 포함되어 있다. 1969년 배너 오브 트루스가 스펄전의 모든 설교에 대한 완전한 본문 색인을 덧붙여 재출판했다.

Feathers for Arrows. Pasadena, TX: Pilgrim Publications, 1973. 설교자와 교사들을 위한 예화집이다.

Grace Triumphant. Grand Rapids, MI: Baker Book House, 1964. 스펄전이 죽은 후에 처음 출판된 설교들로 구성되어 있다.

John Ploughman's Pictures. Pasadena, TX: Pilgrim Publications, 1975.

John Ploughman's Talk. Pasadena, TX: Pilgrim Publications, 1976.

위의 두 작품은 꾸밈없는 사람들을 위한 꾸밈없는 조언과 이야기를 다룬다.

Lectures to My Students. London: The Banner of Truth Trust, 2008. (『목회자 후보생들에게』 크리스천다이제스트) 목회 사역에 관한 조언이 담겨 있는 책으로, 수차례 재출판되었다.

Morning and Evening. Wheaton, IL: Crossway, 2009. (『스펄전과 함께하는 365 아침묵상』 생명의말씀사) 이 책은 하루를 시작하고 또 끝내며 읽기에 적합한 신앙의 글들로 구성되어 있다.

Salt Cellars. Pasadena, TX: Pilgrim Publications, 1976. 2권으로 된 잠언 모음집이다.

Speeches at Home and Abroad. Pasadena, TX: Pilgrim Publications, 1974. 여러 주제에 관한 설교와 강연으로 구성되어 있다.

Spurgeon's Sermon Notes. Peabody, MA: Hendrickson Publishers, 1968. (『스펄전의 설교 노트 I, II』 크리스천다이제스트) 스펄전이 설교를 준비하며 작성했던 설교 개요들로 구성되어 있다.

The Cheque Book of the Bank of Faith. London: Marshall, Morgan & Scott, 1960. 매일 사용할 수 있는 성경의 귀중한 약속들을 모아 놓았다.

The Clue of the Maze. Pasadena, TX: Pilgrim Publications, 1970. 여기서 스펄전은 이른바 신신학의 '정직한 의심'honest doubt에 대해 '정직한 신앙'honest faith으로 답한다.

The Gospel of the Kingdom. Pasadena, TX: Pilgrim Publications, 1974. 마태복음 주석으로, 스펄전의 마지막 저작이다.

The Greatest Fight in the World. Pasadena, TX: Pilgrim Publications, 1990. 내리막길 운동에 반대하는 내용의 강연이다.

The Saint and His Saviour. Pasadena, TX: Pilgrim Publications, 1970. (『성도와 구세주』 크리스천다이제스트) 스펄전의 첫 번째 책이다.

The Soul Winner. TX: Pilgrim Publications, 2007. (『영혼 인도자에게 전하는 글』 지평서원) 죄인들을 구주께 인도하는 법을 다룬다.

The Treasury of David. New York: Funk & Wagnalls, 1881. (『스펄전 설교 전집: 시편 1-3』 크리스천다이제스트) 7권으로 구성된 시편 주석이다.

Trumpet Calls to Christian Energy. South Yarra, Victoria: Leopold Publishing, 2016. 그리스도인들이 그리스도를 위해 더 크게 수고하도록 권면하는 설교들로 구성되어 있다.

찰스 스펄전의 전기는 무수히 많다. 1892년에 그가 죽은 후 2, 3년 동안 한 달에 한 권꼴로 나왔다. 이 가운데 다수는 그 순간의 필요를 충족하려고 급하게 쓴 것이었다. 후대에 다른 전기들이 나왔으며, 그중에서 다음과 같은 것들이 가장 좋지 않을까 싶다.

C. H. Spurgeon's Autobiography. London: Passmore & Alabaster, 1897. 4권으로 된 자서전으로, 스펄전이 죽은 후 스펄전 부인과 그의 비서 J. W. 해럴드가 편찬했다.

C. H. Spurgeon Autobiography: The Early Years 1834-1859. London: The Banner of Truth Trust, 1962.

C. H. Spurgeon Autobiography: The Full Harvest 1860-1892. London: The Banner of Truth Trust, 1973.

위의 두 책은 *C. H. Spurgeon's Autobiography* (London: Passmore & Alabaster, 1897)를 2권으로 압축한 것으로 이안 머레이가 편집했다.

Bacon, Ernest W. *Spurgeon: Heir of the Puritans*. Arlington Heights, IL: Christian Liberty Press, 2007.

Carlile, J. C. *C. H. Spurgeon: An Interpretative Biography*. London: Religious Tract Society, 1933.

Douglas, James. *The Prince of Preachers*. London: Morgan & Scott, 1893.

Fullerton, W. Y. *Charles H. Spurgeon*. Chicago: Moody publishers, 1966.

Fulton, J. D. *Spurgeon, Our Ally*. Chicago: H. J. Smith, 1892.

Hayden, Eric W. *A History of Spurgeon's Tabernacle*. Pasadena, TX: Pilgrim Publications, 1971.

_____. *A Traveller's Guide to Spurgeon Country*. Pasadena, TX: Pilgrim Publications, 1974.

_____. *Searchlight on Spurgeon*. Pasadena, TX: Pilgrim Publications, 1973.

Murray, Iain. *The Forgotten Spurgeon*. London: The Banner of Truth Trust, 1966.

Pierson, Arthur T. *From the Pulpit to the Palm-Branch*. New York: A. C. Armstrong, 1982.

Pike, G. Holden. *The Life and Work of Charles Haddon Spurgeon*. London: The Banner of Truth Trust, 1992.

Ray, Charles. *The Life of Charles Haddon Spurgeon*. London: Passmore & Alabaster, 1903.

Shindler, Robert. *From the Usher's Desk to the Tabernacle Pulpit*. London: Passmore & Alabaster, 1892.

Williams, William. *Personal Reminiscences of Charles Haddon Spurgeon*. London: Religious Tract Society, 1895.

찾아보기